D1690288

BUCH DES JAHRES 1999

ooo Ringier

Buch des Jahres 1999

Objektmanagement	Renate Holzgang
Texte	Hansheinrich Leuthold
Bildredaktion	Hans-Rudolf Oetiker
Gestaltung und Satz	Artpage AG, Zürich
Korrektorat	Monique Zumbrunn
Herstellung	Bütler & Partner AG, Zürich

© 1999 by Ringier AG, Buchverlag,
  Dufourstrasse 23, 8008 Zürich

Alle Rechte vorbehalten. Ohne ausdrückliche
Genehmigung des Verlags ist es nicht gestattet,
das Buch oder Teile daraus zu vervielfältigen.

ISBN 3-85859-340-0 Standardausgabe
ISBN 3-85859-341-9 Luxusausgabe

Inhalt

Schweiz

Bertrand Piccard: Start zum letzten grossen Abenteuer	32
In 19 Tagen um die Welt	34
«Der Adler ist gelandet!»	36
Gefeierte Helden	38
Rücktritt der Bundesräte Arnold Koller und Flavio Cotti	40
Eine Bundesrätin für die Jugend: Ruth Metzler	42
Taktischer Sieger nach langer Wahl: Joseph Deiss	44
Grossbrand in Vevey	46
Staatsbesuch mit Zwischenfällen	48
Venedig an der Aare	50
«Land unter» in Luzern	52
Aus für Schiff und Bahn am Bodensee	54
24. Eidgenössisches Jodlerfest	56
Canyoning-Unglück im Berner Oberland	58
Fête des Vignerons in Vevey	60
Carla Del Ponte wird neue Uno-Chefanklägerin	62
Die Affäre Bellasi	64
Gedenkfeiern für die Opfer von Swissair-Flug 111	66
TV-Marathon zum Eigergipfel	68
Eidgenössische Wahlen: Rutsch nach rechts	70
Tödlicher Orkan «Lothar»	72

Ausland

Korruption in der EU-Kommission	76
Nato-Bomben auf Belgrad	78
Aus der Heimat vertrieben	80
Humanitäre Hilfe aus der Schweiz	82
Händeschütteln für den Frieden	84
Internationaler Schutz für den Kosovo	86
Vergebliche Proteste gegen Milosevic	88
König Hussein ist tot…	90
…es lebe König Abdallah II.	92
Oskar Lafontaine schmeisst alles hin	94
Tunnels als Feuerfallen	96
Massaker an der High School von Littleton	98
Der deutsche Bundestag zieht nach Berlin	100
Todesstrafe für PKK-Chef Abdullah Öcalan	102
Machtwechsel in Israel	104
Crash mit Happyend	106
Drama in den französischen Alpen	108
Gewalt gegen iranische Studenten	110
Eisenbahnunglück in Indien	112
Bombenanschläge in Russland, Krieg in Tschetschenien	114
Blutig erkämpfte Unabhängigkeit in Osttimor	116
Chinas grosse Jubelparade	118
Amok im Cockpit	120
Höhlenforscher gefangen unter der Erde	122

Kultur

Bernhard Luginbühls feuriges Geburtstagsfest	126
Oscars für Shakespeare	128
Expo.01 wird Expo.02	130
Mysterien im Berner Oberland	132
Hysterie um den «Krieg der Sterne»	134
«Blütteln» für die Kunst	136
Christo und Jeanne-Claude bauen «The Wall»	138
Irrgarten im Maisfeld	140
Spektakel mit imprägnierten Leichen	142
Literatur-Nobelpreis für Günter Grass	144

Leute

Das Ende der Affäre Clinton/Lewinsky	148
Richtspruch gegen Exdiktator Pinochet	150
Swissair-Cockpit in Frauenhänden	152
Die Odyssee der Patty Schnyder	154
Thronjubiläum in Monaco	156
Jesse im Glück	158
Prinz Edward heiratet Sophie Rhys-Jones	160
Papst Johannes Paul II. auf Reisen	162
Sprung ins Glück	164
Eine Hochzeit für Belgien	166
Das Aus für Mick Jagger und Jerry Hall	168
John F. Kennedy jr. ist tot	170
«Vreni national» unter der Haube	172
Raoul in den Fängen der US-Justiz	174
Yehudi Menuhin ist tot	176
Abschied von Elsie Attenhofer	178
Ländlerpapst Wysel Gyr ist tot	180
Abschied von Raissa Gorbatschowa	182
Sie starben 1999	184

Technik, Wirtschaft, Wissenschaft

Start für den Euro	190
Seekranker Flugzeugträger	192
Ein TEE-Zug für fünf Franken	194
Gift in belgischem Geflügel	196
Coca-Colas teure Panne	198
Verschiebung der Basler Dreirosenbrücke	200
Chaos auf dem Flughafen Zürich-Kloten	202
Finanzdebakel in Leukerbad	204
Schneller als der Schall	206
Brückenschlag über den Öresund	208
Rekordballon auf Jungfernfahrt	210
Das Aus für Alusuisse	212
Turbine statt Herz	214

Umwelt

Jahrhundertwinter in den Alpen	218
Panik im Paznauntal	220
Tod und Zerstörung im Val d'Hérens	222
Winterferien enden im Chaos	224
Glück im Giraffengehege	226
Feuer in den Everglades	228
Tornado-Terror in den USA	230
Total finster, total schön	232
Wolkengetrübte Finsternis	234
Die Türkei zittert	236
Hilfe aus aller Welt	238
Die grosse Angst vor Hurrikan «Floyd»	240
Schweres Atomunglück in Japan	242
Faszinierender Feuerzauber	244
Erdenbürger Nr. 6 000 000 000	246

Sport

WM-Gold für Schweizer Snowboarderin	250
Österreicherinnen dominieren Ski-WM	252
Ski-WM: Enttäuschende Schweizer Bilanz	254
Skandal im Internationalen Olympischen Komitee	256
Starke Schweizer Bobs	258
Glücklose «Eisgenossen»	260
Martina Hingis: unsportliche Nummer 1	262
Maurice Green ist der schnellste Mann der Welt	264
Sions Leid ist Turins Freud'	266
Gymnaestrada – ein Turnfest der Superlative	268
Mika Häkkinen verteidigt WM-Titel	270
WM-Silber für Schweizer Beach-Volleyballer	272
Triathlon am Nationalfeiertag	274
Neue Ära bei GC	276
Michael Johnson läuft Weltrekord über 400 Meter	278
Marcel Schelbert schafft WM-Sensation	280
Umstrittener Unspunnen-Rekord	282
Anita Weyermann gewinnt Cross-WM	284

Chronik

Januar bis Dezember 1999	290

Sporttabellen

Ranglisten der wichtigsten Veranstaltungen	302

Vorwort

Kein Jahr wie jedes andere

Ob 1999 nun das letzte Jahr dieses Millenniums war oder erst das vorletzte, hängt von der persönlichen Sichtweise ab. Sicher aber ist eines: 1999 war kein gewöhnliches Jahr. In Erinnerung bleiben werden nicht nur die schrecklichen Kriege im Kosovo und in Tschetschenien, sondern auch die zahlreichen Naturkatastrophen rund um den Globus. Aber natürlich hatte 1999 auch viele positive Seiten. Erinnert sei an die erste Weltumrundung im Heissluftballon, die dem Schweizer Bertrand Piccard und dem Briten Brian Jones im März gelang. Oder an die Wahl der erst 35-jährigen Ruth Metzler-Arnold zur «Bundesrätin für die Jugend». Und natürlich an die königlichen Hochzeiten in Grossbritannien und Belgien, die Millionen von Menschen in ihren Bann zogen.

All diese und rund 100 weitere Begebenheiten, die das Jahr 1999 prägten, lassen wir auf den folgenden Seiten noch einmal Revue passieren. Mit den Bildern der besten Fotoreporter aus aller Welt. Und mit informativen Texten, die das Wesentliche auf wenigen Zeilen kommentieren. Das Buch des Jahres 1999 fasst die Höhepunkte des politischen Geschehens zusammen, bietet einen Überblick über die herausragenden kulturellen Leistungen und porträtiert die wichtigsten Persönlichkeiten im In- und Ausland. Es beleuchtet noch einmal die Schlagzeilen aus Technik, Wirtschaft und Wissenschaft, streift die bewegendsten Ereignisse im Bereich Umwelt und erinnert selbstverständlich auch an die sportlichen Highlights des Jahres.

*Als einziger umfassender Rückblick aus Schweizer Sicht bietet Ihnen das Buch des Jahres 1999 eine komplette Übersicht über das letzte – oder eben zweitletzte – Jahr dieses Millenniums.
Wir wünschen Ihnen viel Spass bei der Lektüre!*

Monate

Die ersten Wochen des Jahres 1999 verdienen in der Schweiz zweifellos das Prädikat «Jahrhundert-Winter». Anhaltende Schneefälle legen Ende Januar in den Alpen das

Januar

Leben lahm. Zahlreiche Gemeinden sind von der Aussenwelt abgeschnitten und können nur noch mit dem Helikopter versorgt werden. Aber auch im Mittelland schneit es so stark, dass die Räumungsequipen mit ihrer Arbeit nicht mehr nachkommen und der Verkehr vielerorts zusammenbricht. Experten schätzen, dass das Schneechaos in der Schweiz Folgekosten von über 500 Millionen Franken verursacht.

Die massiven Schneefälle im Januar und Februar führen überall in den Alpen zu – teilweise todbringenden – Lawinenniedergängen. Das schrecklichste Unglück

Februar

dieses Winters ereignet sich im österreichischen Paznauntal: Innerhalb von 24 Stunden gehen auf die Gemeinden Galtür (Bild) und Valzur drei Lawinen nieder. Das schlimmste Lawinenunglück in Österreich seit über vier Jahrzehnten fordert insgesamt 38 Todesopfer. Zwölf Menschen verlieren ihr Leben, als im französischen Chamonix eine Lawine mehrere Chalets verschüttet. Auch die Schweiz bleibt im Jahrhundert-Winter 1999 nicht verschont: Bei Lawinenniedergängen in Wengen BE, Evolène VS und im Urner Maderanertal kommen über ein Dutzend Personen ums Leben.

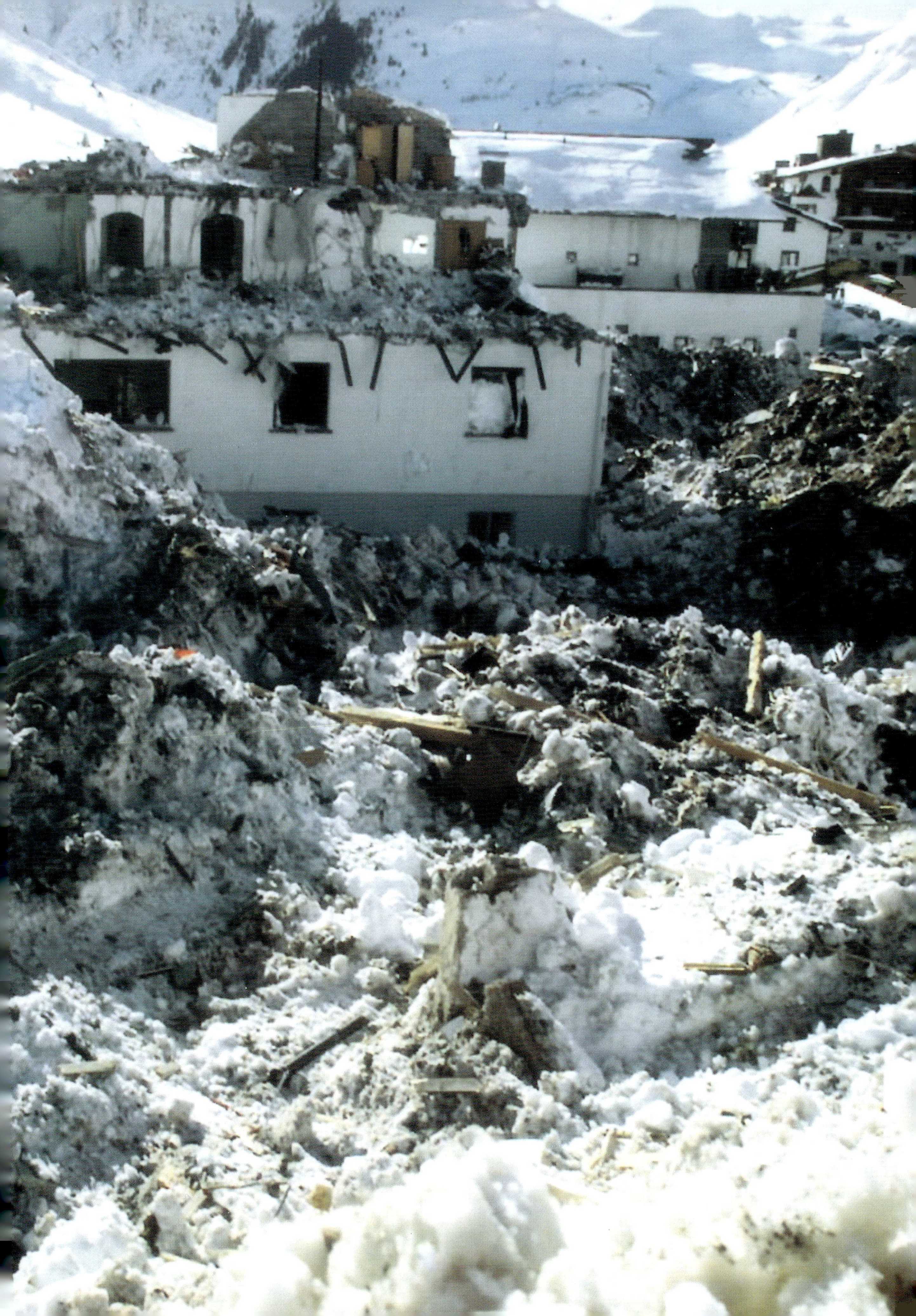

Dem Schweizer Psychiater und Ballonfahrer Bertrand Piccard gelingt im März ein Exploit der besonderen Art: An Bord des «Breitling Orbiter 3» – im Bild kurz vor dem

März

Start in Chateau d'Œx am 1. März – schafft er die erste Weltumrundung im Heissluftballon. Piccard und Kopilot Brian Jones brauchen für die 42 810 Kilometer lange Strecke 19 Tage. Am 21. März landen die beiden Abenteurer erschöpft, aber wohlbehalten im Südosten Ägyptens.

Monate

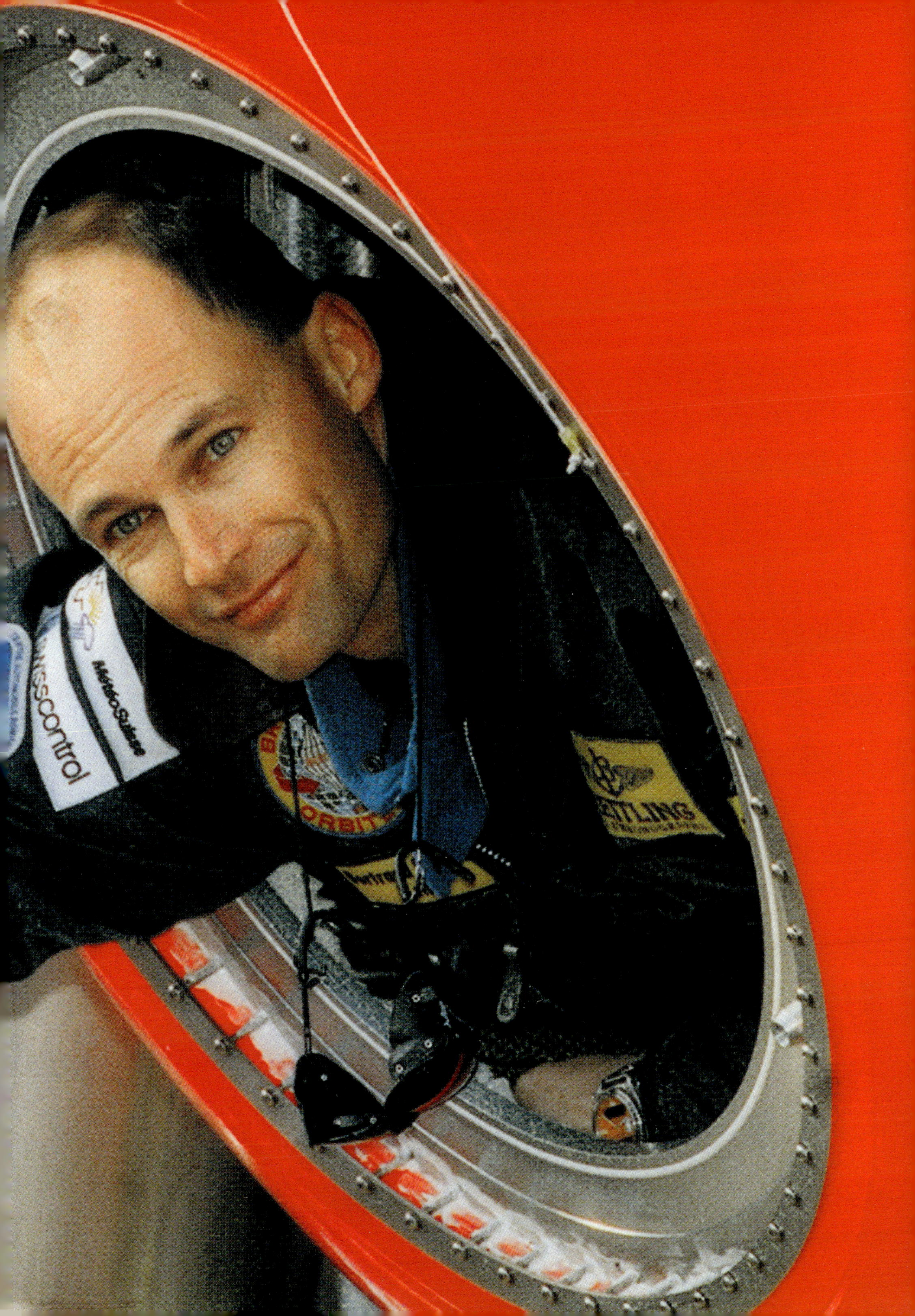
swisscontrol
MétéoSuisse

12 *Monate*

Der serbische Terror gegen die Kosovo-Albaner geht in den ersten Monaten des Jahres trotz internationalem Druck weiter. Nach dem Scheitern sämtlicher Verhand-

April

lungen beschliesst die Nato im Frühling einen Luftschlag gegen Jugoslawien. Bombardiert werden nicht nur serbische Stellungen im Kosovo, sondern vor allem auch Ziele auf jugoslawischem Hoheitsgebiet. Als Folge der Angriffe und aus Angst vor serbischen Übergriffen fliehen Hunderttausende von Kosovo-Albanern aus ihrer Heimat.

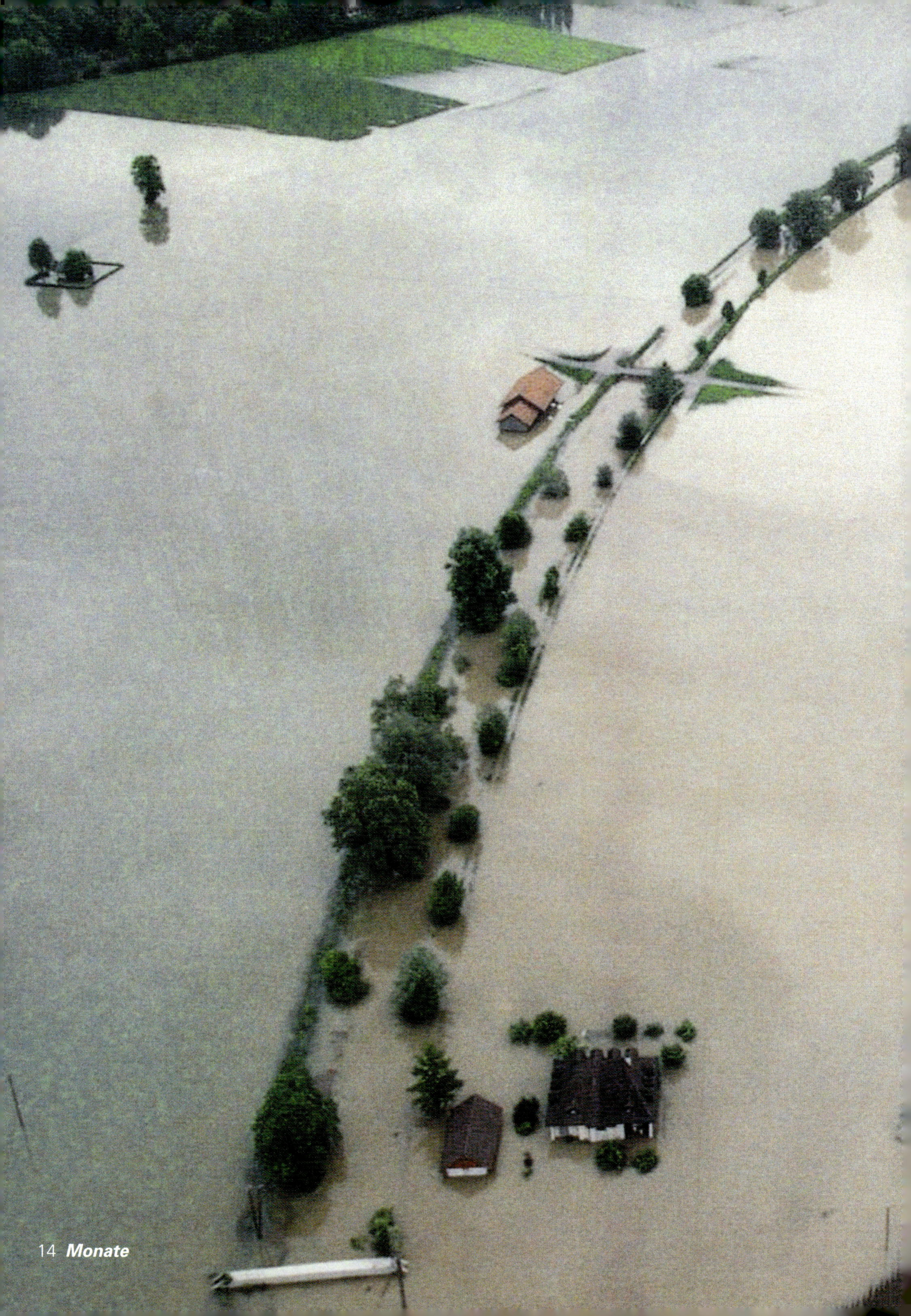

Tagelang anhaltende Regenfälle führen im Mai in weiten Teilen der Schweiz zu schweren Überschwemmungen. In den Städten Bern und Luzern sowie in ver-

Mai

schiedenen Gemeinden am Bodensee werden ganze Quartiere überflutet. Das Jahrhundert-Hochwasser – im Bild der vollständig überschwemmte Flugplatz Bern-Belp – hält das Land während fast zwei Wochen in seinem Bann.

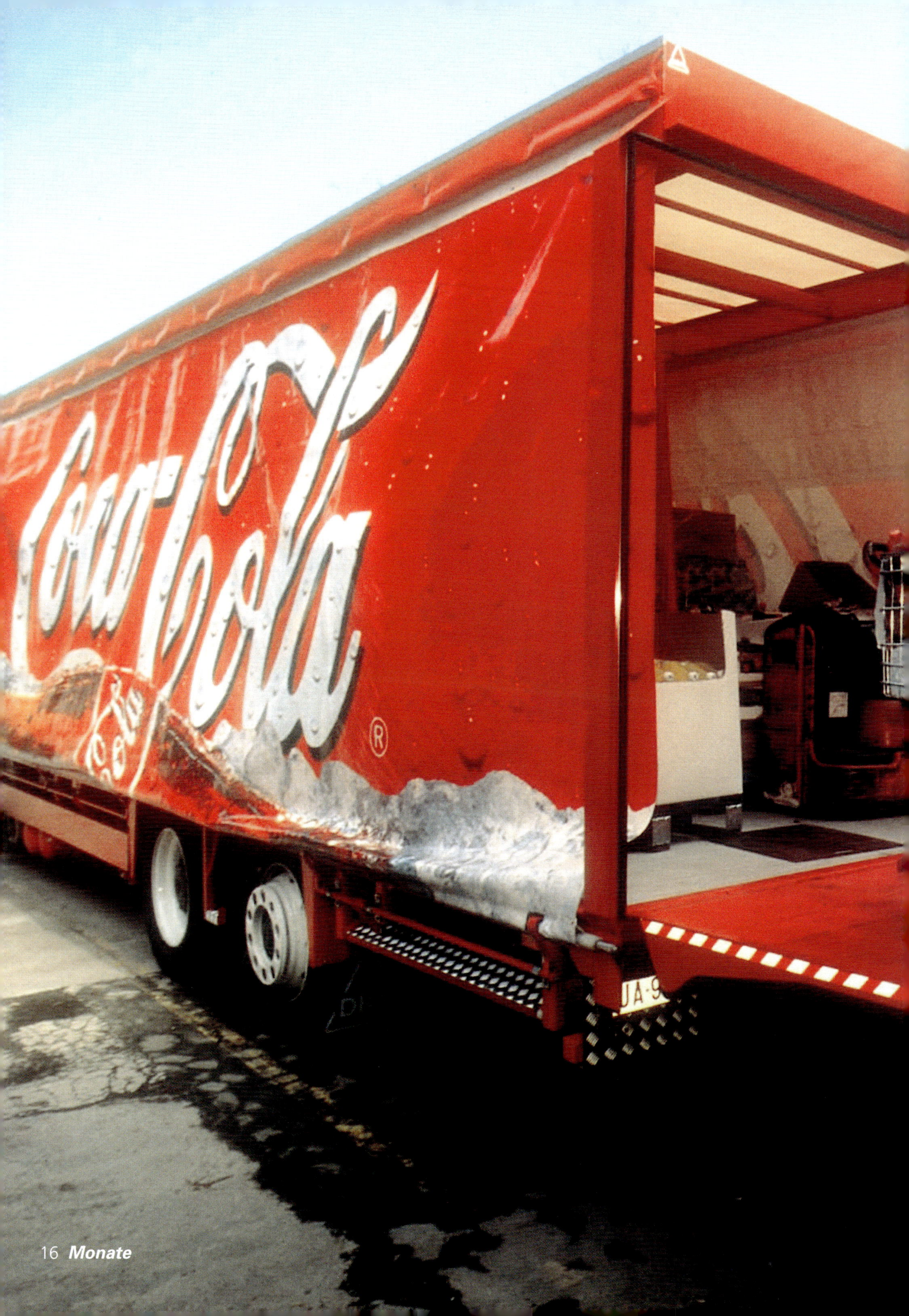
Coca-Cola

In Belgien müssen 31 Schülerinnen und Schüler nach dem Genuss von Coca-Cola mit Vergiftungserscheinungen in Spitalpflege gebracht werden. Wenige Tage

Juni

nach dem Zwischenfall erlassen die Regierungen Belgiens und Frankreichs ein Verkaufs- und Produktionsverbot für sämtliche Getränke des Coca-Cola-Konzerns. Das Unternehmen lässt in der Folge Millionen von Flaschen und Dosen einsammeln und vernichten (Bild). Ende Monat wird der Grund für die Verunreinigungen im belgischen Coca-Cola bekannt: Ein unsachgemäss aufgebrachtes Desinfektionsmittel für Holzpaletten hatte sich aussen an den Getränkedosen festgesetzt. Nach der Behebung der entsprechenden Mängel wird das Produktions- und Verkaufsverbot wieder aufgehoben.

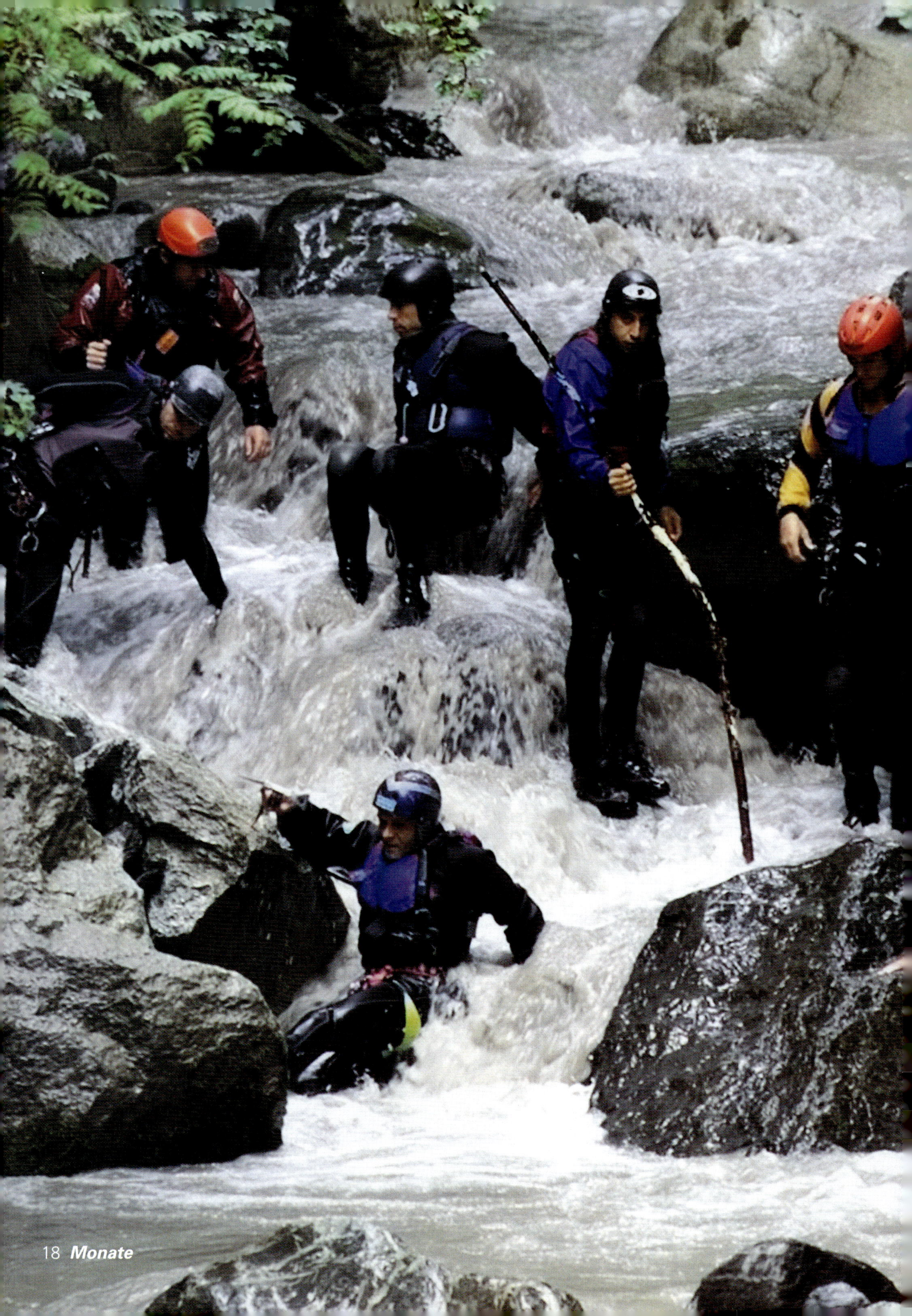

Im Berner Oberland kommt es Ende Juli zum bisher schlimmsten Canyoning-Unglück: 45 Touristen sowie acht Führer werden in der Saxetschlucht von einem

Juli

heftigen Gewitter überrascht. Die in Sekundenschnelle anschwellenden Wassermassen reissen 21 Menschen in den Tod. Einige der Opfer werden von den Bergungsmannschaften (Bild) erst nach Tagen gefunden. Bei der Untersuchung des Unglücks zeigt sich, dass die Verantwortlichen mehrfach vor dem herannahenden Unwetter gewarnt worden, aber trotzdem in die Schlucht eingestiegen waren. Gegen den Tourveranstalter wird wegen Verdachts auf fahrlässige Tötung ein Verfahren eingeleitet.

Am frühen Morgen des 18. August um 3.02 Ortszeit zittert im Westen der Türkei während rund 45 Sekunden die Erde. Das schwerste Beben seit fast 30 Jahren erreicht

August

eine Stärke von 7,8 auf der Richterskala und hinterlässt in der Provinz Kocaeli verheerende Verwüstungen an. Allein in der Industriestadt Izmit kommen über 17 000 Menschen ums Leben. Der Erdstoss und zahlreiche Nachbeben zerstören Hunderte von Häusern und machen Zehntausende obdachlos.

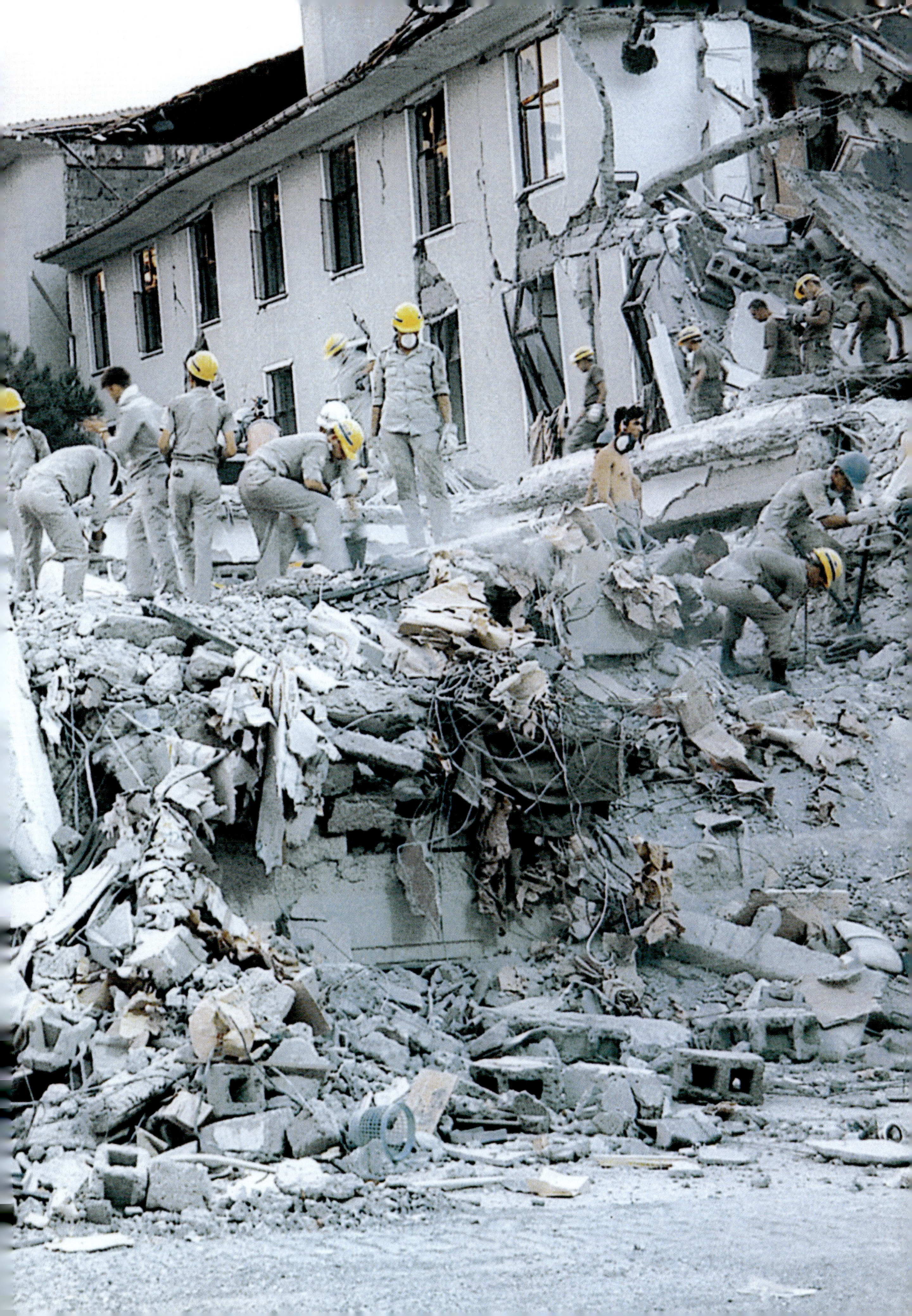

Die Karibik und die Ostküste der USA werden im Spätsommer gleich von mehreren Wirbelstürmen heimgesucht. Dieses Satellitenbild vom 15. September zeigt Hurrikan

September

«Floyd» vor der Küste Floridas und rechts davon den Wirbelsturm «Gret» über dem Atlantischen Ozean. «Floyd» löst in Florida, Georgia sowie in South und North Carolina die grösste Evakuierungsaktion in Friedenszeiten aus: Rund drei Millionen Menschen fliehen vor dem herannahenden Wirbelsturm ins Landesinnere. Als der Hurrikan bei Cape Fear in North Carolina die Küste erreicht, hat er sich aber abgeschwächt. Mit einer Windgeschwindigkeit von über 175 Stundenkilometern ist «Floyd» noch immer stark genug, um Schäden in Millionenhöhe anzurichten.

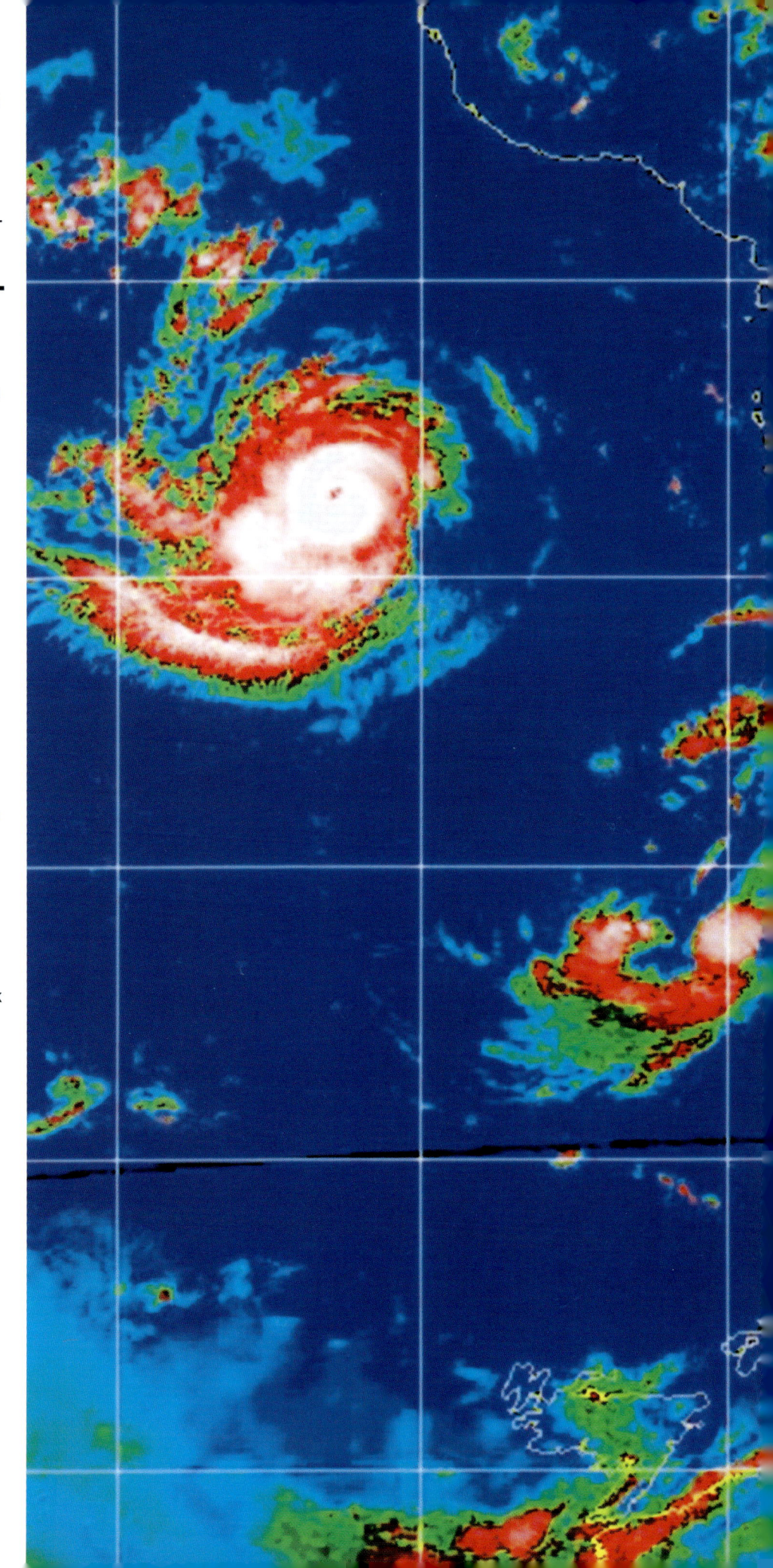

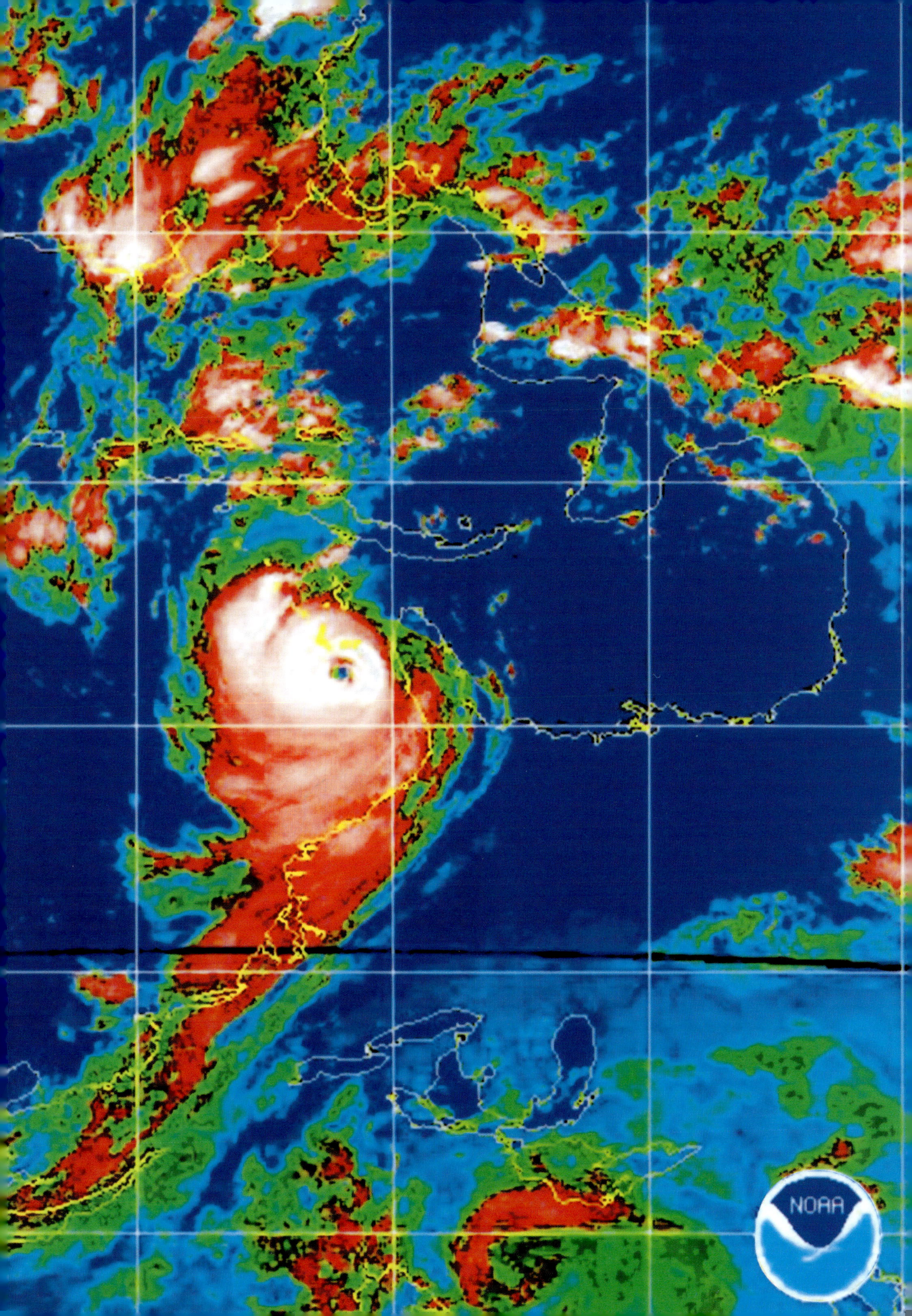
NOAA

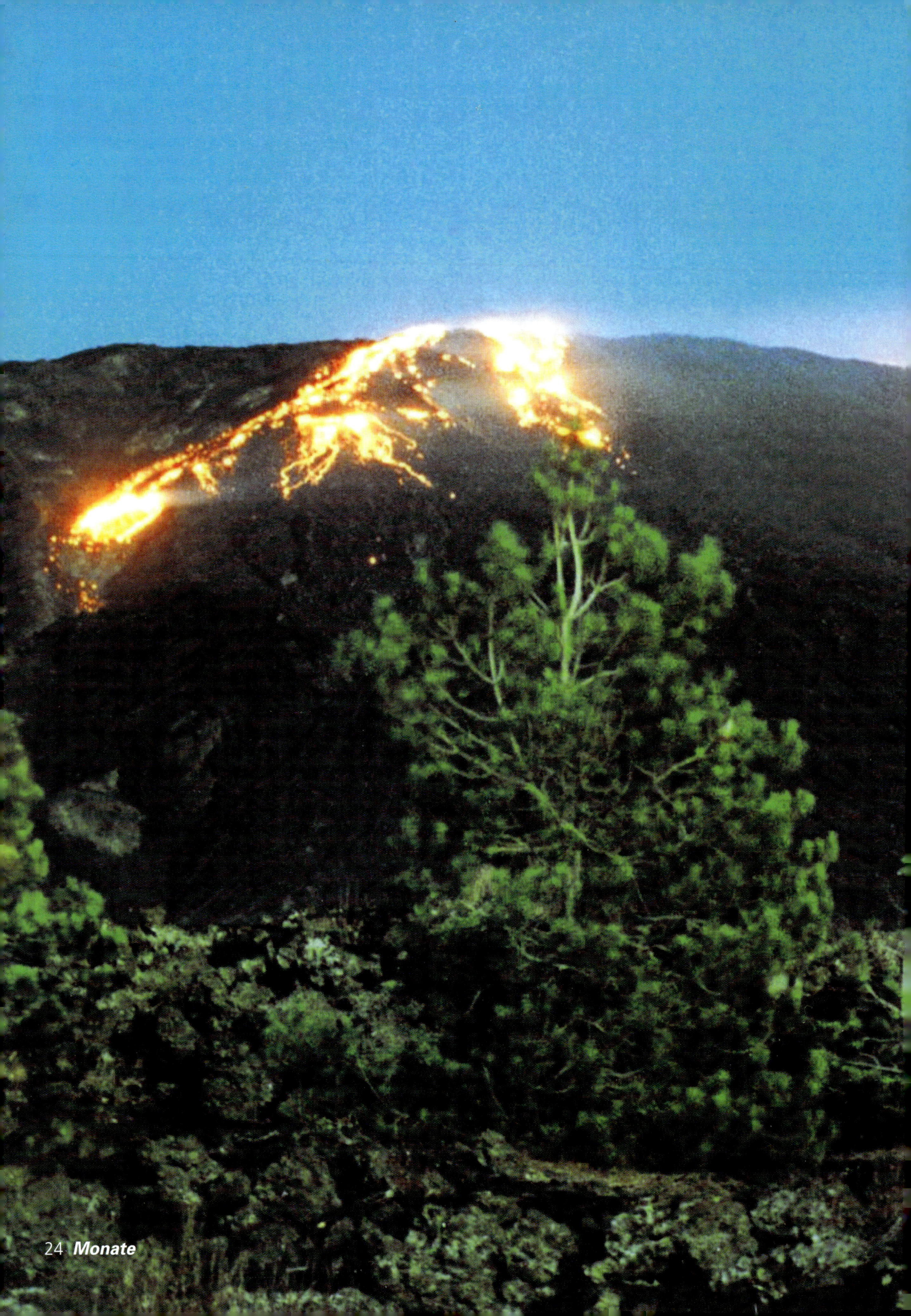

Der Ätna auf Sizilien wird im Herbst aussergewöhnlich aktiv: Zahlreiche Eruptionen füllen den Krater «Bocca Nuova» auf der Spitze des 3350 Meter hohen Bergs innerhalb

Oktober

weniger Tage auf. Am 17. Oktober fliesst die Lava über den teilweise zusammengefallenen Kraterrand ab und ein mehrarmiger Feuerstrom ergiesst sich über die Westflanke des Ätna (Bild). Begleitet wird das Ausfliessen von zahlreichen spektakulären Lavafontänen. Obwohl die Lava mehrere Kilometer weit ins Tal strömt, besteht für die Bevölkerung in den umliegenden Städten und Dörfern keine Gefahr.

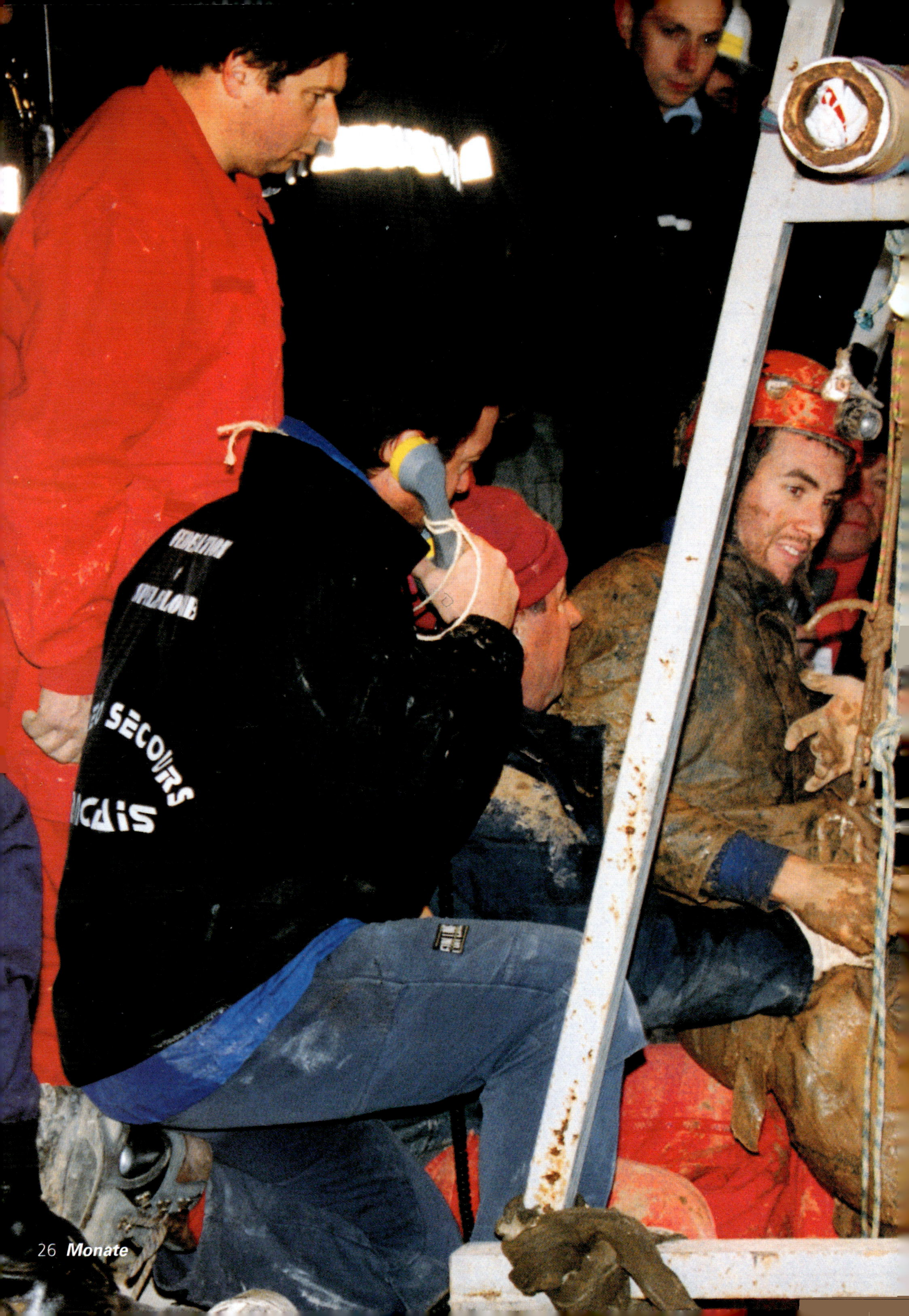
SECOURS

Glück im Unglück haben sieben Höhlenforscher, die im November die Vitarelles-Grotte in der Nähe der südfranzösischen Stadt Gramat erkunden. Nach einem verheerenden

November

Unwetter wird die Gruppe im Erdinnern von steigenden Wassermassen überrascht und vom Ausgang abgeschnitten. Erst nach sieben Tagen gelingt es, mit den Vermissten Kontakt aufzunehmen. Was folgt, ist eine der aufwendigsten Rettungsaktionen in der Geschichte Frankreichs mit rund 150 Beteiligten. Für Retter und Material werden insgesamt sechs Schächte ins Innere der Höhle gebohrt. Die Eingeschlossenen können zehn Tage nach ihrem Einstieg unversehrt durch einen engen Rettungsschacht geborgen werden.

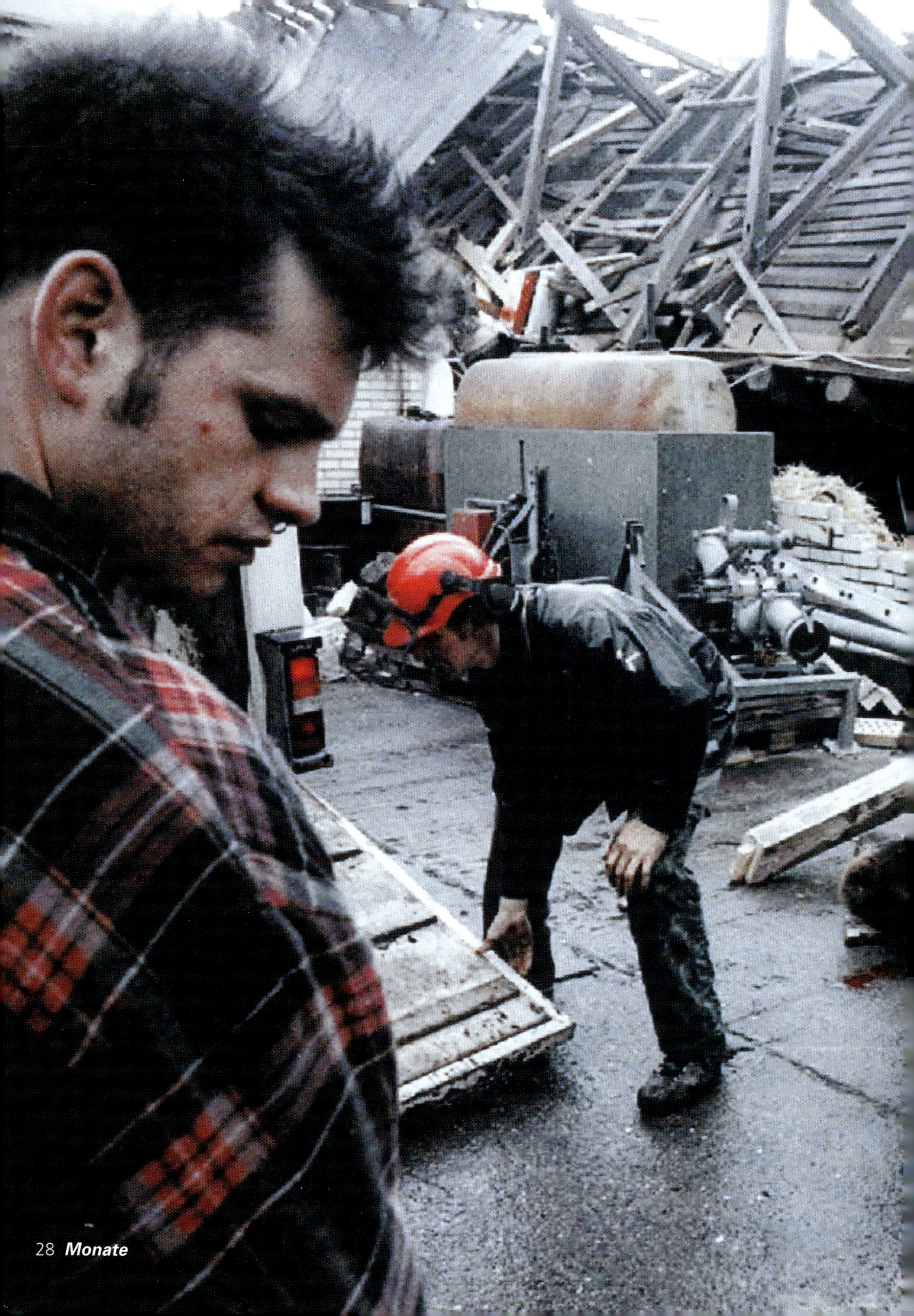

Am zweiten Weihnachtstag fegt der Orkan «Lothar» in mehreren Wellen über Frankreich, Südwestdeutschland und die Schweiz. Der schwerste Wintersturm

Dezember

seit Jahrzehnten fordert über 80 Menschenleben und richtet Schäden in Milliardenhöhe an. In der Schweiz werden zwölf Personen durch umstürzende Bäume oder Dachteile erschlagen. Zwei jugendliche Skifahrer aus Deutschland und Belgien kommen beim Absturz einer Seilbahngondel oberhalb von Crans-Montana ums Leben. Die Schäden an Kulturland, Fahrzeugen und Gebäuden – im Bild ein zerstörter Bauernhof im Engelbergertal – sind enorm: Nach ersten Schätzungen der Versicherungen dürften sie eine Milliarde Franken deutlich übersteigen.

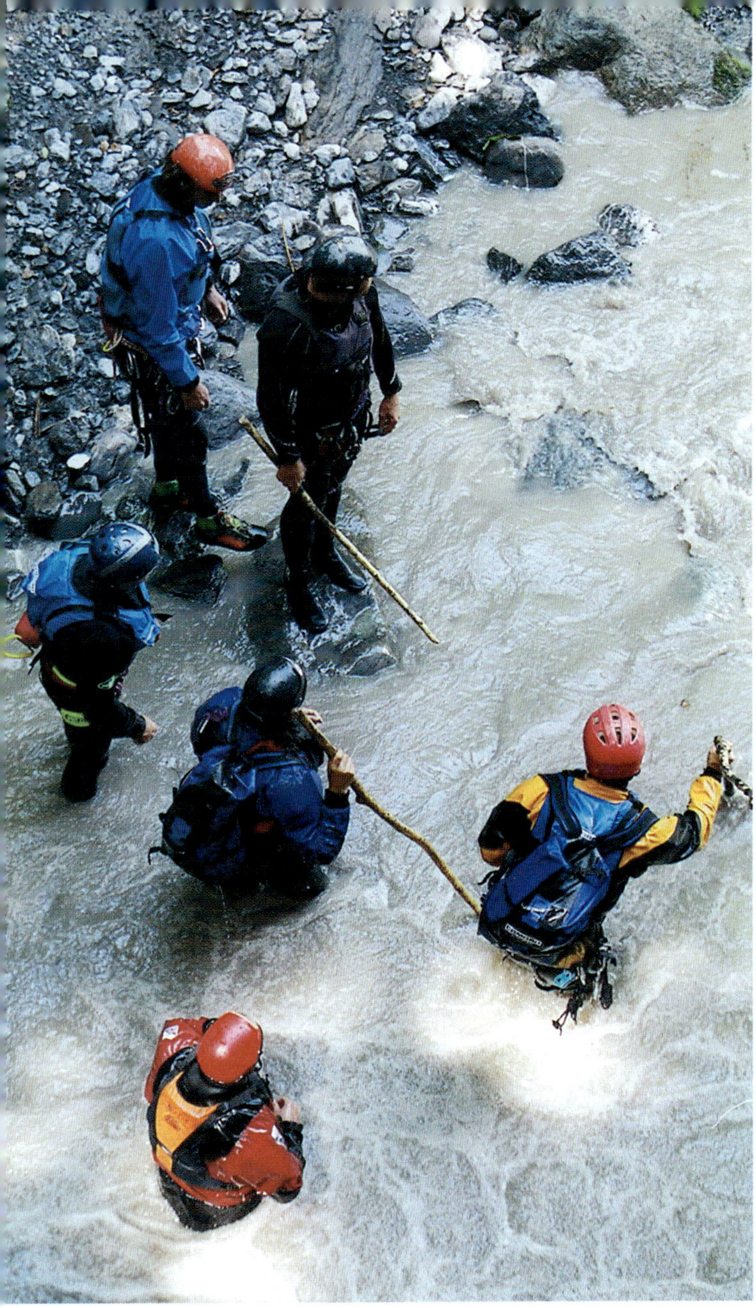

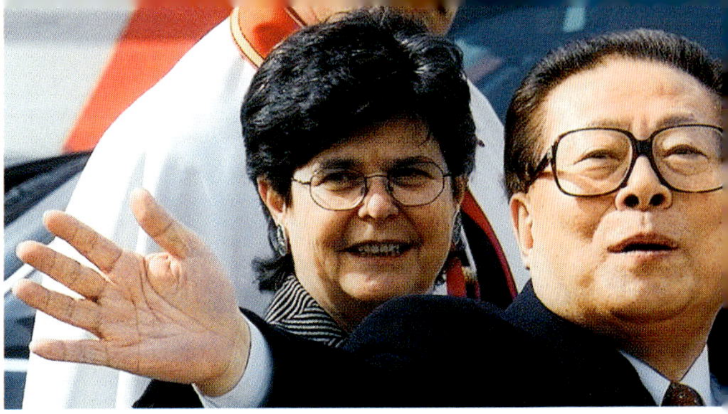

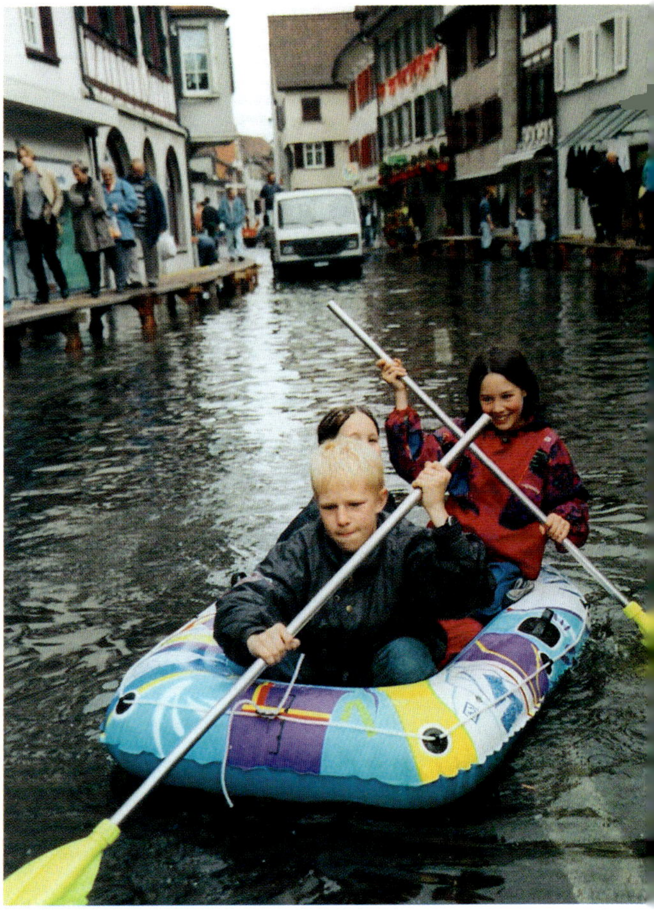

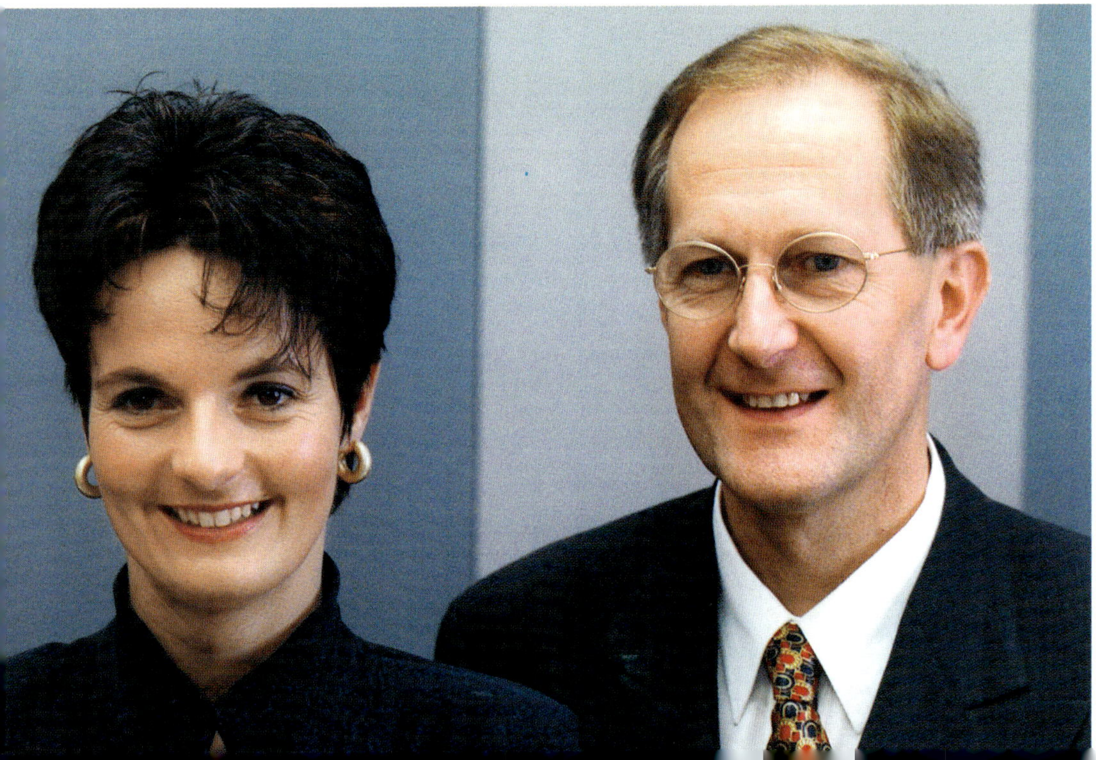

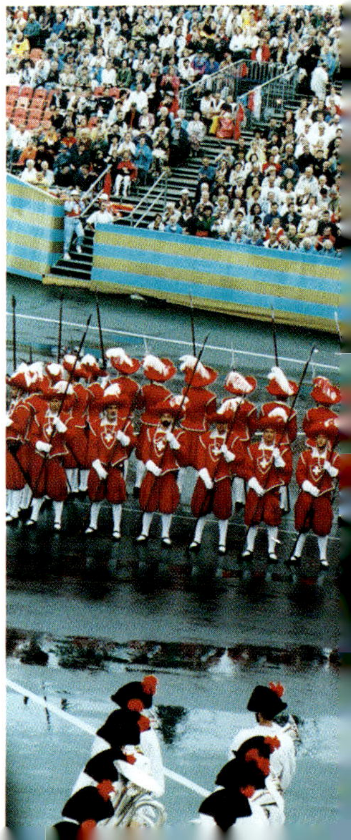

Schweiz

BUCH
DES JAHRES
1999

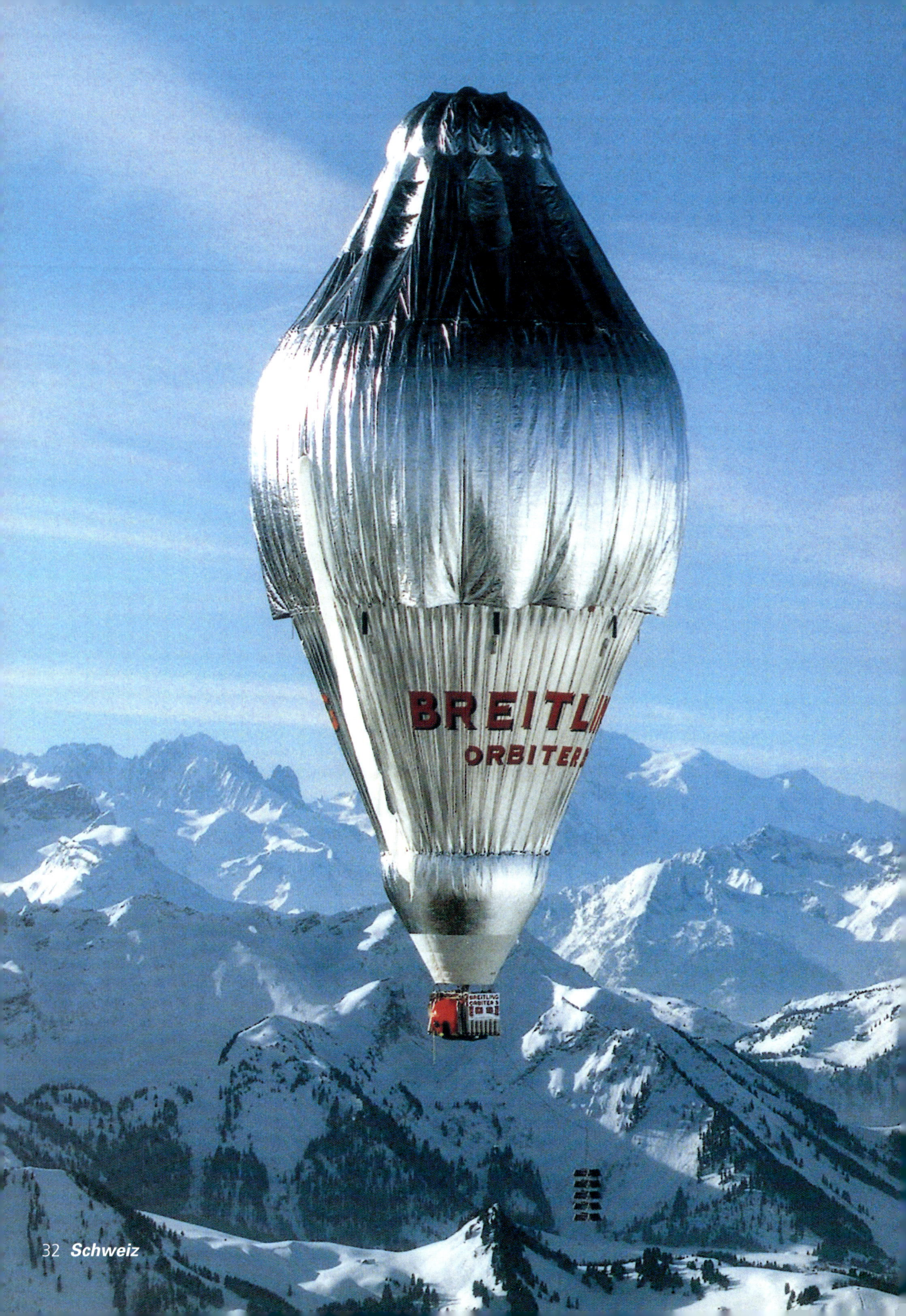
BREITL
ORBITER

Am 1. März, seinem 41. Geburtstag, startet der Schweizer Psychologe und Ballonfahrer Bertrand Piccard in Chateu d'Œx – erneut – zu einem der letzten grossen Abenteuer

Start zum letzten grossen Abenteuer

dieser Welt: Zum dritten Mal will er versuchen, im Heissluftballon den Globus zu umrunden. Die erste Ballonfahrt musste 1997 wegen lecker Treibstoffleitungen bereits über dem Mittelmeer abgebrochen werden. Und ein Jahr später musste Piccard in Burma landen, weil er die Überflugbewilligung für China zu spät erhalten hatte. Dieses Jahr indessen scheinen die Zeichen gut zu stehen: Piccard und sein Kopilot, der britische Kampfflieger und Ballonfluglehrer Brian Jones (52), heben mit dem «Breitling Orbiter 3» bei schönstem Wetter ab. Die Ballonfahrer steuern ihr 55 Meter hohes Gefährt zunächst in südwestlicher Richtung, um über Afrika auf einen Ostkurs – und damit in den schnellen Jetstream – einzuschwenken.

In den ersten Tagen verläuft Bertrand Piccards Ballonfahrt um die Erde nahezu ereignislos. Aufregung kommt erst auf, als die Ballonfahrer drei Meter lange Eiszapfen

In 19 Tagen um die Welt

entdecken, die von der Ballonhülle herunterhängen: Piccard reduziert die Höhe sofort und schlägt den Eispanzer mit einem Pickel von der Hülle. Nach diesem Zwischenfall herrscht wieder Routine. Auch mit den Überflugbewilligungen klappt dieses Jahr alles: Die Fahrt über den Norden Jemens wird ebenso bewilligt wie der Überflug über Indien und China. Am 14. März übertreffen Piccard und Jones den bisherigen Distanz-Weltrekord von Steve Fosset, fünf Tage später den Zeitrekord von Elson-Prescott. Am 20. März dann ist die Länge von 9,27 Grad erreicht und die Weltumrundung ist geschafft!

Schweiz

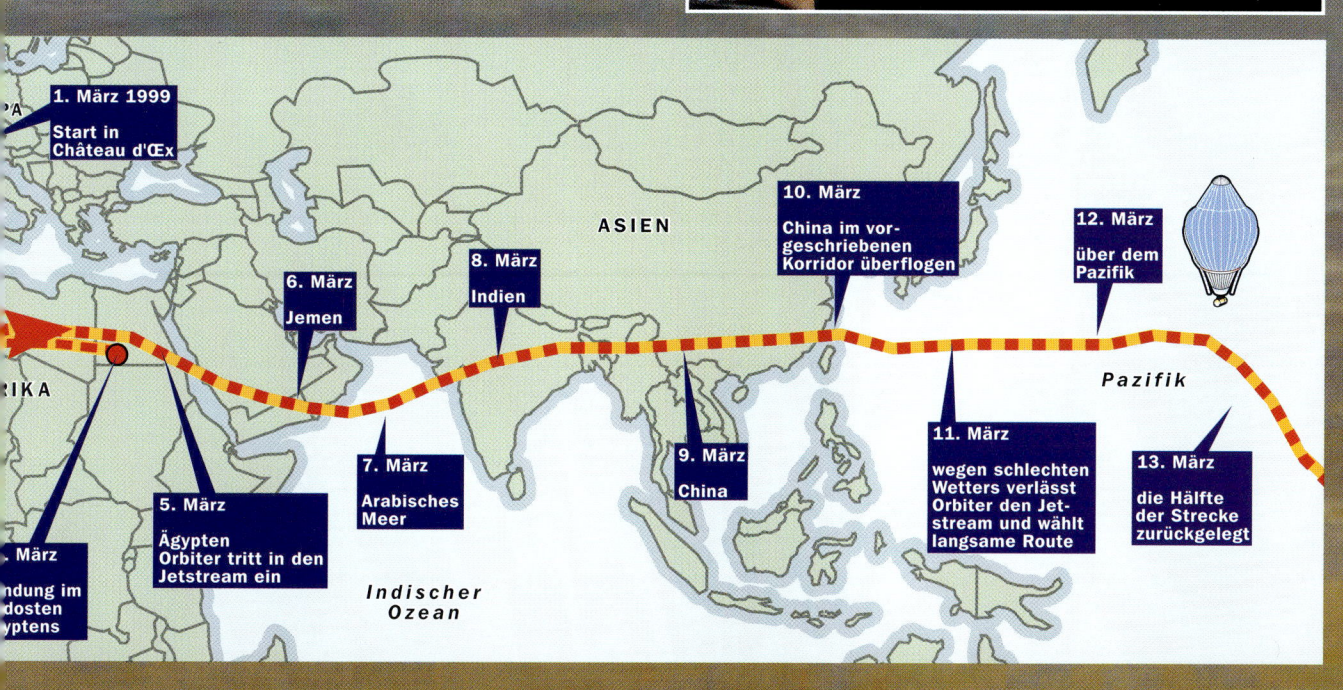

1. März 1999
Start in
Château d'Œx

ASIEN

6. März
Jemen

8. März
Indien

10. März
China im vor-
geschriebenen
Korridor überflogen

12. März
über dem
Pazifik

Pazifik

7. März
Arabisches
Meer

9. März
China

11. März
wegen schlechten
Wetters verlässt
Orbiter den Jet-
stream und wählt
langsame Route

13. März
die Hälfte
der Strecke
zurückgelegt

5. März
Ägypten
Orbiter tritt in den
Jetstream ein

Indischer
Ozean

Bertrand Piccard und Brian Jones lassen den «Breitling Orbiter 3» nach ihrer erfolgreichen Weltumrundung weiter ostwärts treiben, bis sie am 21. März um 7.03 Uhr

«Der Adler ist gelandet!»

im Südosten von Ägypten niedergehen. Bertrand Piccard meldet das historische Ereignis mit den Worten «The eagle has landed» – der Adler ist gelandet – ins Kontrollzentrum nach Genf. Den gleichen Satz hatte der US-Astronaut Neil Armstrong 1969 bei der ersten Mondlandung benutzt. Da die Ballonfahrer in militärischem Sperrgebiet niedergehen, können die Mitarbeiter des Orbiter-Bodenteams die Landung lediglich aus einem Sportflugzeug beobachten. Piccard und Jones müssen fast acht Stunden in der Wüste ausharren, bis sie von einem ägyptischen Militärhelikopter geborgen und in die Stadt Dakhla geflogen werden.

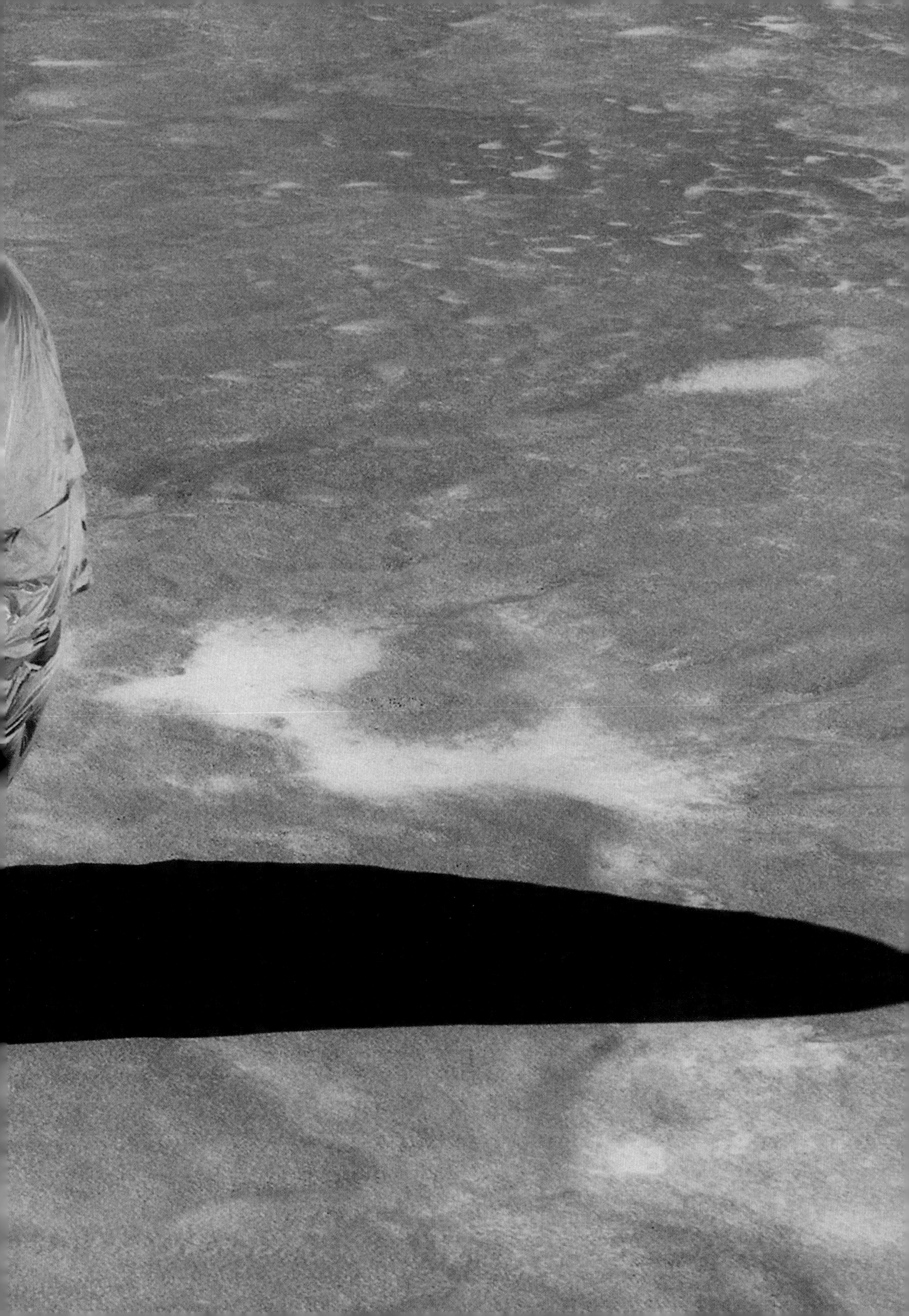

Schweiz

Bei ihrer Rückkehr in die Schweiz werden die beiden Rekord-Ballonfahrer Bertrand Piccard und Brian Jones von einer begeisterten Bevölkerung empfangen. Am Flughafen

Gefeierte Helden

Genf-Cointrin bejubeln Hunderte von Menschen die beiden Helden und ihre aviatische Meisterleistung. Mit ihrer Weltumrundung haben Piccard und Jones nicht nur das letzte grosse Abenteuer der Ballonfahrt bestanden, sondern auch gleich noch einen neuen Zeitrekord (19 Tage, 21 Stunden und 55 Minuten) und einen neuen Distanzrekord (46 759 Kilometer) aufgestellt.

Gemeinsam wurden sie vor zwölf Jahren gewählt, gemeinsam treten die Bundesräte Arnold Koller und Flavio Cotti zurück: Am 13. Januar geben die beiden Magistraten ihren

Zwölf Jahre sind genug

Abschied aus der Schweizer Regierung per Ende April bekannt. Nach Ansicht von politischen Beobachtern steckt hinter diesem Manöver eine gehörige Portion parteipolitisches Kalkül: Durch das geschickte Timing findet die Bundesratswahl vor den eidgenössischen Wahlen im Herbst statt und die CVP kann sich den zweiten Sitz im Bundesrat erhalten. Der scheidende Aussenminister Flavio Cotti wird für seine Bemühungen um den Holocaust-Fonds Ende April von der Stiftung gegen Rassismus und Antisemitismus geehrt (grosses Bild). Auch Arnold Koller kann kurz vor Ablauf seiner Amtszeit noch einen grossen Erfolg verbuchen: Mitte April stimmen die Schweizer Stimmbürger und -bürgerinnen der neuen Totalrevision der Bundesverfassung zu, für die sich der Vorsteher des Justiz- und Polizeidepartements stark gemacht hatte.

40 *Schweiz*

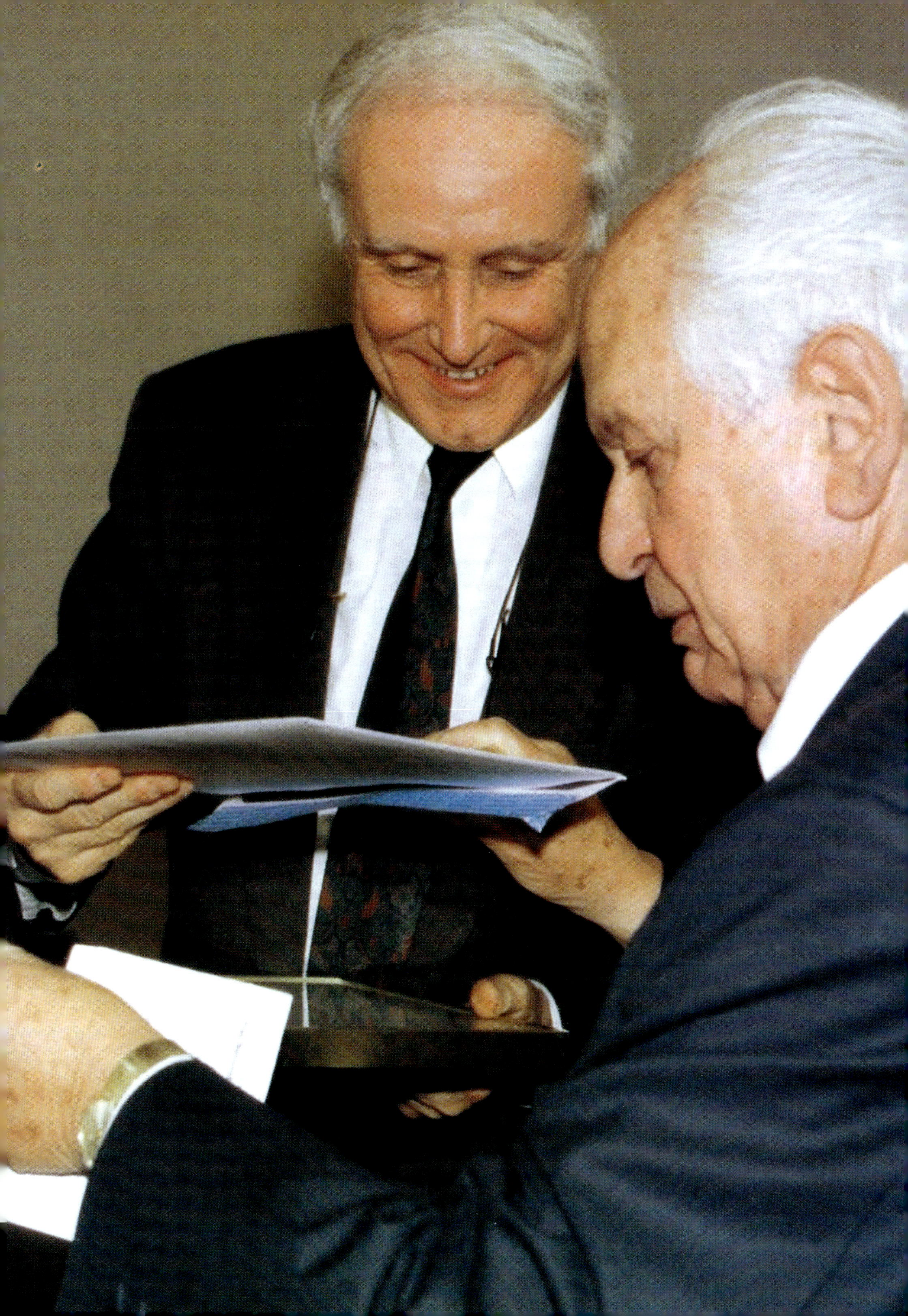

Schweiz

Ruth Metzler-Arnold heisst die dritte Bundesrätin der Schweiz. Am 11. März wählt die Vereinigte Bundesversammlung die Rechtsanwältin und CVP-Politikerin im vierten

Ein Sieg für die Jugend

Durchgang mit 126 Stimmen. Grosse Verliererin ist die St. Galler Regierungsrätin Rita Roos, die als eigentliche Favoritin ins Rennen gestiegen war. In den letzten Stunden vor der Wahl hatte sie jedoch mit übertrieben arroganten Auftritten zahlreiche Parlamentarier verärgert. Ruth Metzler, geboren am 23. Mai 1964 in Willisau LU, ist das drittjüngste Bundesratsmitglied aller Zeiten. 1992 wurde sie ans Bezirksgericht Appenzell, drei Jahre später ans Kantonsgericht gewählt. 1996 erfolgte die Wahl als Frau Säckelmeister – so wird im Kanton Appenzell Innerrhoden der Posten des Finanzministers bezeichnet – in die Kantonsregierung. Ruth Metzler tritt im Bundesrat die Nachfolge von Arnold Koller an und übernimmt das Eidgenössische Justiz- und Polizeidepartement.

Ganze sechs Wahlgänge braucht es am 11. März, bis der Nachfolger des zurücktretenden Bundesrats Flavio Cotti bestimmt ist. Das Rennen macht schliesslich der Freiburger

Taktischer Sieg nach langer Wahl

Professor Joseph Deiss – mit einer Stimme Vorsprung auf den Zuger Nationalrat Peter Hess. Deiss verdankt seine Wahl der Taktik der SP: Die Sozialdemokraten hatten zunächst auf den Jurassier Jean-François Roth gesetzt, ihre grosse Stimmkraft dann aber im letzten Moment auf Deiss verlagert, als sie einsahen, dass für Roth keine Mehrheit zu gewinnen war. Mit diesem Manöver gelingt es der SP, einen Rechtsrutsch im Bundesrat zu verhindern, der mit dem Duo Metzler/Hess gedroht hätte. Der frisch gebackene Bundesrat Joseph Deiss ist 54 Jahre alt und Professor für Volkswirtschaft und Wirtschaftspolitik an der Universität Freiburg. 1991 wurde er als CVP-Vertreter in den Nationalrat gewählt. Deiss präsidierte die Kommission für die Totalrevision der Bundesverfassung und war von 1993 bis 1996 Preisüberwacher.

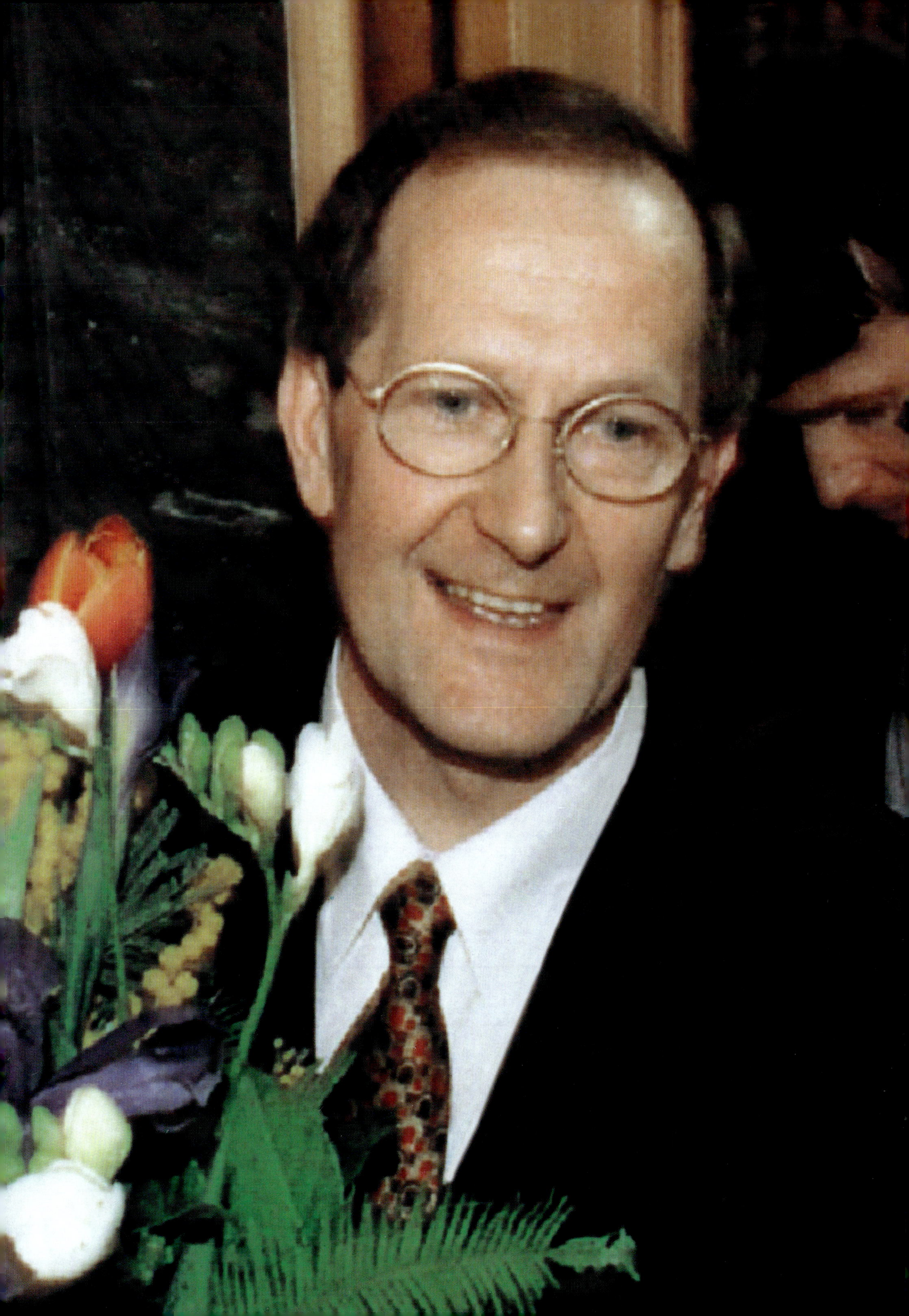

Bei einem Grossbrand in der Überbauung Gilamont-Villages bei Vevey kommt es Ende Februar zu dramatischen Momenten: Mehrere Bewohner werden von den Flammen

Sprung aus dem Inferno

eingeschlossen und versuchen, an der Fassade herunterzuklettern. Eine Frau verliert ihren Halt, stürzt fast zehn Meter in die Tiefe und reisst dabei auch ihren Sohn mit (kleine Bilder). Während die Mutter mehrere Knochenbrüche erleidet, bleibt der Sohn praktisch unverletzt. Die vom Feuer stark in Mitleidenschaft gezogenen Wohnblöcke werden wegen vermuteter bautechnischer Schäden abgerissen.

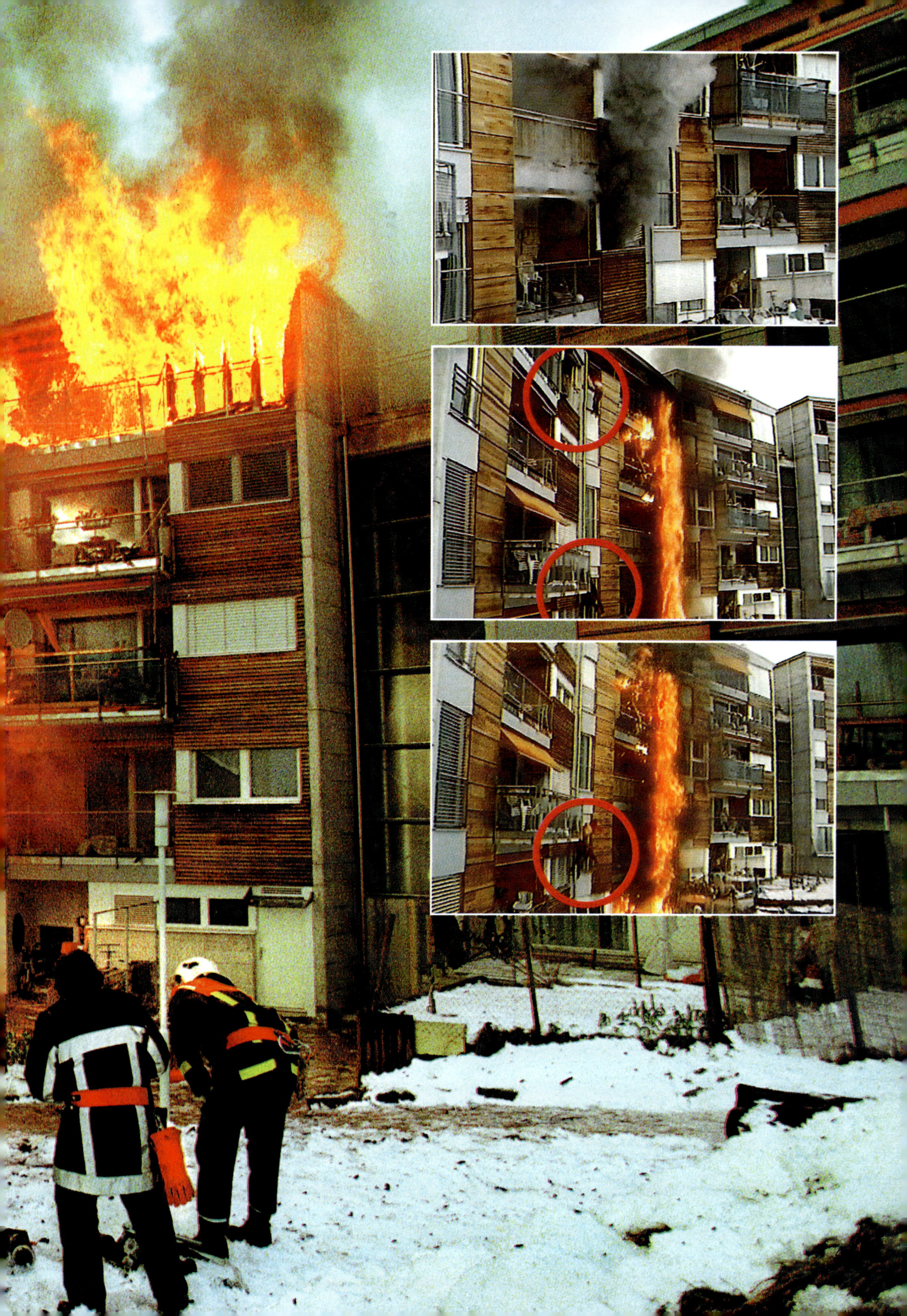

Schweiz

Beim Staatsbesuch des chinesischen Präsidenten Jiang Zemin Ende März kommt es zu einem Eklat: Der hohe Gast fühlt sich von einigen Exil-Tibetern bedroht, die auf einem

Staatsbesuch mit Zwischenfällen

Dach am Bundesplatz mit Transparenten, Sprechchören und Trillerpfeifen für ein freies Tibet demonstrieren. Jiang Zemin lässt den Bundesrat eine halbe Stunde warten (grosses Bild) und stürmt dann ohne Begrüssung ins Bundeshaus. In seiner Rede wirft er der Schweizer Regierung vor, sie habe «das Land nicht im Griff» und brüskiert Bundespräsidentin Ruth Dreifuss mit der Bemerkung: «Sie haben einen guten Freund verloren.» Obwohl es beim Bankett zu einem zweiten Zwischenfall kommt – Jiang Zemin wird irrtümlich an einen falschen Platz geführt – glätten sich die Wogen im Verlauf des dreitägigen Staatsbesuchs wieder. Beim Abschied am Flughafen Zürich-Kloten jedenfalls lädt Jiang Zemin Bundespräsidentin Ruth Dreifuss spontan zu einem Gegenbesuch nach China ein.

Schweiz

Nach dem Jahrhundert-Schnee kommt der Regen. Und der führt Mitte Mai in der Schweiz in verschiedenen Regionen zu verheerenden Überschwemmungen. In der Stadt Bern

Venedig an der Aare

Beispielsweise steht das Mattenquartier am Ufer der Aare während Tagen unter Wasser. Dank einem spontan eingerichteten Schiffstaxidienst des Berner Pontoniervereins (links) können die Anwohner ihre Häuser und Wohnungen zunächst noch trockenen Fusses erreichen. Als das Wasser aber weiter steigt, wird die Situation im «Venedig an der Aare» ungemütlich: Strom und Gas werden aus Sicherheitsgründen abgeschaltet und die Behörden ordnen die Evakuierung des Mattenquartiers an.

Schweiz

Vierwaldstättersee und Reuss vermögen die ausgiebigen Regenfälle von Mitte Mai zunächst zu schlucken. Gegen Ende des nassen «Wonnemonats» versinkt indessen

«Land unter» in Luzern

auch Luzern in den Fluten: See und Fluss treten über die Ufer und machen das Flanieren entlang des beliebten Reussquais (Bild) zu einem kleinen Abenteuer. Trotz der einsetzenden Schneeschmelze entspannt sich die Situation in Luzern nach wenigen Tagen wieder. Zunächst war befürchtet worden, das Schmelzwasser aus den Alpen würde zu einem weiteren Anstieg der Pegel führen.

Das Hochwasser von Mitte Mai beeinträchtigt in zahlreichen Regionen den öffentlichen und privaten Verkehr. Rund um den Bodensee (im Bild Rorschach) werden

Aus für Schiff und Bahn

Strassen und Eisenbahnschienen überflutet und ganze Streckenabschnitte müssen gesperrt werden. Paradoxerweise legt die Jahrhundertflut vielerorts auch die Schifffahrt lahm: Um unnötigen Wellenschlag und damit weitere Wasserschäden zu vermeiden, bleiben die Kursschiffe während des Hochwassers auf den meisten Seen in den Häfen.

SCHIFFAHRT BETRIEB
RORSCHACH
Schiffahrt Bodensee
Schiffahrt Bodensee
Schiffahrt Bodensee
2

56 *Schweiz*

Mehr als 10 000 Jodlerinnen und Jodler versammeln sich Anfang Juli in Frauenfeld zum 24. Eidgenössischen Jodlerfest. Während der beiden Wettbewerbstage messen

Aus voller Kehle

sich Einzeljodler und Chöre in insgesamt 1600 Vorträgen. Nach den Wettkämpfen wird am Sonntag mit einem Festgottesdienst, einem Festakt, einem Umzug und einem grossen Volksfest gefeiert. Ehrengast des 24. Eidgenössischen Jodlerfests ist Bundesrat Adolf Ogi, der nicht nur aus voller Kehle mitjodelt (kleines Bild), sondern die Jodlerinnen und Jodler auch als «Urzelle der Nation» feiert: In seiner Festansprache meint der Magistrat: «Ohne Wurzeln, ohne Tradition und ohne Brauchtum könnte unser Land nicht überleben. Ihr haltet das Erbe lebendig und verkörpert die Tugenden, die uns stark machen: Kameradschaft, Selbstverantwortung, Stolz und Optimismus.»

Für 45 Touristen und acht Führer wird ein Canyoning-Abenteuer im Berner Oberland Ende Juli zum Horrortrip: Kurz nach dem Einstieg in die Saxetschlucht oberhalb von

Vom Abenteuer zum Horrortrip

Interlaken wird die Gruppe von einer Flutwelle überrascht. 21 Menschen – 19 Abenteurer aus Australien und Neuseeland sowie zwei Schweizer Führer – kommen in den Wassermassen um. Vier Tage nach der Katastrophe gedenken fast 500 Personen mit einem Fackelzug entlang dem Saxetbach der Opfer (grosses Bild). Die Verantwortlichen der Canyoning-Tour müssen sich von Behörden und Hinterbliebenen schwere Vorwürfe gefallen lassen: Sie hatten mehrfache Gewitterwarnungen von Einheimischen ignoriert und für den fatalen Trip durch die Saxetschlucht grünes Licht gegeben.

Schweiz

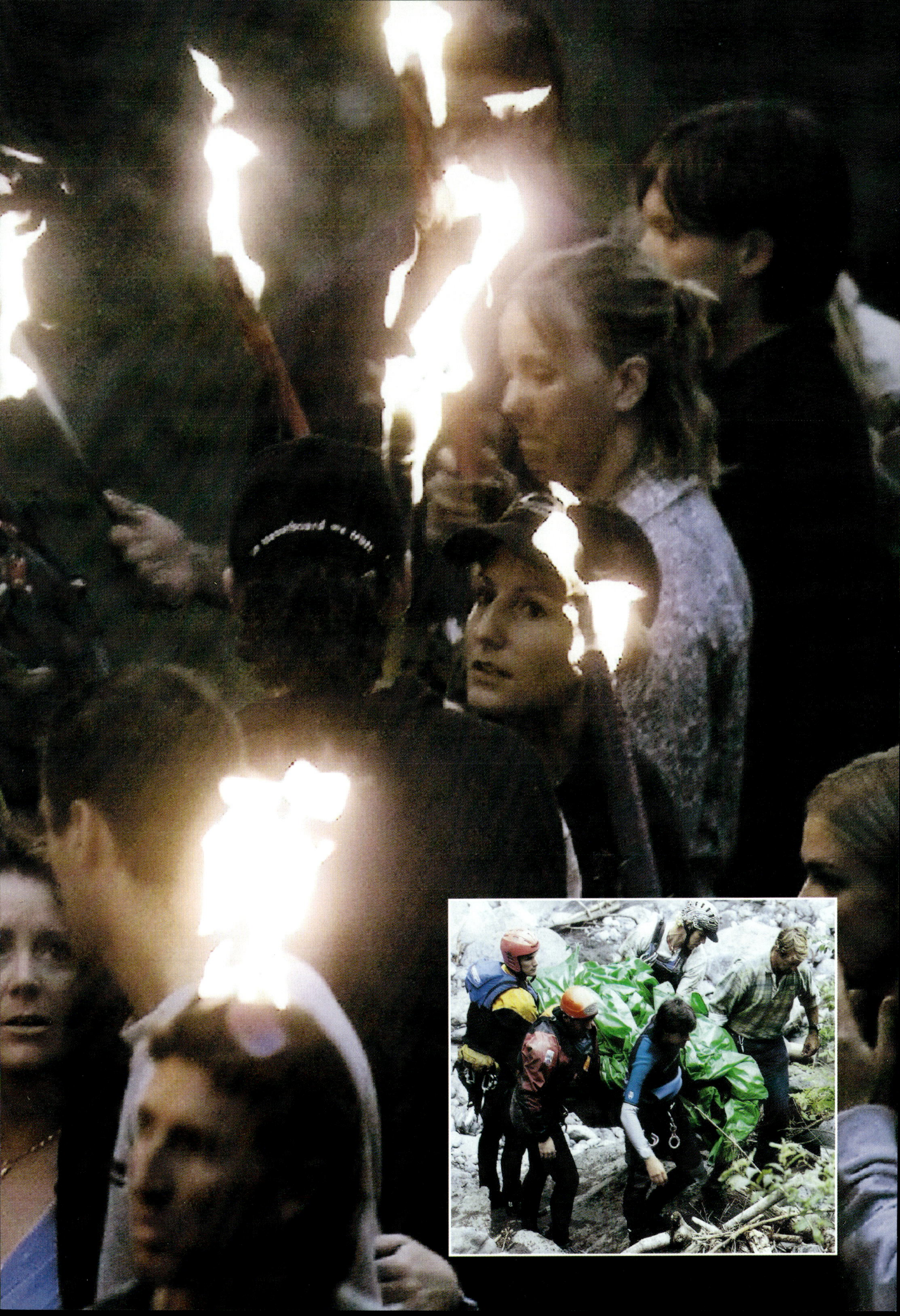

Der 16 000-Seelen-Flecken Vevey wird im Hochsommer für drei Wochen zum grössten Festplatz der Schweiz: Fast eine halbe Million Zuschauer kommen an die Gestade des

Das grösste Fest des Sommers

Genfersees, um die traditionelle Fête des Vignerons mitzuerleben. Das Winzerfest, das nur alle 25 Jahre durchgeführt wird, ist einmal mehr ein Bacchanal der Superlative: Am zwölfmal aufgeführten Festspiel in der Arena wirken über 5000 Schauspieler und Komparsen mit. Regisseur François Rochaix erzählt in einer farbenfrohen Winzeroper von der Arbeit in den Weinbergen und erinnert mit allerlei Symbolik an die Götter des klassischen Altertums (Bild). Unterhalten wird das Publikum in Vevey ausserdem durch vier grosse Umzüge, mehrere Tanzorchester und unzählige Festhütten und -zelte.

Schweiz

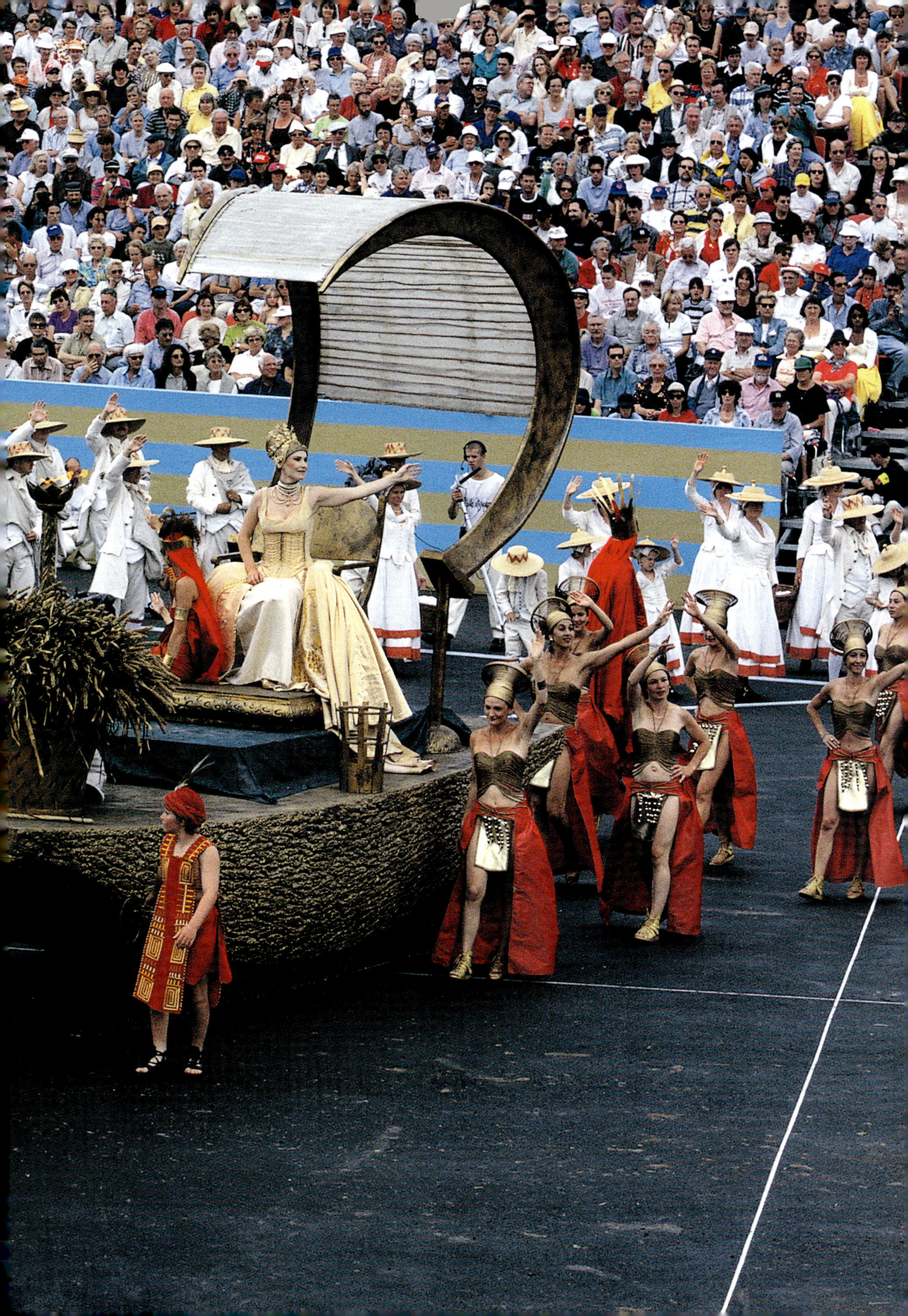

Schweiz

Die Schweizer Bundesanwältin Carla Del Ponte wird im August vom Sicherheitsrat der Vereinten Nationen zur neuen Chefanklägerin der Uno gegen Kriegsverbrecher

Del Pontes grosse Stunde

ernannt. Den Vorschlag für die Neubesetzung des Postens hatte Uno-Generalsekretär Kofi Annan (im Hintergrund) eingebracht. Carla Del Ponte habe laut Annan «grosse berufliche Fähigkeiten bewiesen», verfüge über «Stärke und Entschlossenheit» und sei bekannt als «zähe Verbrecherjägerin». Carla Del Ponte werden rund 600 Mitarbeiter und ein Budget von 40 Millionen Dollar pro Jahr zur Verfügung stehen. Während ihrer Amtszeit von vier Jahren wird sie hauptsächlich Kriegsverbrecher aus dem Balkan und aus Ruanda anklagen.

Schweiz

Geheimdienstler auf Abwegen

Hauptmann Dino Bellasi fädelte seinen Abgang aus der Untergruppe Nachrichtendienst mit einer tränenrührenden Geschichte ein: Seinen Vorgesetzten eröffnete der 39-Jährige im Sommer 1998, er habe Krebs und höchstens noch sechs Monate zu leben. Kurze Zeit später reichte er seine Kündigung ein. Was damals niemand wusste: Der allseits beliebte Rechnungsführer beim militärischen Nachrichtendienst war kerngesund – und ausserdem ein Millionenbetrüger. Im Verlauf mehrerer Jahre hatte Bellasi mit so genannten Vorschussmandaten bei der Nationalbank insgesamt 8,8 Millionen Franken bezogen – angeblich zur Finanzierung eines «geheimen Projekts». Nach Bellasis Verhaftung im August zeigt sich allerdings, dass der Betrüger in Uniform den grössten Teil des Geldes in seine eigenen Taschen gesteckt und für einen überaus aufwändigen Lebensstil verbraucht hat. Als Folge der Affäre Bellasi wird gegen den Chef des Nachrichtendienstes, Divisionär Peter Regli, eine Untersuchung eingeleitet. Obwohl der oberste Geheimdienstler der Schweiz vollständig rehabilitiert wird, schickt ihn Bundesrat Adolf Ogi im Dezember vorzeitig in Pension.

IN MEMORY OF
THE 229 MEN, WOMEN AND CHILDREN
ABOARD SWISSAIR FLIGHT 111
WHO PERISHED OFF THESE SHORES
SEPTEMBER 2, 1998

THEY HAVE BEEN JOINED TO THE
SEA AND THE SKY

MAY THEY REST IN PEACE

> À LA MÉMOIRE
> HOMMES, FEMMES ET ENFANTS
> T PERDU LA VIE AU LARGE DE
> S CÔTES VOL SWISSAIR 111
> LE 2 SEPTEMBRE 1998
>
> PPARTIENNENT MAINTENANT
> AU CIEL ET À LA MER
>
> UILS REPOSENT EN PAIX

In Kloten, Genf und im kanadischen Halifax finden am 2. September Gedenkfeiern für die Opfer des Swissair-Flugs 111 statt. Beim Absturz einer MD-11 vor der Küste

Mahnmal einer Katastrophe

Neuschottlands waren vor genau einem Jahr alle 229 Insassen ums Leben gekommen. Am Gottesdienst in der katholischen Kirche von Kloten nehmen vor allem Swissair-Angestellte teil. In Genf versammeln sich gegen 600 Personen zu einem Gedenkkonzert in der Kathedrale Saint-Pierre – darunter auch SAir-Chef Philippe Bruggisser. Rund 700 Angehörige und Freunde treffen sich im Beisein von Bundesrätin Ruth Dreifuss und des kanadischen Premierministers Jean Chrétien auf der alten Zitadelle von Halifax, um der Opfer zu gedenken und den Hilfskräften noch einmal für ihren Einsatz zu danken. In unmittelbarer Nähe des Absturzortes, acht Kilometer vor dem Fischerdörfchen Peggy's Cove, wird ein Gedenkstein für die Opfer enthüllt.

Mit der Sendung «Eiger live» schreibt SF DRS im September Fernsehgeschichte: Die Durchsteigung der berühmt-berüchtigten Eigernordwand wird im Rahmen

TV-Marathon zum Eigergipfel

einer 30-stündigen Direktübertragung sozusagen auf Schritt und Tritt begleitet. Im Durchschnitt verfolgen 223 000 Zuschauerinnen und Zuschauer die Kletterpartie der Bergführer Hansruedi Gertsch, Stephan Siegrist, Ralph Dujmovits und Eveline Bisank. Für spektakuläre Fernsehbilder sorgen die Helmkameras der vier Bergsteiger sowie zahlreiche weitere Kameras in der Wand selbst und in Helikoptern. Im November wird das 40-köpfige Produktionsteam hinter «Eiger live» mit dem Tele-Preis 1999 ausgezeichnet.

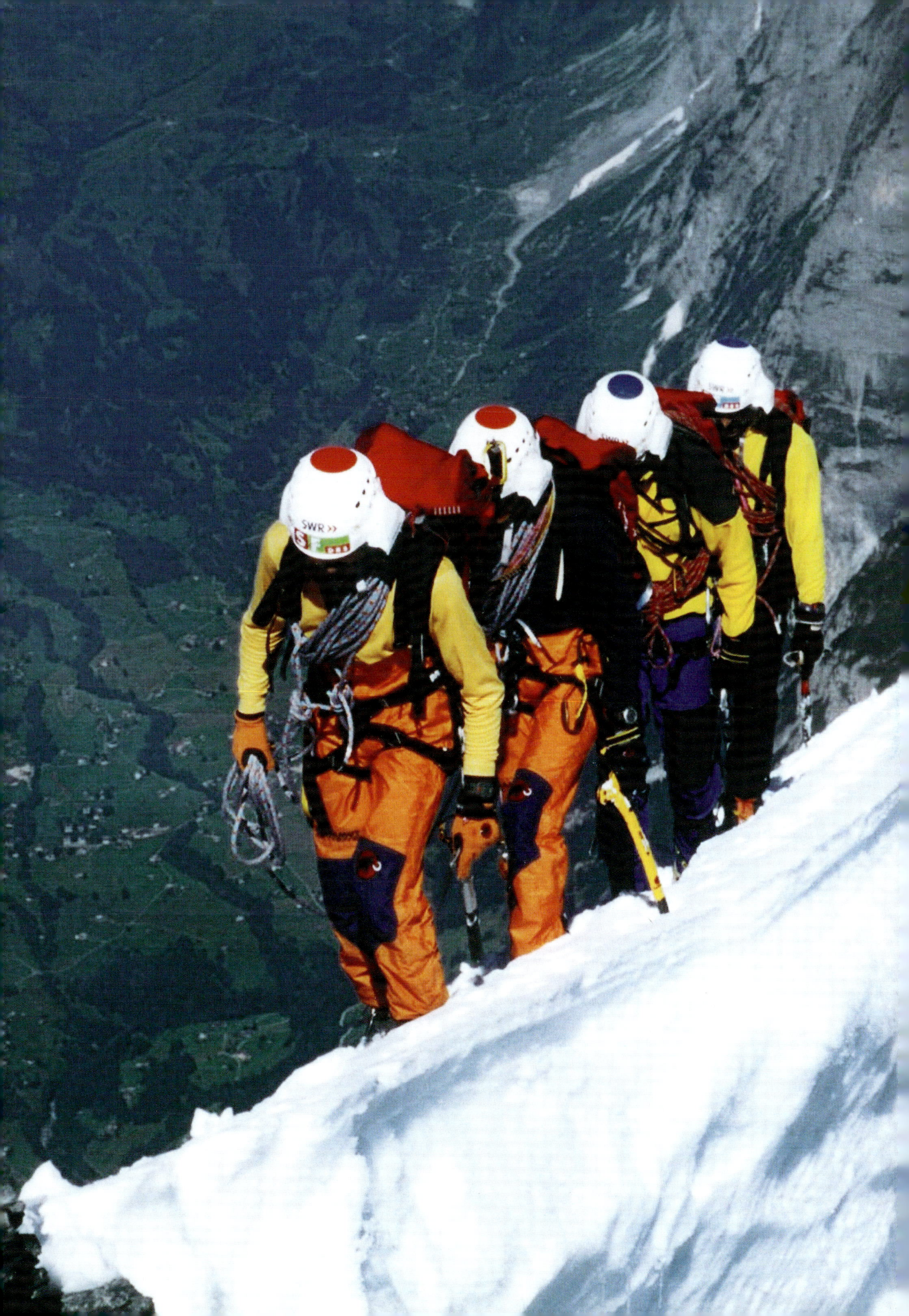
SWR

Bei den eidgenössischen Wahlen im Oktober kommt es zu den massivsten Verschiebungen seit 80 Jahren: Die Schweizerische Volkspartei kann massiv zulegen und sichert sich mit 22,6

Die Schweiz rutscht nach rechts

Prozent der Stimmen den höchsten Wähleranteil. Neu hält die SVP im Nationalrat 44 Sitze und wird damit hinter den Sozialdemokraten zur zweitstärksten Fraktion. Die SP verliert gegenüber den Wahlen von 1995 drei Sitze und hält noch 51 Mandate. Zwei Mandatsverluste müssen die Freisinnigen hinnehmen, die mit 43 Sitzen auf den dritten Rang abrutschen. SVP-Präsident Ueli Maurer und Nationalrat Christoph Blocher feiern ihren Sieg im Wahlstudio von SF DRS in ausgelassener Stimmung (Bild). Bei den Bestätigungswahlen für den Bundesrat von Mitte Dezember vergeht den beiden allerdings das Lachen: Alle sieben Bundesräte werden mit guten Resultaten wiedergewählt und Blocher, der als Sprengkandidat gegen Ruth Dreifuss und Moritz Leuenberger aufgestellt worden war, erhält nicht einmal alle Stimmen seiner Partei.

Schweiz

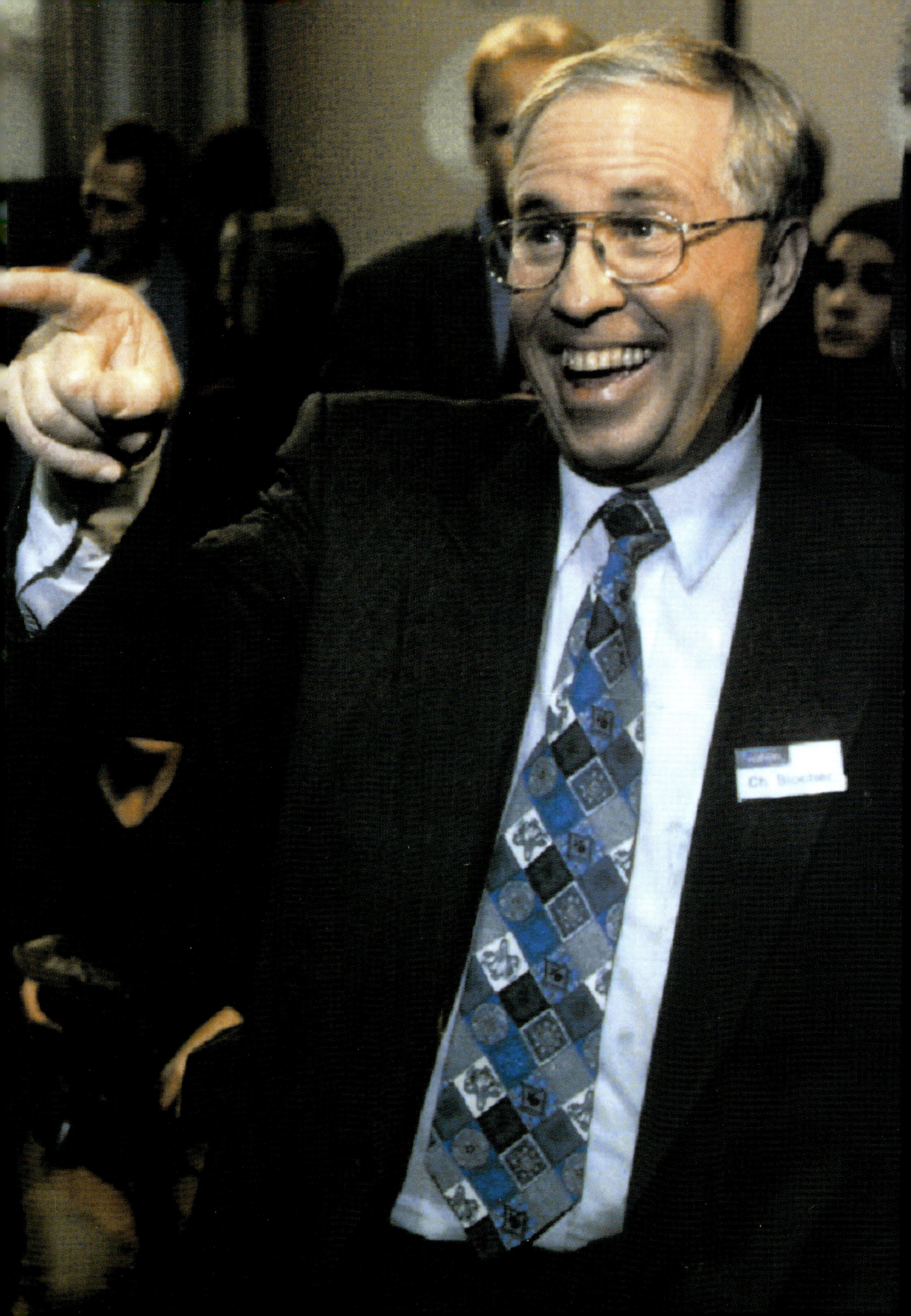

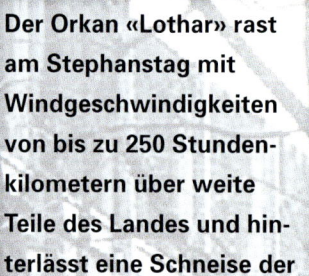

Der Orkan «Lothar» rast am Stephanstag mit Windgeschwindigkeiten von bis zu 250 Stundenkilometern über weite Teile des Landes und hinterlässt eine Schneise der

Tödlicher «Lothar»

Verwüstung. Der Jahrhundertsturm knickt oder entwurzelt Hunderttausende von Bäumen und vernichtet insgesamt eine Waldfläche von der Grösse des Kantons Zug. Besonders verheerend sind die Schäden im Berner Oberland und in der Innerschweiz. Im Engelbergertal (kleines Bild oben) oberhalb von Stans wird der Bannwald dem Erdboden gleichgemacht. Tausende von Haushalten bleiben wegen Netzunterbrüchen zum Teil während Tagen ohne Strom. Zahlreiche Strassen und Bahnlinien müssen vorübergehend gesperrt werden. «Lothar» wütet aber auch in den Städten: In Zürich fällt der Orkan Hunderte von Bäumen und bringt mehrere Baukräne zum Einsturz. Die Bilanz des Jahrhundertsturms ist schrecklich: 14 Todesopfer, mehrere Dutzend Verletzte und Schäden in der Höhe von einer Milliarde Franken.

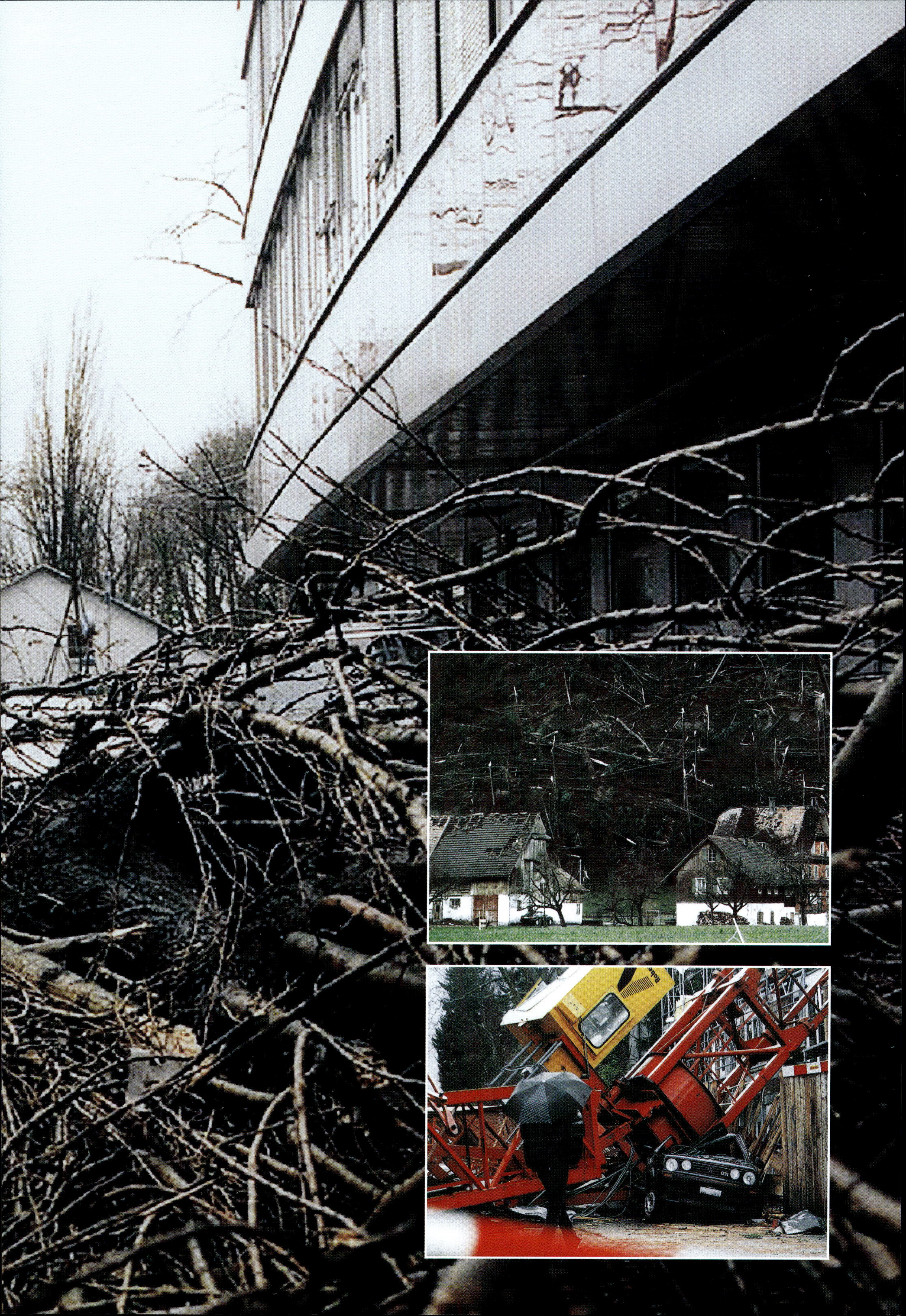

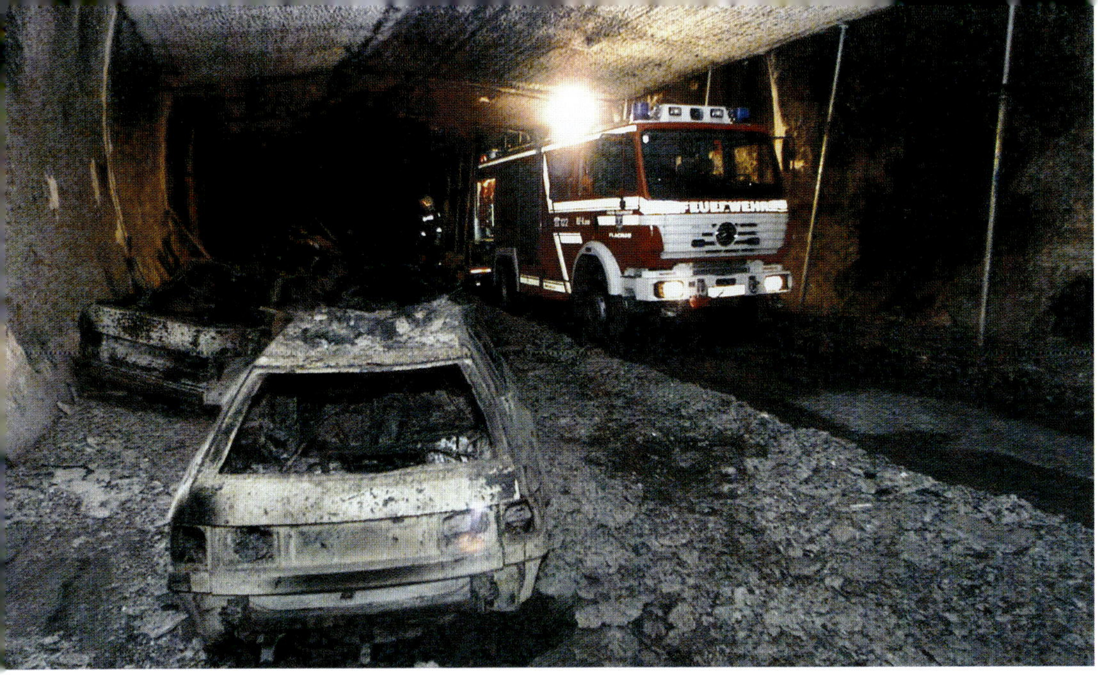

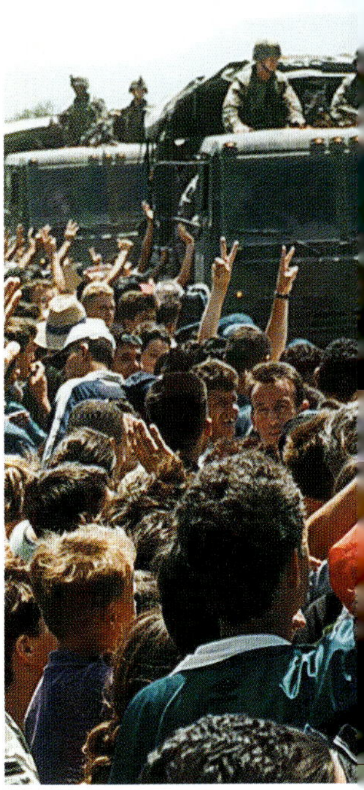

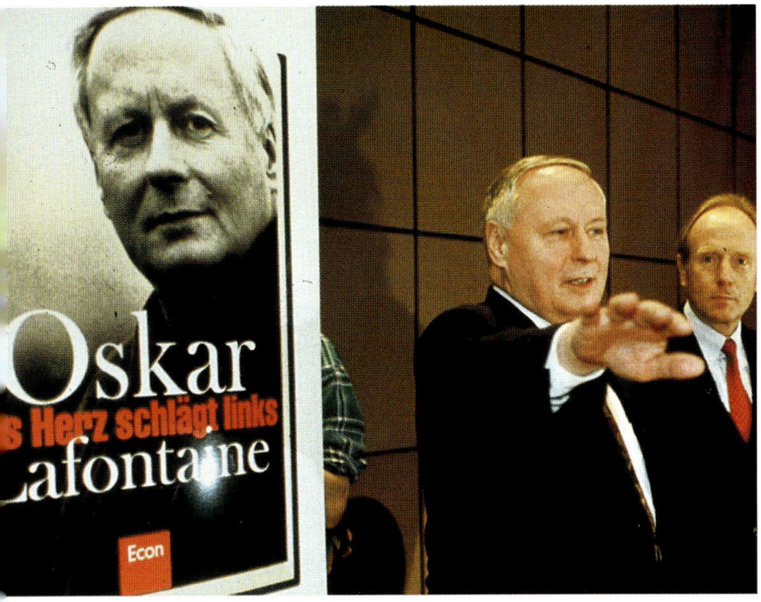
Oskar
s Herz schlägt links
Lafontaine
Econ

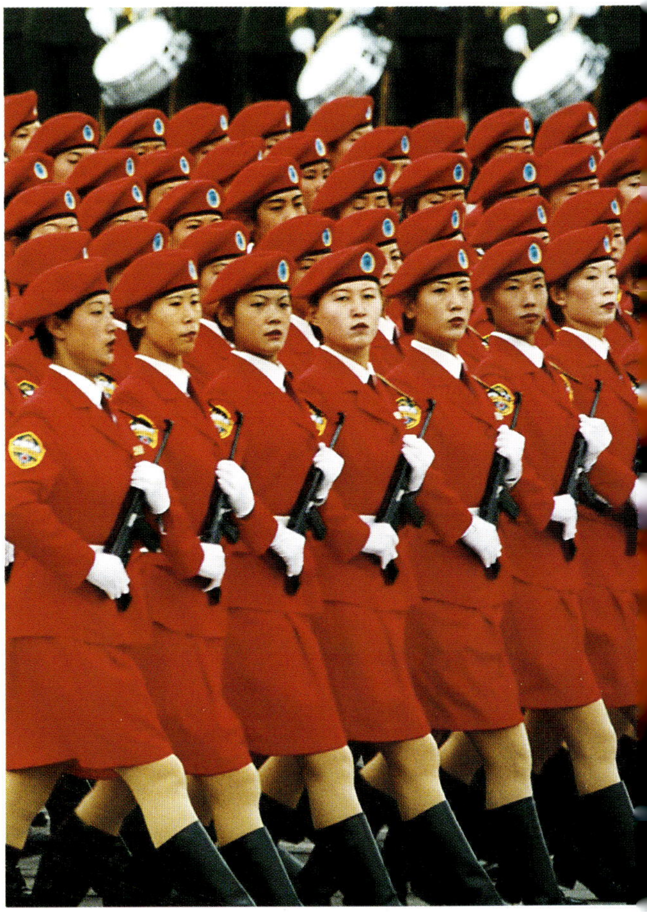

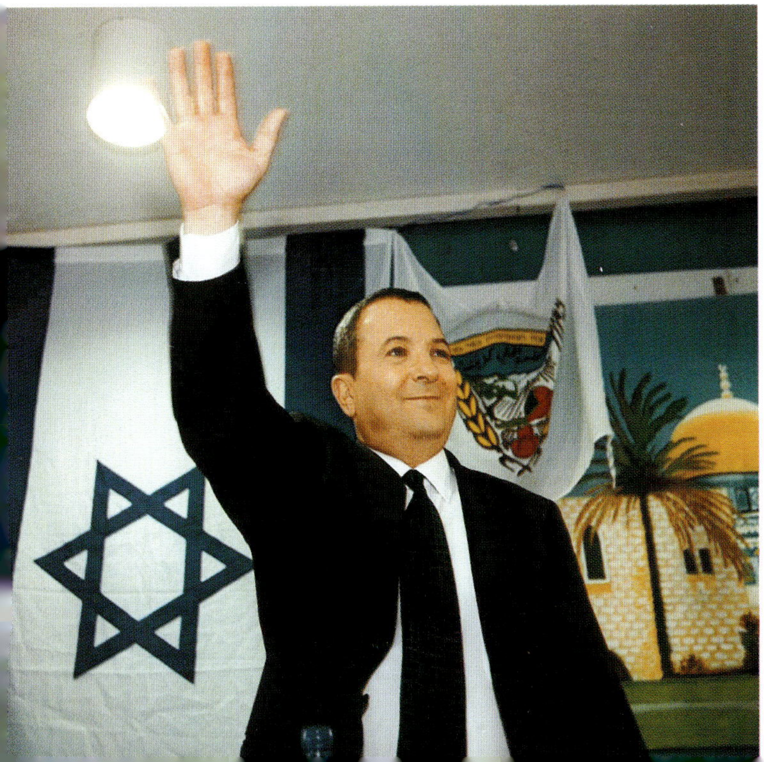

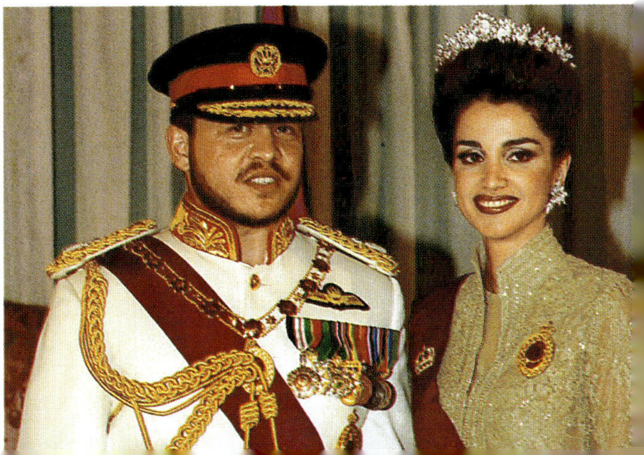

Ausland

BUCH
DES JAHRES
1999

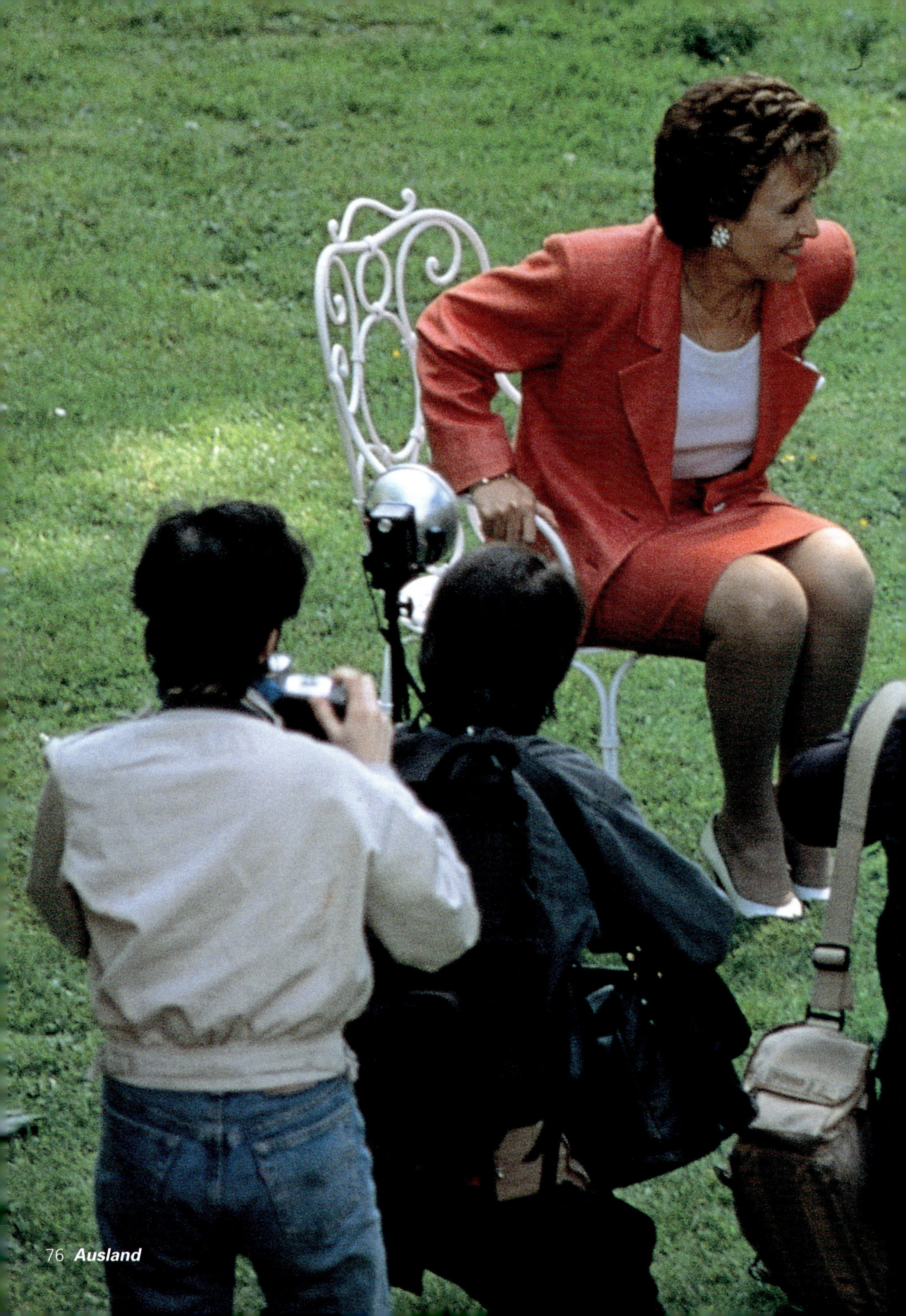

Die EU-Kommission, die 20-köpfige «Regierung» der Europäischen Union, tritt Mitte März geschlossen zurück. Anlass dafür ist die Veröffentlichung eines Berichts über Be-

Korruption in der Kommission

trugsaffären, worin der gesamten EU-Kommission Missmanagement vorgeworfen wird. Am härtesten ins Gericht geht der Bericht mit der französischen Kommissarin Edith Cresson (grosses Bild): Die ehemalige Premierministerin Frankreichs wird der Vetternwirtschaft und der Begünstigung bezichtigt. Cresson und EU-Kommissionspräsident Jacques Santer verteidigen sich gegen die Kritik und betonen, dass sich laut Bericht keines der Kommissionsmitglieder strafbarer Handlungen schuldig gemacht oder persönlich bereichert habe. Zehn Tage nach dem Eklat wird der ehemalige italienische Premierminister Romano Prodi (kleines Bild) zum neuen Präsidenten gewählt und damit beauftragt, eine neue EU-Kommission zusammenzustellen.

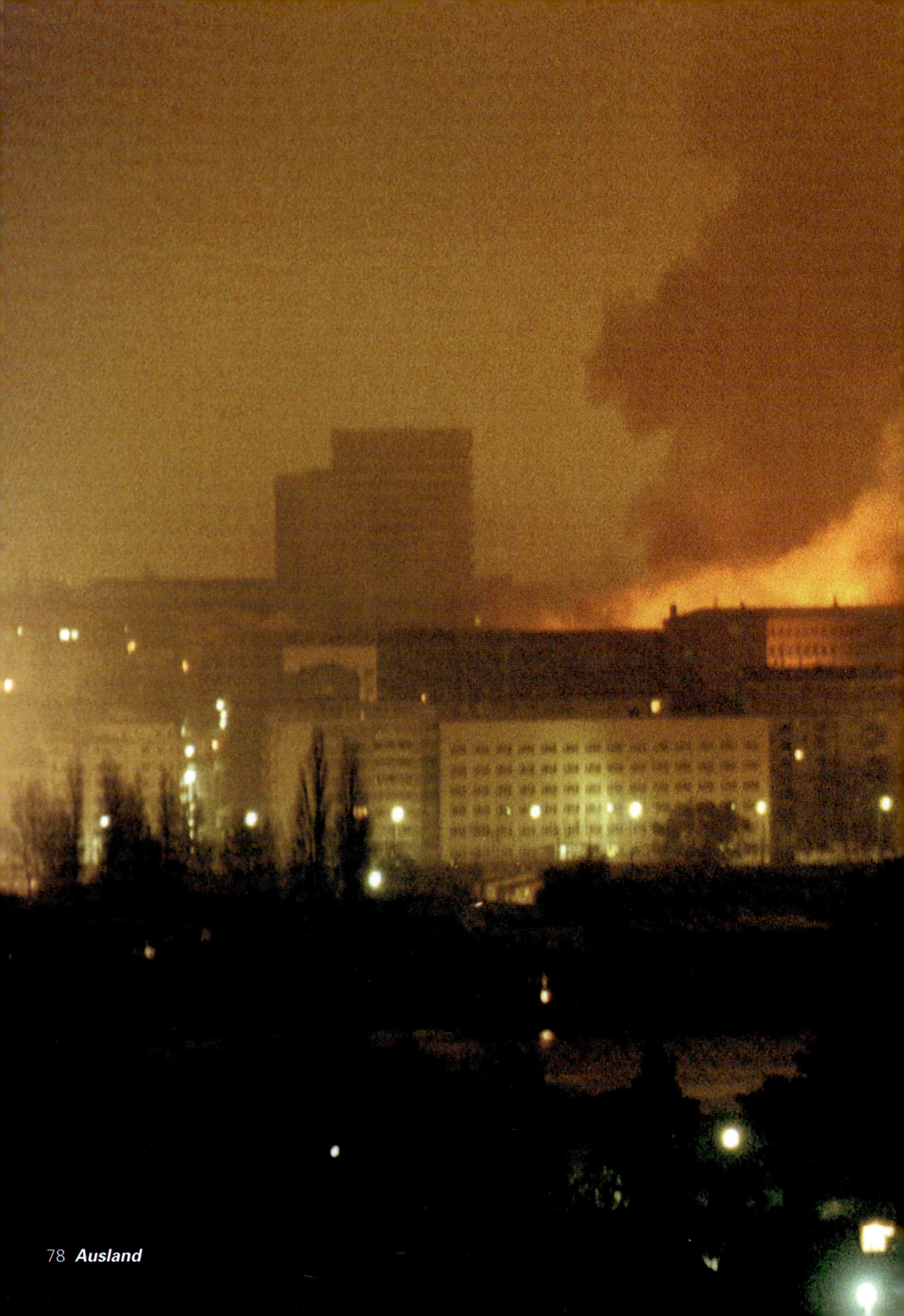

Um die serbischen Repressalien gegen die Kosovo-Albaner zu stoppen, startet die Nato im Frühling einen Luftschlag gegen Jugoslawien: Während 79 Tagen bombardieren Flug-

Bomben auf Belgrad

zeuge der nordatlantischen Verteidigungsallianz serbische Stellungen im Kosovo und Ziele auf jugoslawischem Hoheitsgebiet. Besonders hart getroffen werden die Städte Belgrad – im Bild das brennende Polizei-Hauptquartier in der serbischen Hauptstadt – Novi Sad und Nis. Laut Nato-Angaben verlieren die serbischen Truppen durch die Bombardierungen zwei Drittel der schweren Waffen und rund 1800 Mann. Zerstört wird auch ein grosser Teil der zivilen Infrastruktur im Kosovo und in Jugoslawien.

Die systematische Vertreibung der albanischstämmigen Bevölkerung im Kosovo geht auch nach dem Beginn des Nato-Bombardements weiter. Nach Schätzungen

Aus der Heimat vertrieben

der Uno werden im ersten Halbjahr 1999 mehr als eine Million Menschen von den Serben deportiert. Albanien nimmt bis zum Sommer über 40 000 Flüchtlinge auf, Mazedonien – die Bilder zeigen ein Lager bei Blace – mehr als 200 000. Weitere 200 000 Vertriebene finden in verschiedenen europäischen Ländern und in Übersee Zuflucht. Im Rahmen ihrer «ethnischen Säuberungen» zerstören die serbischen Truppen rund 400 Dörfer und Städte im Kosovo und verminen ganze Landstriche. Zur Zahl der Getöteten gibt es bis Ende Jahr nur Schätzungen. Die Uno geht aber davon aus, dass weit über 10 000 Kosovari dem serbischen Terror zum Opfer gefallen sind.

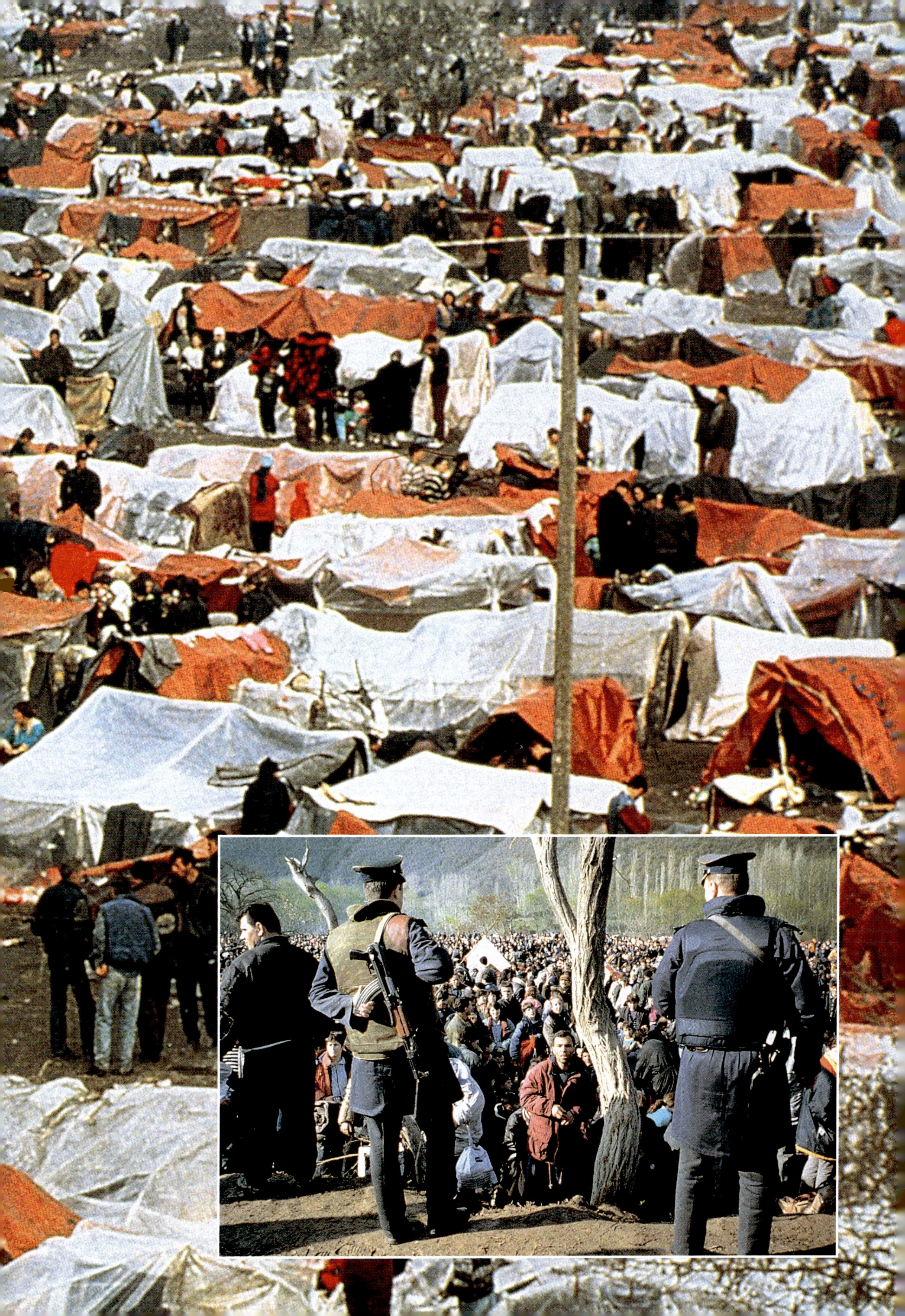

82 *Ausland*

Humanitäre Hilfe aus der Schweiz

Neben vielen anderen Ländern leistet auch die Schweiz einen wichtigen Beitrag zur Unterstützung der Kosovo-Flüchtlinge. Kurz nach dem Beginn des Nato-Luftschlags gegen Jugoslawien reist ein Kontingent von Schweizer Armeeangehörigen und Zivilisten mit Lebensmitteln, Medikamenten und Zelten nach Mazedonien, um bei der Versorgung der Vertriebenen zu helfen (Bild). Während die Hilfswerke vor Ort aktiv werden, bereiten sich Bund und Kantone auf die Aufnahme von 60 000 Flüchtlingen vor. Der Bundesrat will im Rahmen des Notrechts für die Betreuung der Asylsuchenden 1500 WK-Soldaten aufbieten. Die Armeeführung geht noch weiter und verlangt notfalls sogar eine Teilmobilmachung. So weit kommt es allerdings nicht: Der Ansturm auf die Schweiz ist weniger gross als erwartet und viele der 40 000 aufgenommenen Flüchtlinge kehren bis Ende Jahr freiwillig in ihre Heimat zurück.

Das serbische Regime unter Präsident Slobodan Milosevic lässt sich durch die Luftangriffe der Nato zunächst nicht beeindrucken. Im Gegenteil: In den ersten Wochen der

Händeschütteln für den Frieden

Bombardemente wird die Vertreibung der Kosovo-Albaner aus ihrer Heimat gar noch forciert. Vermittlungsversuche seitens der EU scheitern ebenso wie eine Friedensinitiative des russischen Kosovo-Verantwortlichen Wiktor Tschernomyrdin, der sich Ende April mit Milosevic trifft (grosses Bild). Grund zum Optimismus gibt es erstmals im Mai, als drei US-Soldaten auf Vermittlung von Reverend Jesse Jackson aus serbischer Kriegsgefangenschaft freigelassen werden (kleines Bild). Die Marines waren Anfang April auf mazedonischem Hoheitsgebiet von serbischen Truppen festgenommen worden. Nach dieser Geste rückt ein Waffenstillstand näher. Den Durchbruch schafft schliesslich der finnische EU-Vermittler Martti Ahtisaari, der den jugoslawischen Präsidenten vom internationalen Friedensplan für den Kosovo überzeugen kann.

Ausland

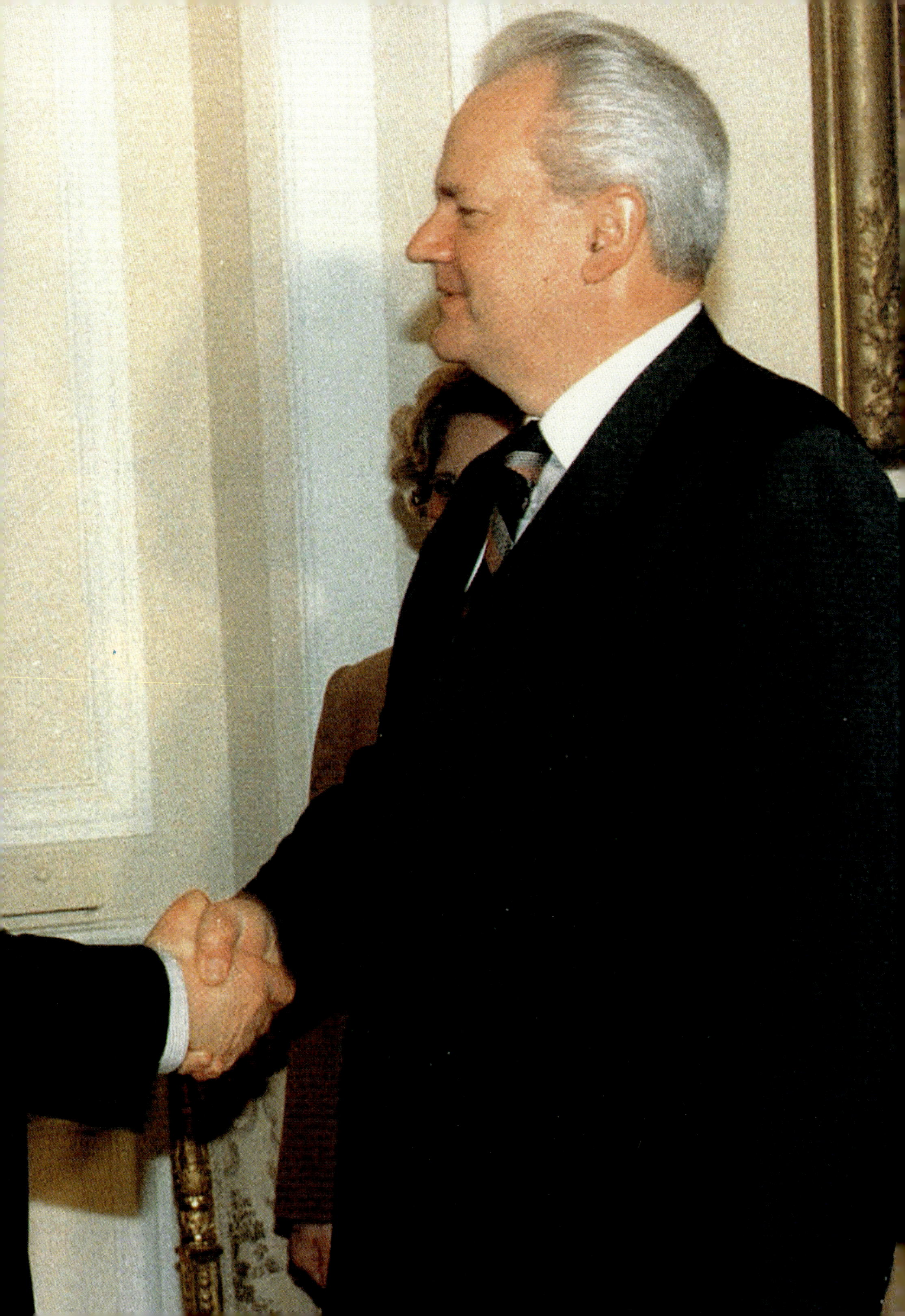

Anfang Juni unterzeichnen Jugoslawien und die Nato ein Friedensabkommen. Kurze Zeit später stimmt auch der Uno-Sicherheitsrat einer Kosovo-Resolution zu.

Schutz für den Kosovo

Kernpunkte der internationalen Friedenslösung sind der sofortige Rückzug aller serbischen Armee- und Polizeieinheiten, die Friedenssicherung durch Nato-Truppen sowie die Auflösung der Kosovo-Befreiungsarmee UCK. Am 13. Juni rücken Einheiten der wichtigsten Nato-Länder in den Kosovo ein. Der nördliche Teil der Provinz wird entgegen den Plänen der Uno von russischen Truppen besetzt, die den Schutz der serbischen Bevölkerung sicherstellen wollen. Innerhalb weniger Tage ziehen sich die serbischen Einheiten vollständig aus dem Kosovo zurück. Die Kämpfer der UCK geben ihre Waffen ab und lösen ihre Organisation formell auf. Trotzdem kann die fast 50 000 Mann starke internationale Friedenstruppe nicht verhindern, dass es im Kosovo bis Ende Jahr immer wieder zu Gewalttaten kommt: Meist sind es wütende Heimkehrer, die ihrem Zorn freien Lauf lassen und nun ihrerseits die serbische Minderheit terrorisieren.

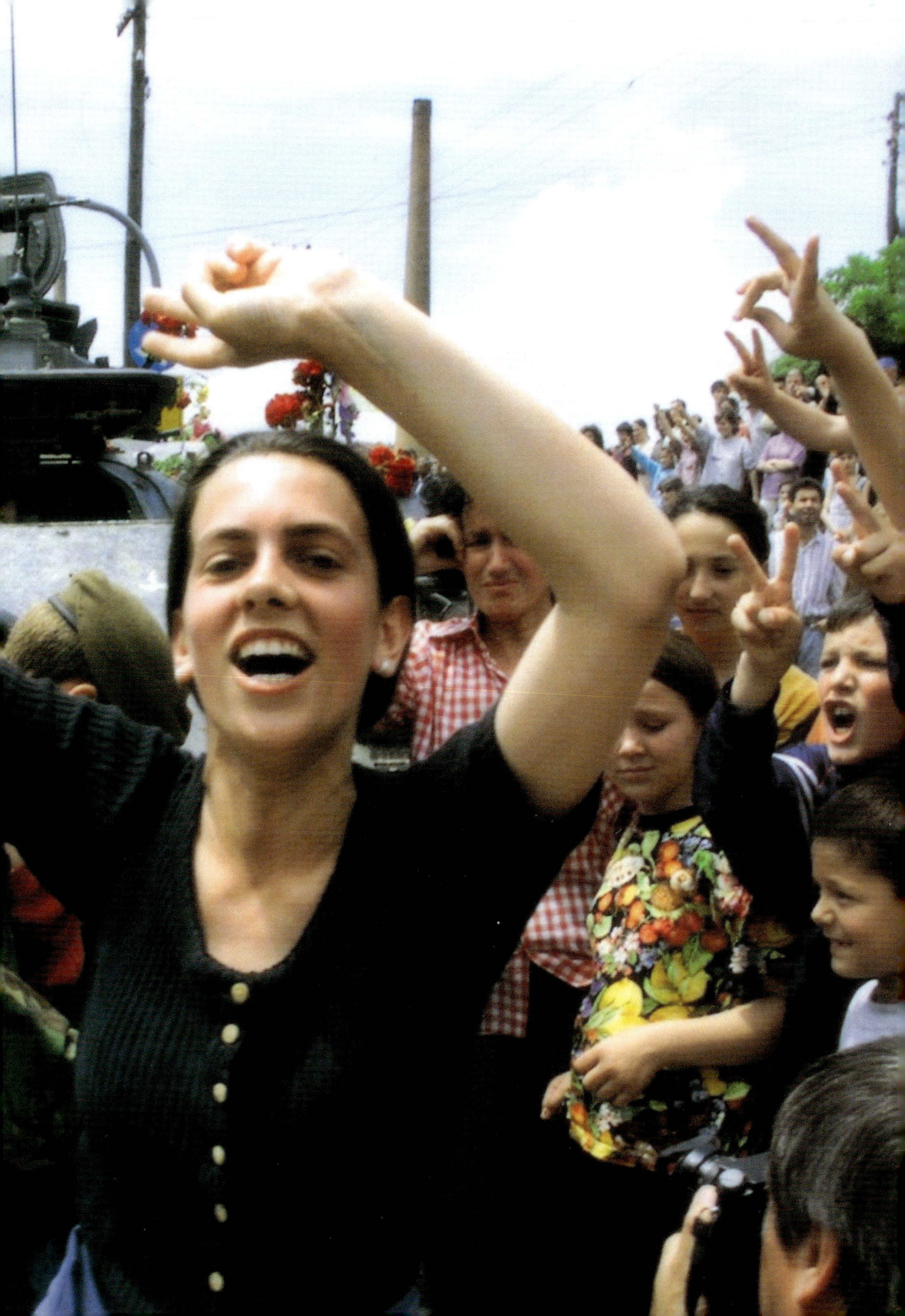

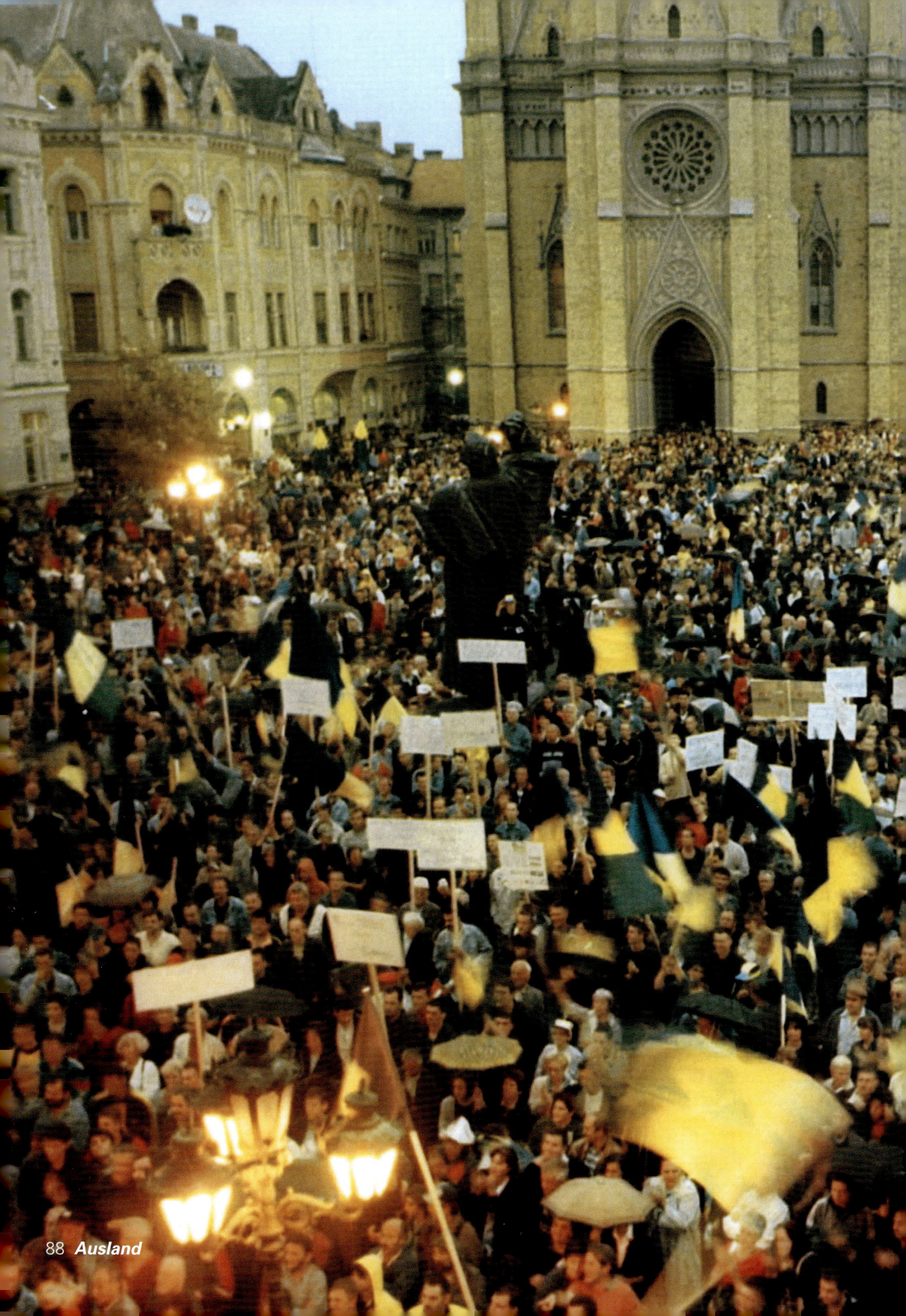

Vergebliche Proteste

Kurz nach Kriegsende kommt es in Jugoslawien zu ersten Demonstrationen gegen Präsident Slobodan Milosevic. Doch weil die Opposition zerstritten und ohne politisches Konzept ist, zeigen die Proteste keinerlei Wirkung. Als die Uno neue Beweise gegen den Kriegsverbrecher Milosevic vorlegt, geht eine Welle der Entrüstung durch die internationale Gemeinschaft. An der Situation in Jugoslawien ändert sich indessen nichts. Auch eine zweite Demonstrationswelle im August vermag das Regime nicht zu erschüttern. Im Gegenteil: Mit einer Regierungsumbildung gelingt es Milosevic, seine Macht weiter zu stärken. Mit Massendemonstrationen in Belgrad, Novi Sad (Bild) und anderen Städten unternimmt die Opposition im September einen dritten Anlauf, Milosevic zu stürzen. Vergeblich: Ende Jahr sitzt der international geächtete Präsident Jugoslawiens noch immer fest im Sattel.

Als Hussein Ibn Talal am 2. Mai 1953 in der jordanischen Hauptstadt Amman den Haschemiten-Thron bestieg, war er gerade 18-jährig. In den ersten Jahren seiner Herrschaft

Der König ist tot ...

verstand er es, sich durch etliche Konflikte zu lavieren. Im Sechstagekrieg von 1967 gegen Israel büsste Hussein ein ganzes Drittel seines Reichs ein. 1970 schlug der König die Palästinenser zurück, die sechs Jahre nach der Gründung der PLO in Jordanien einen Staat im Staate errichten wollten. Während des Golfkonflikts von 1990/91 machte er sich für eine arabische Lösung stark – und wurde vom Westen für die angebliche Unterstützung von Saddam Hussein prompt geächtet. Erst die Unterzeichnung eines Friedensvertrags mit Israel im Jahre 1994 verschaffte Hussein wieder Respekt. Die Vision des Königs war «ein Naher Osten, in dem die Völker untereinander Handel treiben und prosperieren – anstatt sich zu bekriegen». König Hussein von Jordanien erlag Anfang Februar einem Krebsleiden. Er wurde 63 Jahre alt.

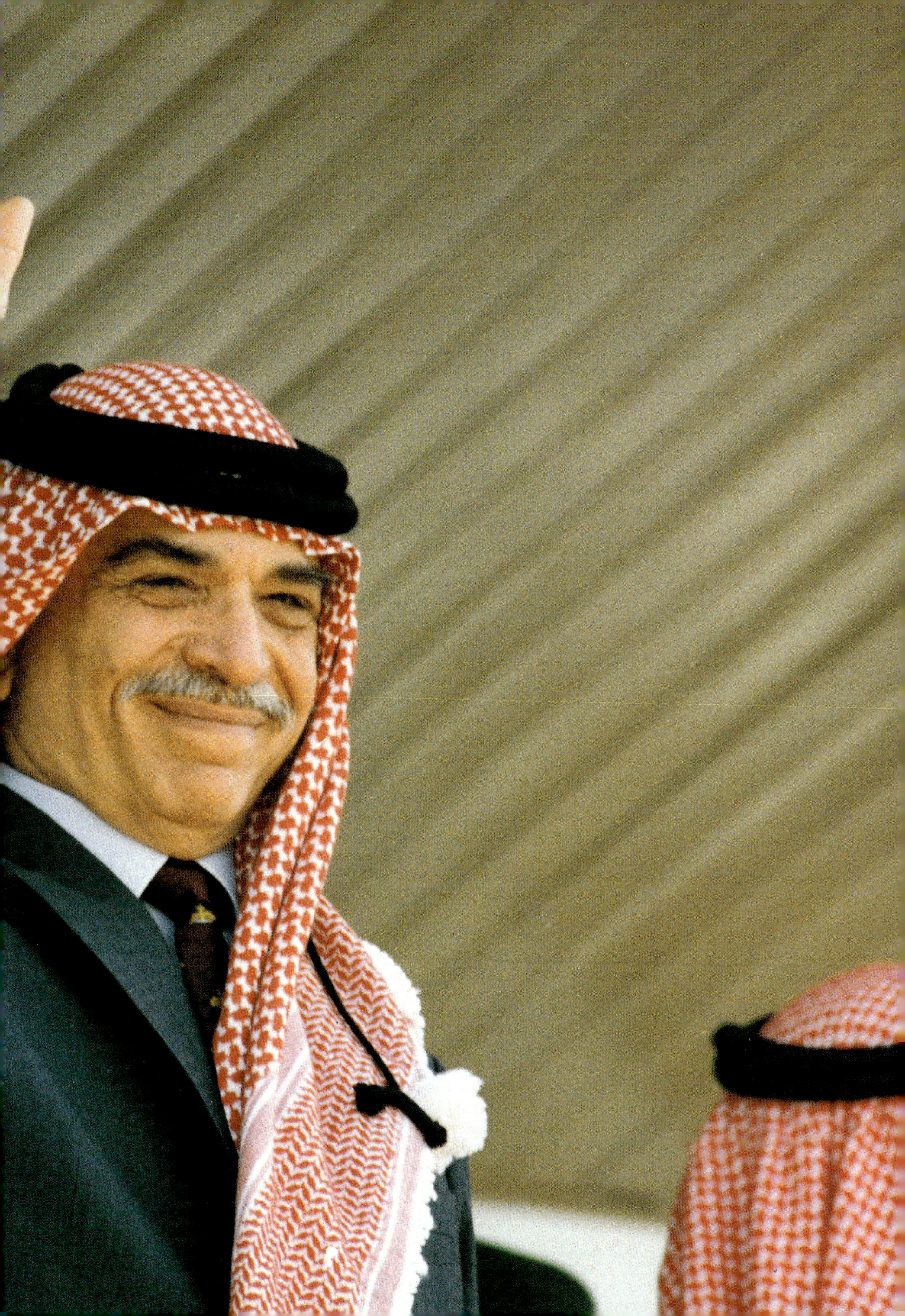

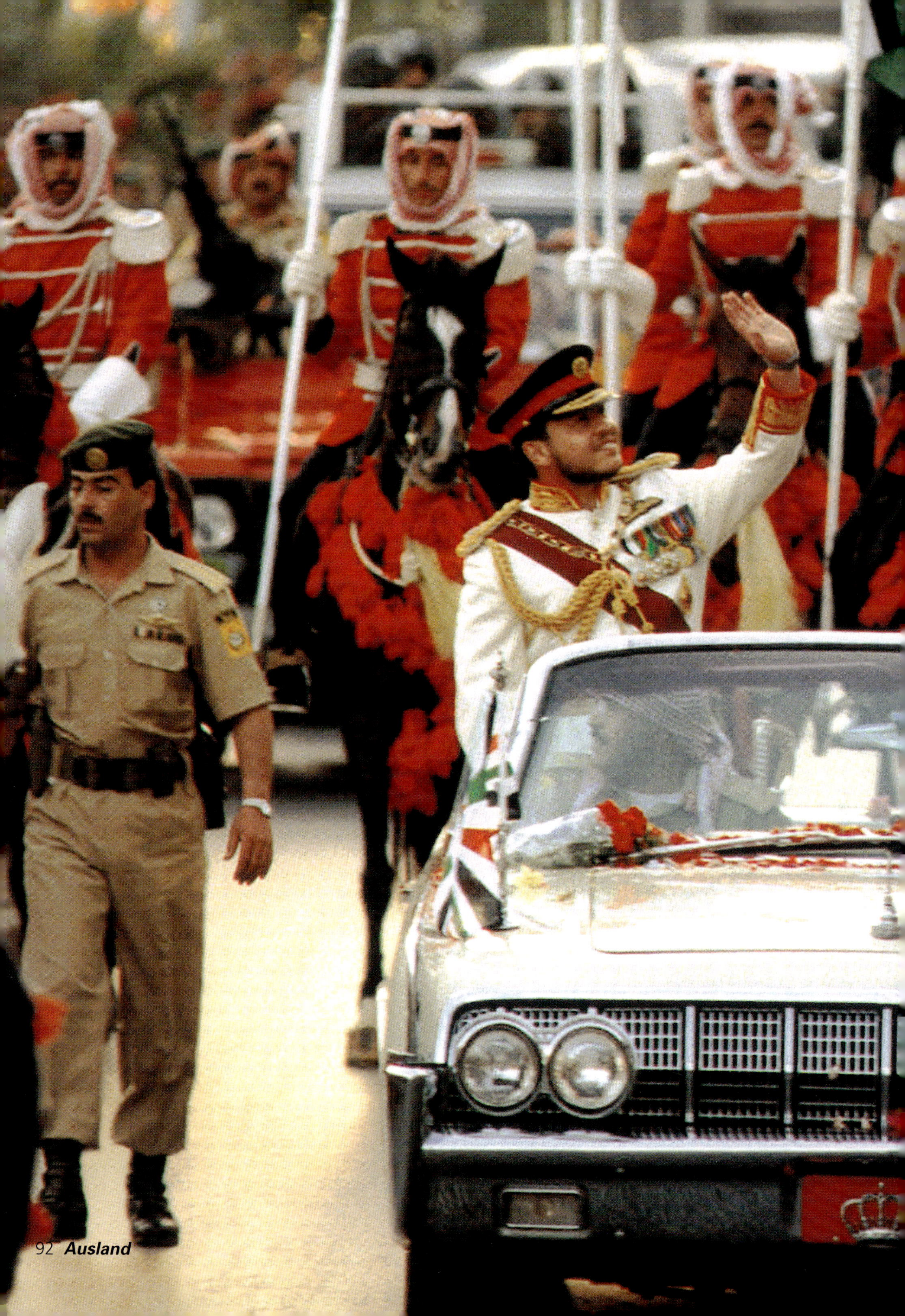

Nur wenige Stunden nach Bekanntgabe des Todes von König Hussein legt sein Sohn Abdallah den Amtseid als 44. König der Haschemiten-Dynastie ab. Der 37-Jährige

... lang lebe der König!

kündigt an, er werde die Politik seines Vaters fortsetzen, die Beziehungen seines Landes zu den arabischen Nationen im Nahen Osten verbessern und Jordanien im Innern «vorsichtig demokratisieren». Am 9. Juni wird in Jordanien der erste Throntag gefeiert und der neue Herrscher – im Bild zusammen mit seiner Frau Rania während der Parade durch die Hauptstadt Amman – nimmt offiziell den Namen Abdallah II. an. Schlagzeilen macht der König im August, als bekannt wird, dass er sich regelmässig unters Volk mischt, um inkognito die Stimmung in seinem Land zu ergründen.

Ausland

Der deutsche Finanzminister und SPD-Parteichef Oskar Lafontaine tritt Mitte März völlig überraschend von seinen Ämtern zurück und stürzt die Regierung von Bundes-

Oskar schmeisst alles hin

kanzler Gerhard Schröder in die erste grosse Krise. Lafontaine nennt als Hauptgrund für seinen Doppelrücktritt «das schlechte Mannschaftsspiel der letzten Monate». Zwischen dem Finanzminister und dem Kanzler – im kleinen Bild nach dem Wahlsieg der SPD im September 1998 – hatte es wegen der Wirtschaftspolitik immer wieder Differenzen gegeben. Während Lafontaine den Mittelstand entlasten und die Unternehmen stärker besteuern wollte, hatte Schröder mehr Wirtschaftsfreundlichkeit gefordert. Zu Lafontaines Nachfolger als Finanzminister wird der hessische Ministerpräsident Hans Eichel ernannt; den Vorsitz der SPD übernimmt Kanzler Schröder selber.

Mitten im 11,6 Kilometer langen Montblanc-Tunnel (kleines Bild) zwischen Frankreich und Italien passiert Ende März eine Katastrophe: Ein mit Margarine und Mehl beladener Last

Tunnels als Feuerfallen

wagen fängt an zu brennen und innert Sekunden greift das Feuer auf die nachfolgenden Fahrzeuge über. Als Folge der grossen Hitze stürzen Betonplatten und Gesteinsbrocken von der Decke auf die Fahrbahn. Der Qualm ist so dicht, dass sich die Retter erst nach Stunden zu der 600 Meter langen Zone des Infernos vorkämpfen können. Was sie dort vorfinden, ist grauenhaft: 39 Personen sind im Rauch erstickt oder in ihren Autos verbrannt. Zwei Monate später kommt es im Tauerntunnel in Österreich (grosses Bild) zu einem ähnlichen Unglück: Nach einer Massenkarambolage fängt ein mit Farblacken beladener Lastwagen Feuer. Auch hier breitet sich das Inferno rasend schnell aus und die Rettungsmannschaften können wegen der grossen Hitze und des starken Rauchs lange nicht an den Unglücksort vordringen. Die Brandkatastrophe im Tauerntunnel fordert neun Todesopfer.

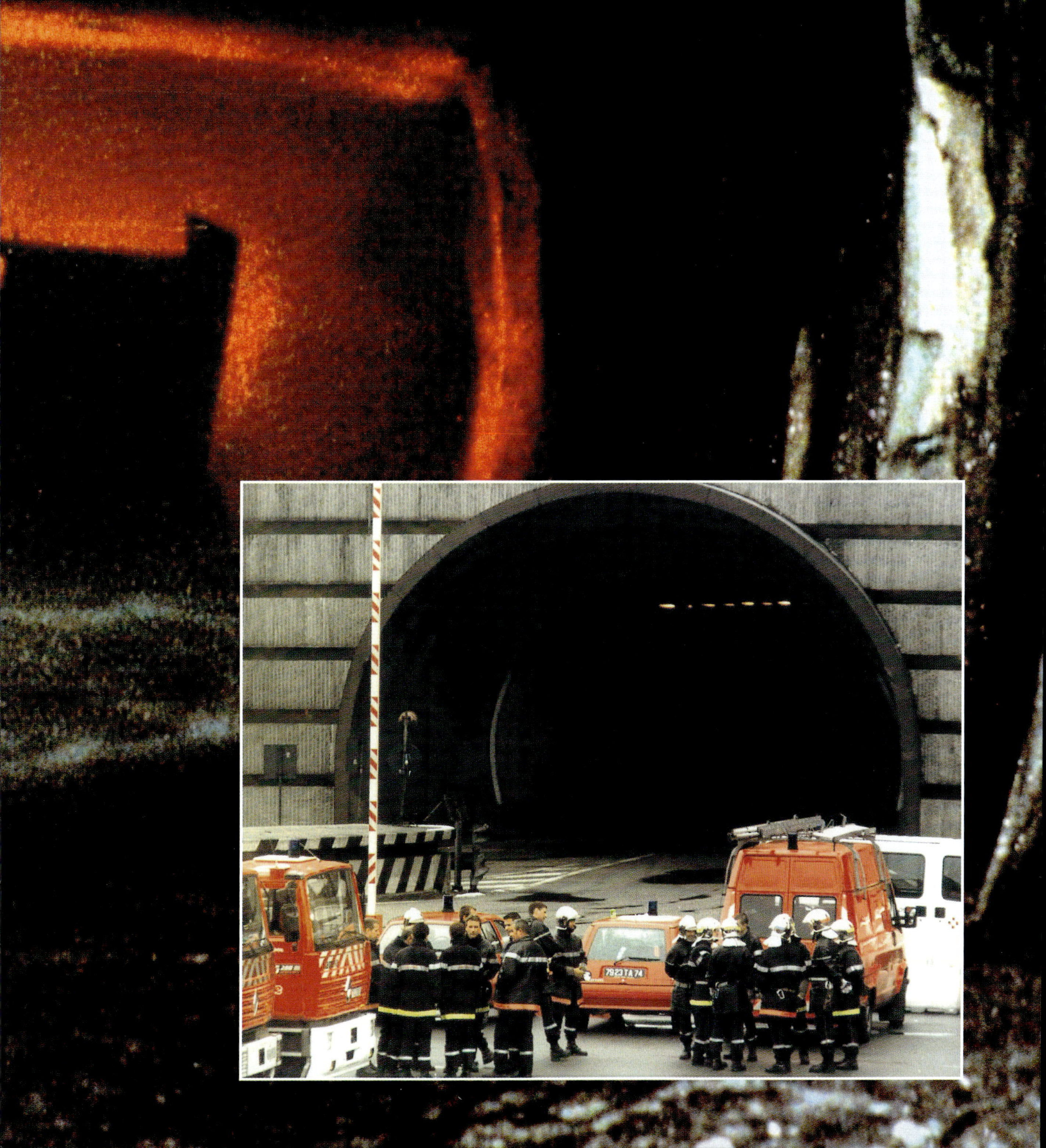
7923 TA 74

98 **Ausland**

In Littleton, einem Vorort von Denver im US-Bundesstaat Colorado, laufen am 20. April zwei Schüler Amok: Eric Harris, 18, und Dylan Klebold, 17, erschiessen in ihrer Schule

Amoklauf in der Schule

mit offenkundigem Vergnügen 13 Menschen und töten sich anschliessend selbst. 20 weitere Schülerinnen und Schüler überleben den Horror mit zum Teil schweren Verletzungen. In der Schule findet die Polizei mehrere Sprengsätze mit Zeitzündern. Aus dem Tagebuch eines der Täter geht hervor, dass die beiden Amokläufer vorhatten «mindestens 500» Schüler und Lehrer umzubringen. Harris und Klebold waren Mitglieder einer kleinen Bande, die sich «Trenchcoat Mafia» nannte und stets in dunklen Mänteln und mit Sonnenbrillen in der Schule aufkreuzte. Gemäss den Aussagen von Mitschülern war die «Trenchcoat Mafia» vom Zweiten Weltkrieg und von Hitler ebenso fasziniert wie von gewalttätigen Videospielen.

DEM DEUTSCHEN VOLKE

Vor acht Jahren hatte das deutsche Parlament mit knapper Mehrheit einem Umzug von Bonn nach Berlin zugestimmt. Mitte April ist es dann endlich so weit: Im Rahmen einer

Bundestag im Reichstag

feierlichen Eröffnungssitzung wird der neue Sitz des Bundestags, der aufwendig renovierte Reichstag im Zentrum der neuen Hauptstadt Deutschlands, eingeweiht. Der Umbau mit der imposanten Glaskuppel über dem Plenarsaal ist das Werk von Sir Norman Foster. Der britische Architekt hat das geschichtsträchtige Gebäude sorgfältig restauriert – Kugeleinschläge aus dem Zweiten Weltkrieg sind ebenso erhalten wie die Graffiti sowjetischer Soldaten – und eine gelungene Verbindung zwischen Vergangenheit und Moderne geschaffen.

102 *Ausland*

Der Führer der kurdischen Arbeiterpartei PKK, Abdullah Öcalan, wird Mitte Februar vom türkischen Geheimdienst in Kenia entführt und in die Türkei zurückgeschafft. Überall

Todesstrafe für PKK-Chef

in Europa gehen daraufhin Kurden auf die Strasse, um gegen Öcalans Verschleppung zu protestieren. Während in Basel rund 3000 Personen friedlich demonstrieren, (kleines Bild) kommt es in anderen Städten zu Gewalttätigkeiten: Bei Kundgebungen vor der Botschaft Israels in Berlin werden drei Kurden von israelischen Sicherheitskräften erschossen. In Bern besetzen militante Kurden während mehrerer Stunden die griechische Botschaft. Und im griechischen Konsulat in Zürich kommt es zu einer mehrstündigen Geiselnahme, die jedoch glimpflich abläuft. Abdullah Öcalan wird Ende Juni wegen Hochverrats zum Tode verurteilt. Die höchste strafrechtliche Instanz der Türkei bestätigt dieses Urteil Ende November. Öcalans Anwälte wollen jetzt den Europäischen Gerichtshof für Menschenrechte anrufen.

Ehud Barak heisst der klare Sieger der Wahlen in Israel. Der Chef der Arbeiterpartei gewinnt über 60 Prozent der abgegebenen Stimmen und löst im Mai Benjamin

Machtwechsel in Israel

«Bibi» Netanyahu (kleines Bild) als Ministerpräsident ab. Einen derart deutlichen Wahlsieg hatte es in der Geschichte Israels bisher noch nie gegeben. Der klare Linksrutsch macht sich auch bei der Sitzverteilung im 120-köpfigen Parlament bemerkbar, das gleichzeitig gewählt wird: Als grösste Fraktion erhält Baraks Liste «Ein Israel» in der Knesset 33 Sitze. Ehud Barak, der hoch dekorierte Ex-General, der unter anderem 1972 die Erstürmung einer entführten Sabena-Maschine geleitet hatte, lässt sich mit der Regierungsbildung Zeit. Erst sechs Wochen nach der Wahl präsentiert er das auf 24 Mitglieder erweiterte Kabinett, in dem sämtliche Parteien seiner breit abgestützten Koalition vertreten sind.

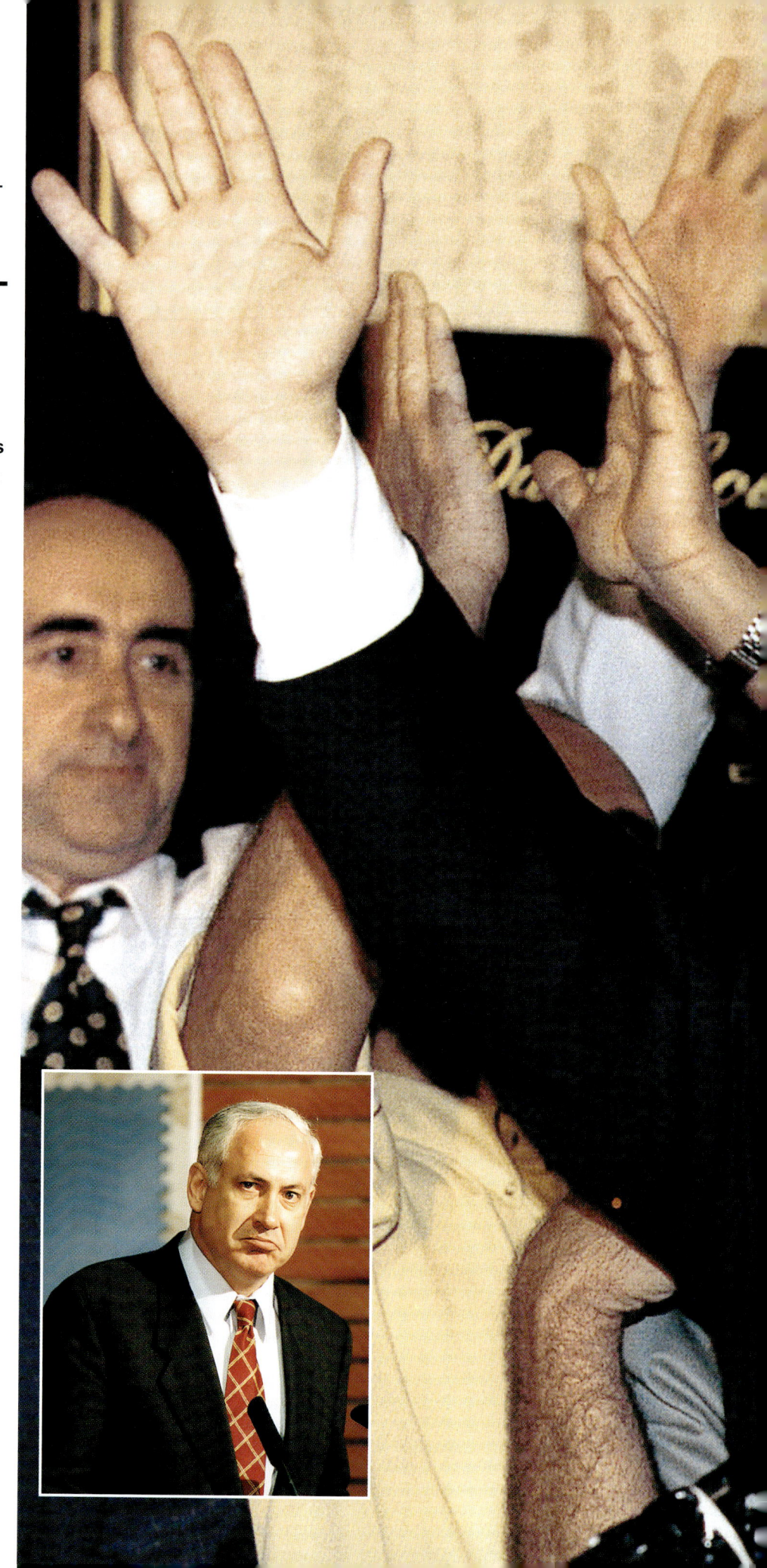

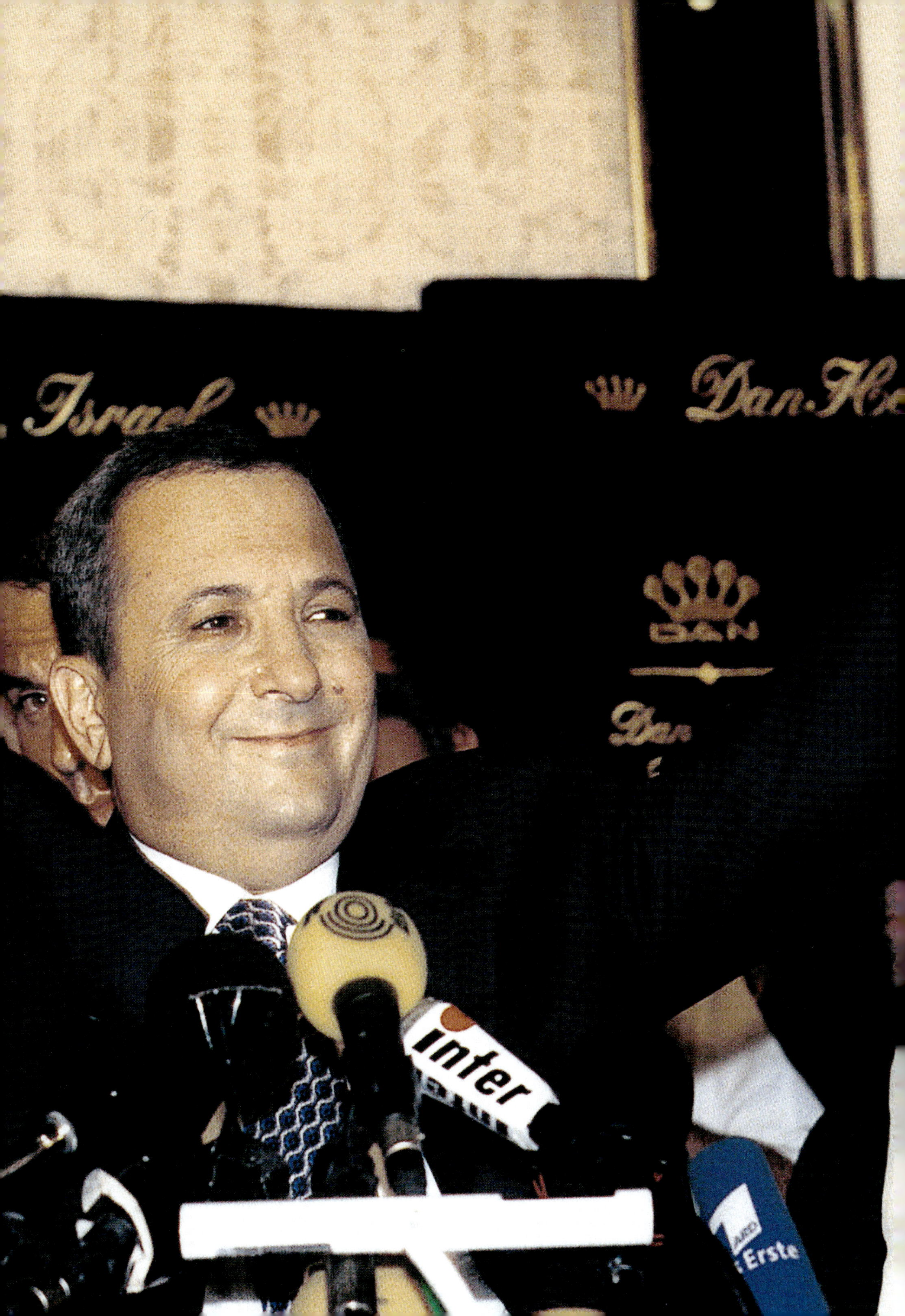
Israel
DAN
inter
Erste

Ausland

Bei einem Demonstrationsflug während der Flugzeugmesse von Le Bourget in der Nähe von Paris stürzt ein russischer Kampfjet auf unbewohntes Gebiet ab. Glück im

Crash mit Happyend

Unglück haben der Pilot und der Navigator der Sukhoi 30: Beide können sich mit dem Schleudersitz retten und bleiben unverletzt. Ein Happyend hat der Zwischenfall auch für die Herstellerfirma des Schleudersitzes: Das Modell K-36/3.5 bewährt sich beim Härtetest über Paris so gut, dass es künftig wohl auch im modernsten Jagdflugzeug der USA – der Lockheed Martin F-22 – als Standardausrüstung eingebaut werden dürfte.

108 *Ausland*

Anfang Juli kommt es in der Nähe der französischen Stadt Grenoble zum schlimmsten Seilbahnunglück seit fast 40 Jahren: Die Kabine der privaten Bahn auf den Pic

Drama in den französischen Alpen

de Bure gleitet nach rund 500 Metern Fahrt aus ungeklärten Gründen plötzlich wieder talwärts und stürzt schliesslich über 80 Meter in die Tiefe. Die 20 Menschen an Bord der Gondel – Arbeiter, Techniker und Wissenschafter des «Institut de radio-astronomie millimétrique» auf dem Gipfel – überleben den Aufprall nicht. Ein Angestellter des Observatoriums verdankt sein Leben seiner Vergesslichkeit: Jean-Marc Passeron war im letzten Moment wieder aus der Kabine ausgestiegen, weil er einen Teil seiner Ausrüstung vergessen hatte.

Im Iran verbietet das Regime im Sommer eine als liberal geltende Zeitung und verschärft gleichzeitig die Pressegesetze. An der Universität von Teheran

Gewalt gegen Studenten

kommt es in der Folge zu den grössten Demonstrationen seit der islamischen Revolution: Tausende von Studenten protestieren gegen die weitere Einschränkung der Meinungsäusserungsfreiheit und fordern erstmals auch den Rücktritt von Revolutionsführer Khamenei. Als die Studenten ihren Protest vom Campus der Universität auf das Zentrum der Hauptstadt ausweiten, reagieren die Sicherheitskräfte mit brutaler Gewalt: Mitten in der Nacht überfallen Polizei und Schlägertrupps der rechten Mullahs ein Studentenheim, setzen das Gebäude in Brand und verhaften rund vierhundert junge Leute. Mehr als ein halbes Dutzend Studenten werden bei dem Überfall getötet. Auf Druck des liberalen Staatspräsidenten Khatami werden nach der Aktion zwei hochrangige Polizeioffiziere zum Rücktritt gezwungen.

Ausland

انحصار حکومت نشد دولت و دانشگاه آزاد

Ausland

In Indien kommt es Anfang August zum schlimmsten Zugunglück in der Geschichte des Landes: Ausserhalb der westbengalischen Stadt Gaisal stossen zwei mit je über 1000

Auf Sparkurs in die Katastrophe

Personen besetzte Züge in voller Fahrt zusammen. Mindestens 285 Menschen kommen ums Leben, weitere 300 werden zum Teil schwer verletzt. Die Untersuchung der Katastrophe zeigt, dass einer der Lokführer offenbar ein Signal überfahren hatte. Der indische Eisenbahnminister Nitish Kumar tritt nach dem Unglück von Gaisal zurück. Er hatte in der Vergangenheit immer wieder auf den fatalen Sparkurs der Regierung hingewiesen und vergeblich versucht, dringend benötigte Investitionen für die Eisenbahn durchzubringen. Auf dem mit 62 000 Kilometern grössten Schienennetz der Welt ereignen sich jährlich rund 400 Unfälle – mehrheitlich wegen des veralteten Sicherheitssystems.

Russland wird im Herbst von mehreren Bombenattentaten erschüttert. Der Anschlag auf eine Wohnsiedlung in Moskau (Bild) fordert am 9. September über 90 Todesopfer. Kaum

Attentate führen zum Krieg

eine Woche später sterben bei der Explosion einer Bombe in einem Hochhaus mehr als 120 Menschen. Das dritte tödliche Attentat innerhalb von zwei Wochen fordert in Wolgodonsk 17 Todesopfer. Die russische Regierung vermutet hinter den Anschlägen tschetschenische Rebellen und geht mit brutaler Härte gegen die abtrünnige Kaukasusrepublik vor. Was mit der Bombardierung von vermuteten Rebellenstützpunkten beginnt, eskaliert schon bald zu einem blutigen Krieg. Wie schon beim ersten Tschetschenien-Konflikt von 1994 werden Hunderttausende in die Flucht getrieben. Im Dezember kündigt die russische Armeeführung den Sturm auf die tschetschenische Hauptstadt an und stellt der Bevölkerung ein Ultimatum. Obwohl nur wenige Bewohner die Stadt verlassen, beginnt der Grossangriff auf Grosny in den letzten Tagen des Jahres.

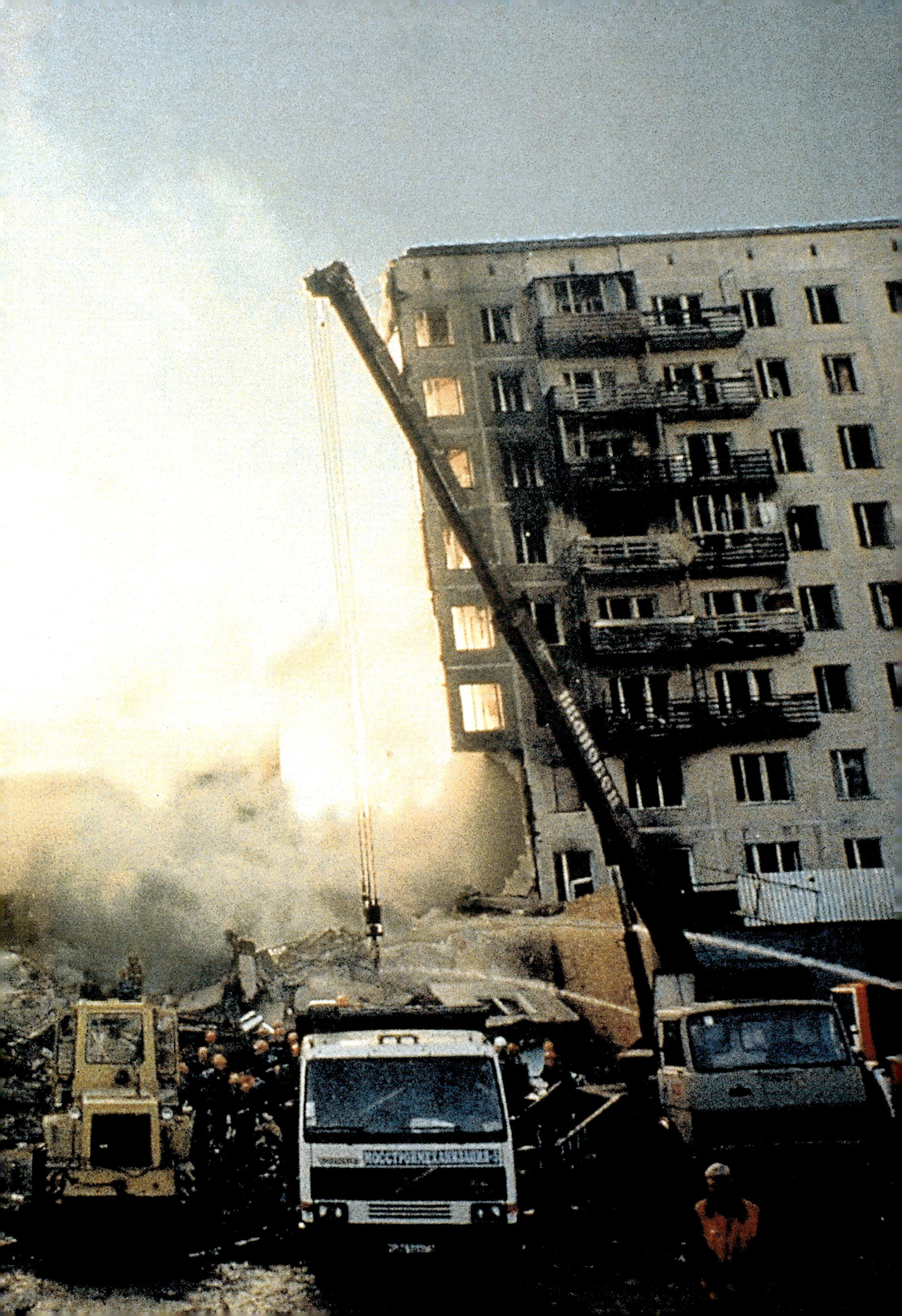

Ausland

Blutig erkämpfte Unabhängigkeit

Die indonesische Provinz Osttimor entscheidet sich Ende August mit grosser Mehrheit für die Unabhängigkeit. Das klare Ja zur Freiheit kann von der Bevölkerung allerdings nicht gefeiert werden: Indonesische Milizen ziehen plündernd und brandschatzend über die Insel und treiben Zehntausende in die Flucht. In der Provinzhauptstadt Dili retten sich rund 1500 Flüchtlinge auf das Gelände der Uno-Mission (Bild). Mitte September beugt sich Indonesiens Präsident Habibie dem internationalen Druck und stimmt einer Uno-Friedenstruppe zu, die kurze Zeit später auf Osttimor landet. Unter der Führung Australiens überwachen die Blauhelme den Abzug der indonesischen Milizen und der regulären Armee. Ende Oktober ist der Truppenabzug beendet und Osttimor ist nach 24-jähriger Besetzung endlich frei.

Auf beeindruckende Art und Weise begeht China am 1. Oktober den 50. Jahrestag der Revolution: Die grosse Parade über den Platz des himmlischen Friedens wird von

Chinas grosse Jubelparade

rund 500 000 Teilnehmern bestritten. Dem militärischen Defilee mit Panzern, Raketen und Soldaten aller Waffengattungen folgt ein ziviler Teil mit symbolbeladenen Umzugswagen (Bild) und Trachtengruppen aus allen Teilen der Volksrepublik. Dass dabei unterdrückte Minderheiten wie die Uiguren oder Tibeter von regimetreuen Studenten in Kostümen dargestellt werden, stört das Publikum nicht. Dieses ist nämlich ebenso handverlesen wie die Teilnehmer der Parade. Aus Angst vor Nebengeräuschen hatte die Polizei den Tiananmen-Platz grossräumig abgesperrt und den Anwohnern sogar verboten, während der Festivitäten die Fenster zu öffnen.

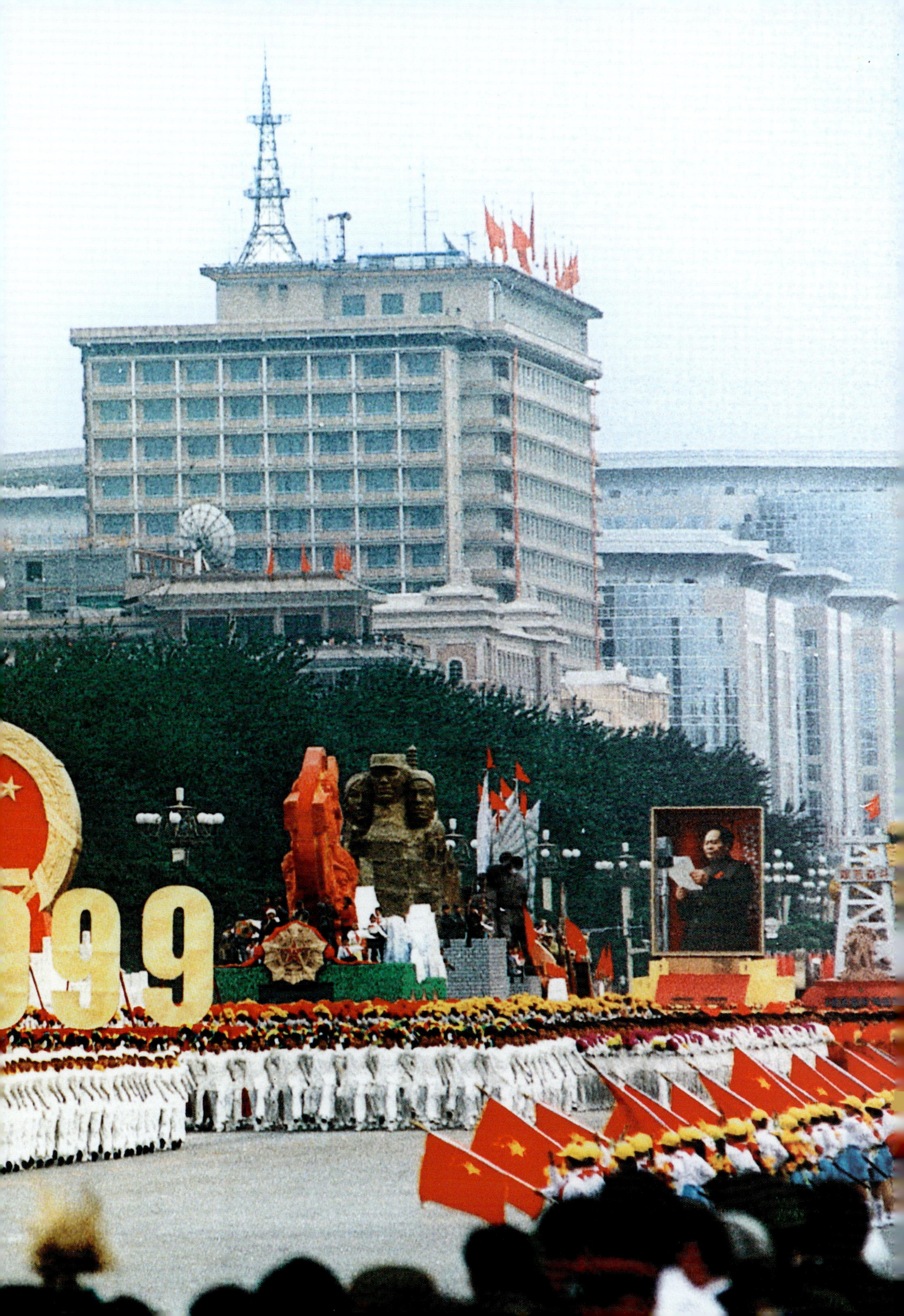

Am 31. Oktober stürzt vor der Ostküste der USA eine Boeing 767 der Egypt Air ins Meer. Alle 217 Menschen an Bord kommen bei dem Unglück ums Leben. Nach der Bergung des Flug-

Amok im Cockpit

datenschreibers und des Stimmenaufzeichnungsgeräts (kleines Bild) versuchen US-Experten, die letzten Minuten vor dem Crash zu rekonstruieren. Dabei zeigt sich, dass der Absturz aller Wahrscheinlichkeit nach eine Wahnsinnstat des Egypt-Air-Piloten Gamil al-Batuti war. Das Mitglied der Reservecrew sei – so glauben die Ermittler – kurz nach dem Start ins Cockpit gekommen und habe darum gebeten, den Kopiloten Anwar ablösen zu dürfen. Als der diensttuende Captain al-Habaschi das Cockpit kurz verliess, nahm das Drama seinen Lauf: Batuti schaltete den Autopiloten aus, schob die Steuersäule nach vorne und begann einen Sturzflug. Der Captain sei darauf ins Cockpit zurückgestürzt und habe versucht, die Steuersäule anzuziehen, um wieder Höhe zu gewinnen. Als Batuti dann aber auch noch die Treibstoffzufuhr ausschaltete, war die Maschine endgültig verloren.

Ausland

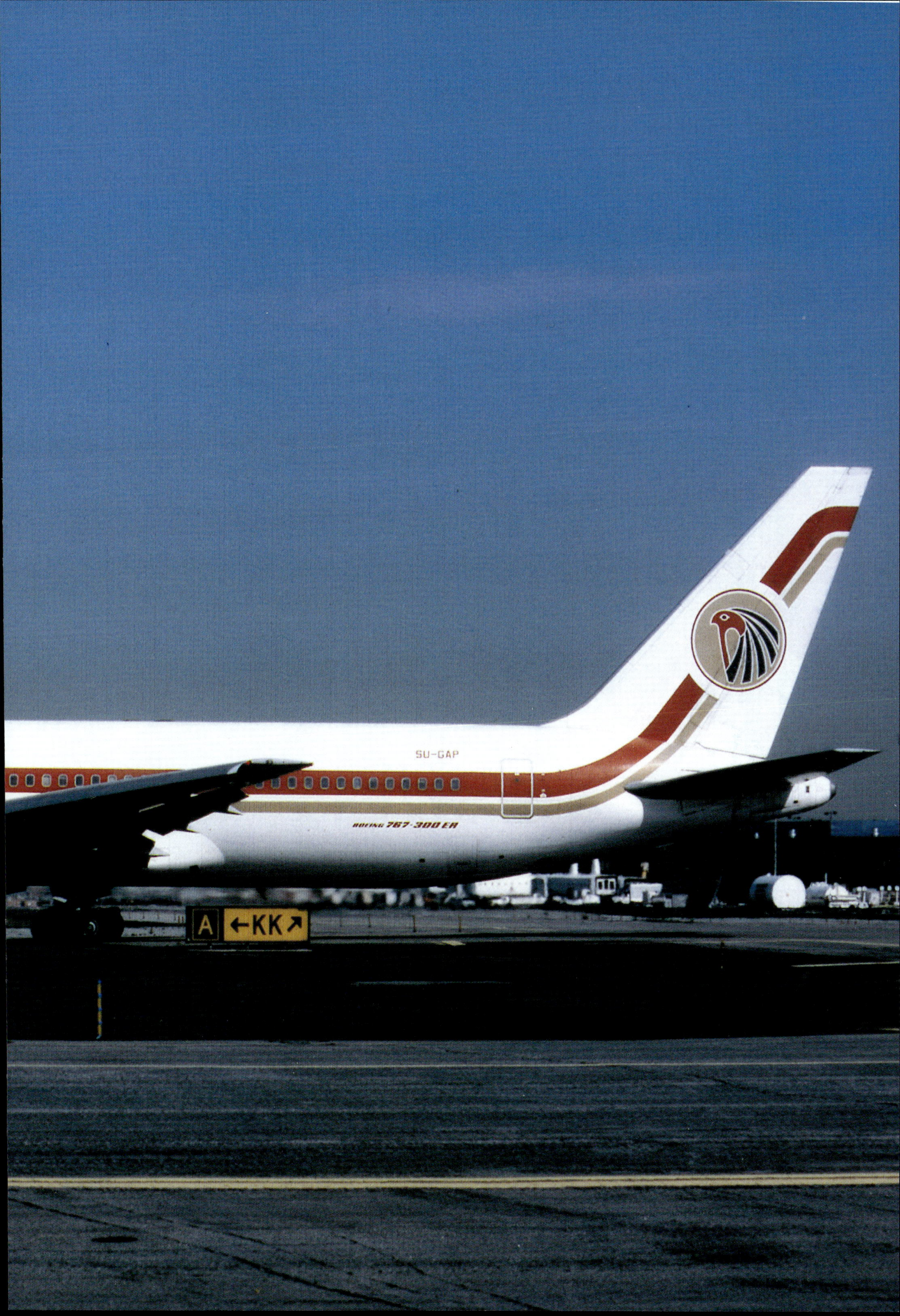
SU-GAP
BOEING 767-300ER
A ←KK↗

122 *Ausland*

Im Süden Frankreichs geht Mitte November ein verheerendes Unwetter nieder. Im Departement Aude, wo normalerweise 600 Liter Regen pro Quadratmeter und Jahr regist-

Gefangen unter der Erde

riert werden, fallen innerhalb weniger Stunden 550 Liter. Das Unwetter schneidet Dutzende von Dörfern von der Aussenwelt ab und fordert 27 Todesopfer. Eine Gruppe von sieben Höhlenforschern wird während über einer Woche vermisst. Steigende Wassermassen hatten die Wissenschaftler in der Vitarelles-Grotte überrascht. Nach zahlreichen vergeblichen Versuchen, durch den überfluteten Eingang zu den Eingeschlossenen vorzudringen, bohren die Rettungskräfte mehrere Schächte ins Innere der Höhle. Die sieben Männer, die eigentlich nur drei Tage in der Grotte bleiben wollten, können zehn Tage nach ihrem Einstieg geborgen werden. Sie hatten ihren Proviant gut eingeteilt und sind nach Auskunft des Rettungsarztes vor Ort «in ausgezeichneter Verfassung».

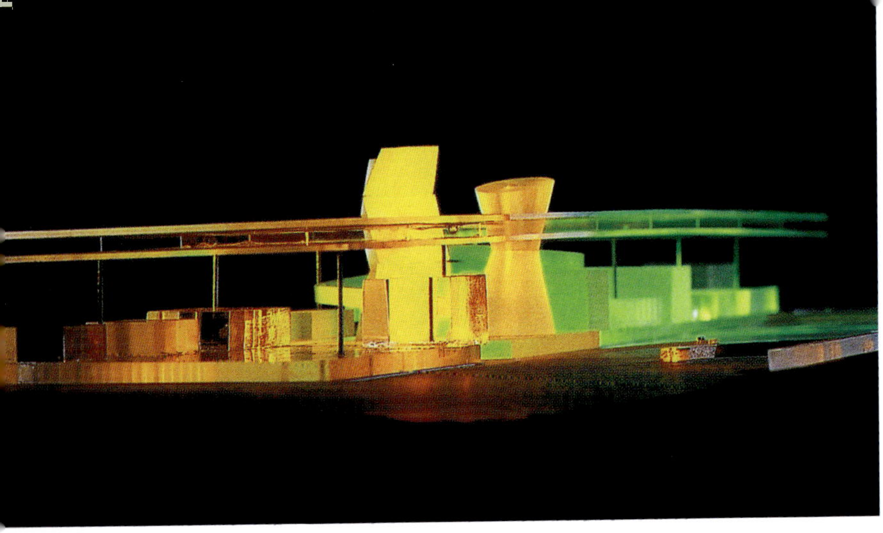
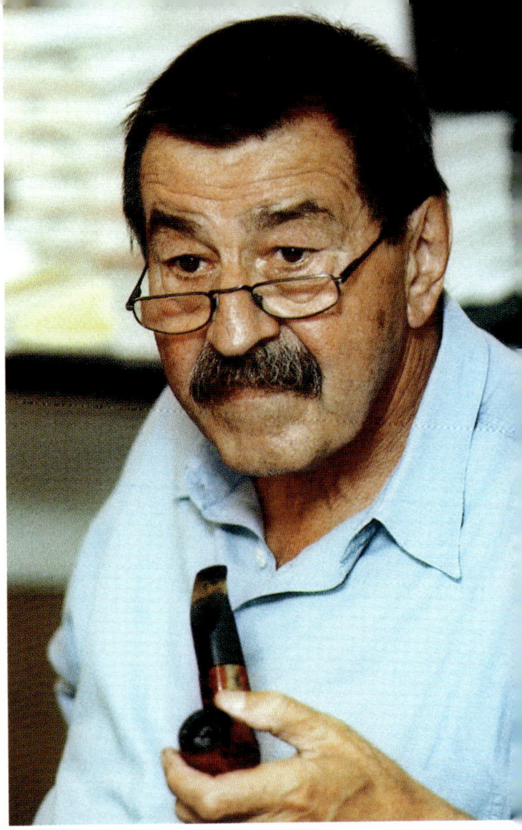
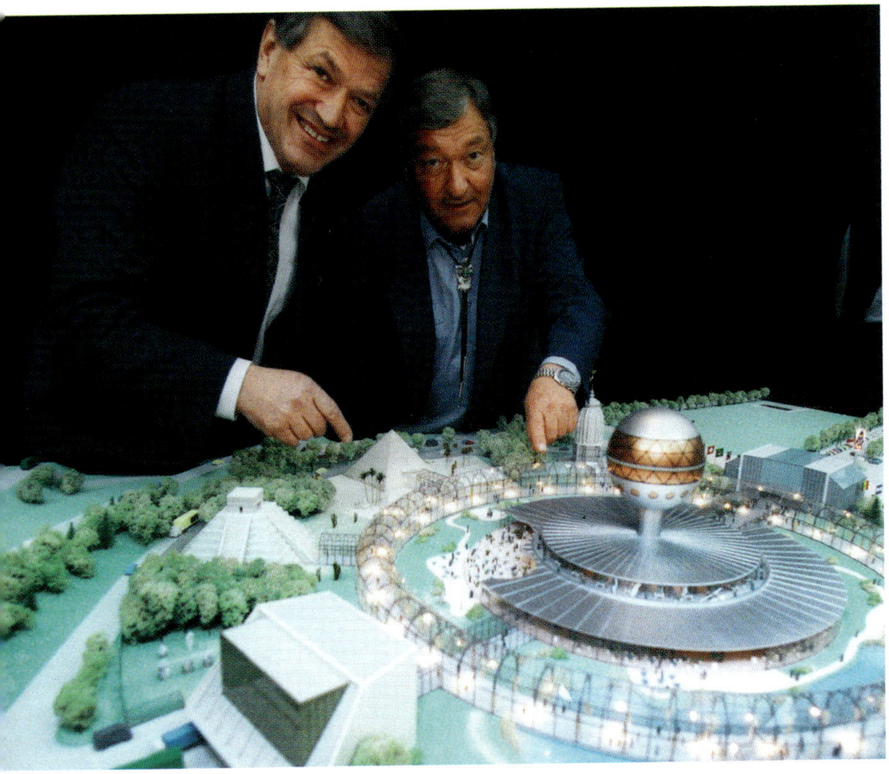
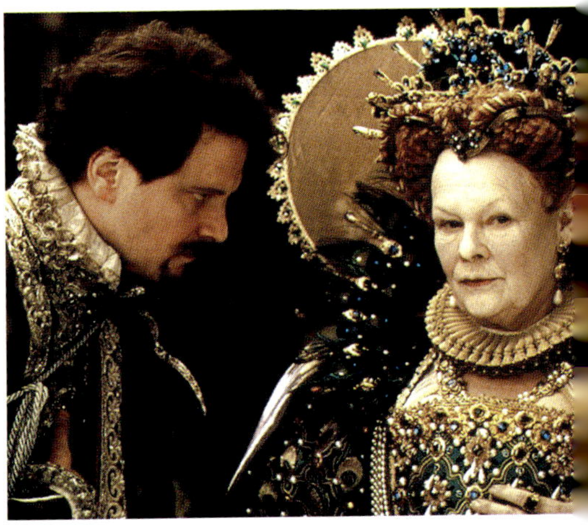
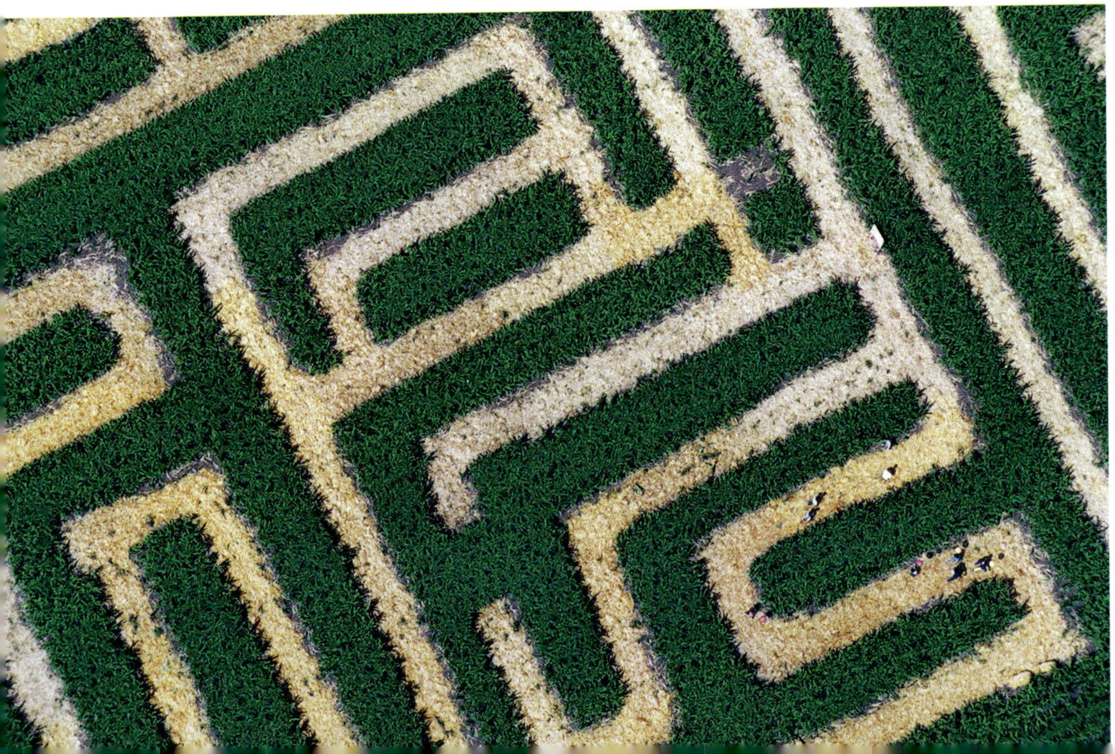
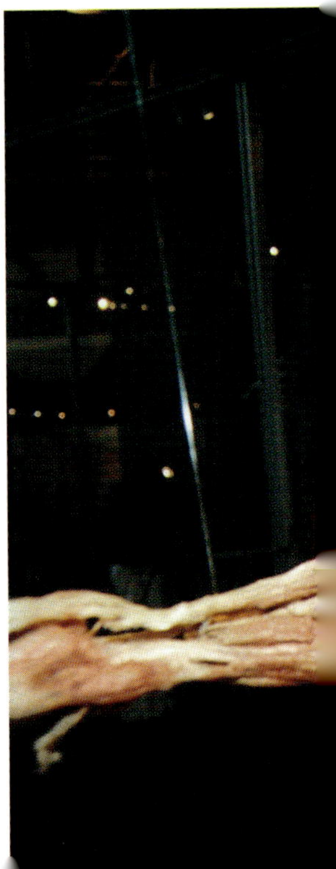

Kultur

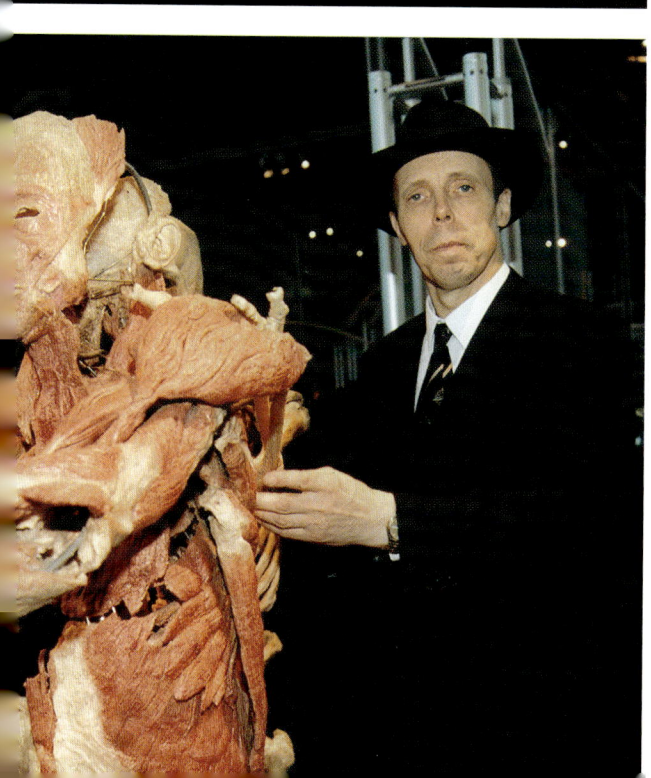

BUCH
DES JAHRES
1999

Auf der Zürcher Sechseläutenwiese wird dieses Jahr bereits eine Woche vor der traditionellen Verbrennung des «Böögg» gezündet: Der Berner Eisenplastiker Bernhard Luginbühl (im

Vergängliche Kunst

kleinen Bild mit Ehefrau Ursi) inszeniert Anfang April zu seinem 70. Geburtstag die Verbrennung der Holzskulptur «Popocatépetl». Das nach einem mexikanischen Vulkan benannte, zwölf Meter hohe Kunstwerk wird von Luginbühl und dessen Söhnen Basil, Iwan und Brutus in stundenlanger Schwerstarbeit aufgebaut – nur um wenig später abgefackelt zu werden. «Ihr wahres Gesicht», so weiss Bernhard Luginbühl, «zeigt eine Holzskulptur erst, wenn sie brennt.» Das Zürcher Publikum scheint diese Meinung zu teilen: Es feiert die Einäscherung des «Popocatépetl» mit einem spontanen Volksfest und grilliert auf den glühenden Überresten der Skulptur ungeniert Würste.

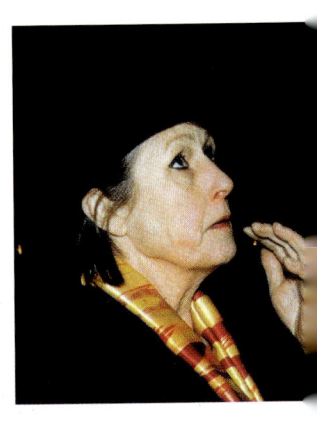

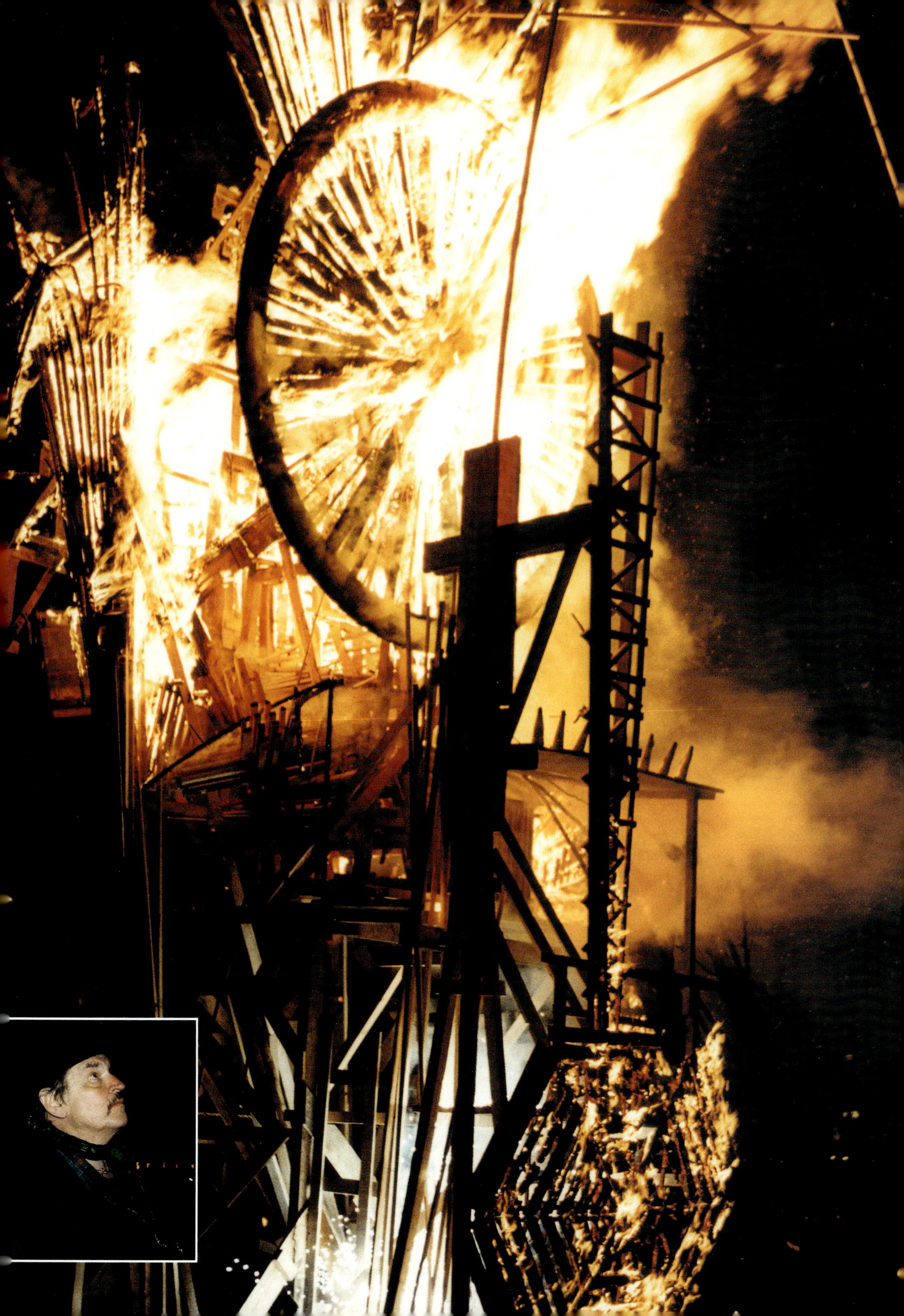

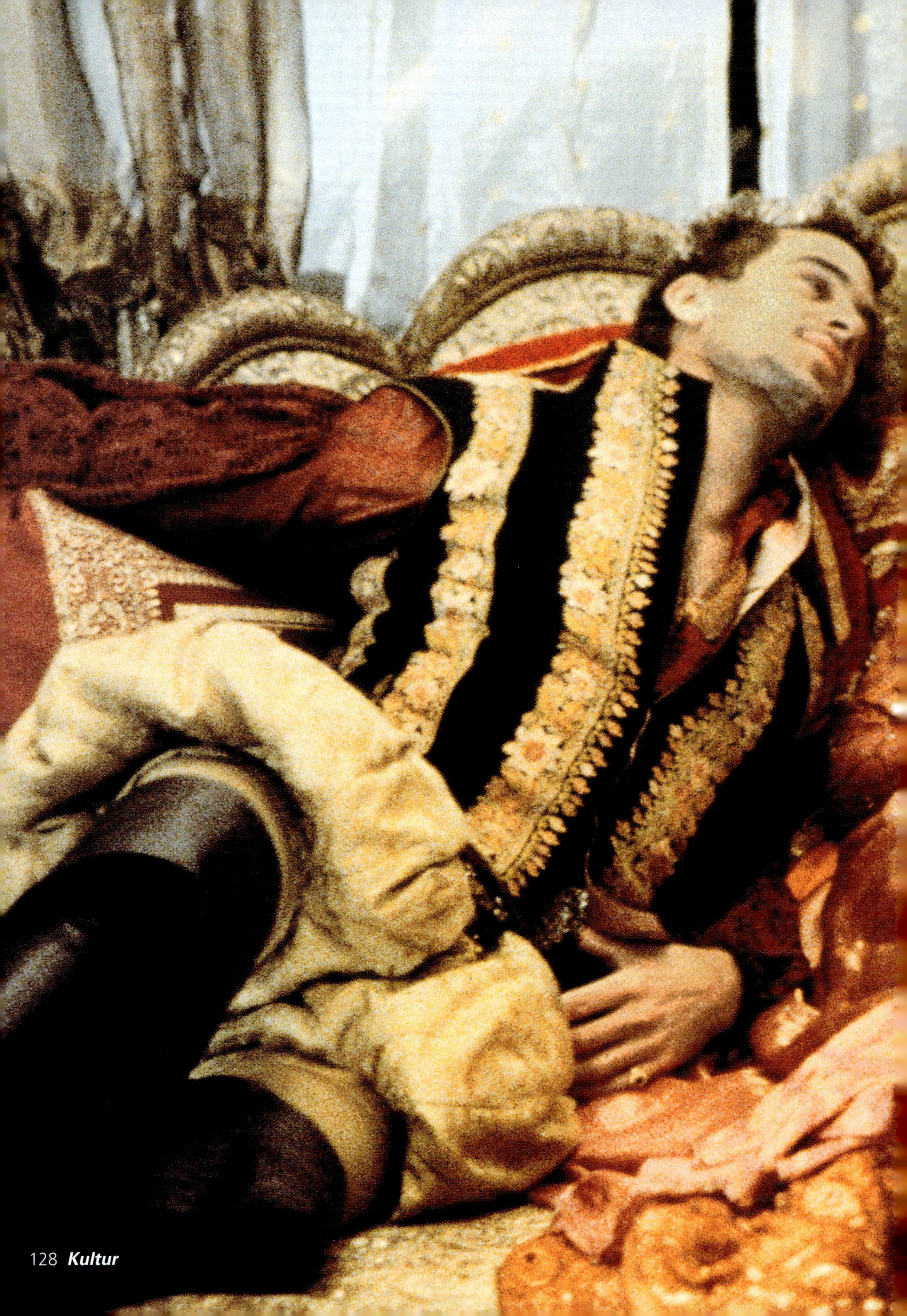

Eine – historisch in keiner Weise belegte – Liebesgeschichte um den Dramatiker, Schauspieler und Dichter William Shakespeare räumt an der diesjährigen Verleihung der

Oscars für Shakespeare

Academy Awards ganz gross ab: «Shakespeare in Love» gewinnt insgesamt sieben Oscars – darunter die Auszeichnungen in den besonders beachteten Kategorien «Bester Film», «Beste Hauptdarstellerin» und «Bestes Drehbuch». Hauptdarsteller Joseph Fiennes – im Bild mit Kate Blanchett – muss sich indessen vom Italiener Roberto Benigni geschlagen geben, der für «La vita è bella» gleich auch noch den Oscar für den besten nicht englischsprachigen Film gewinnt. Der eigentliche Favorit der 71. Oscarverleihung, Steven Spielberg, wird als bester Regisseur des Jahres ausgezeichnet. Sein Kriegsfilm «Saving Private Ryan» gewinnt ausserdem vier technische Oscars für Ton, Kamera, Schnitt und Toneffekte.

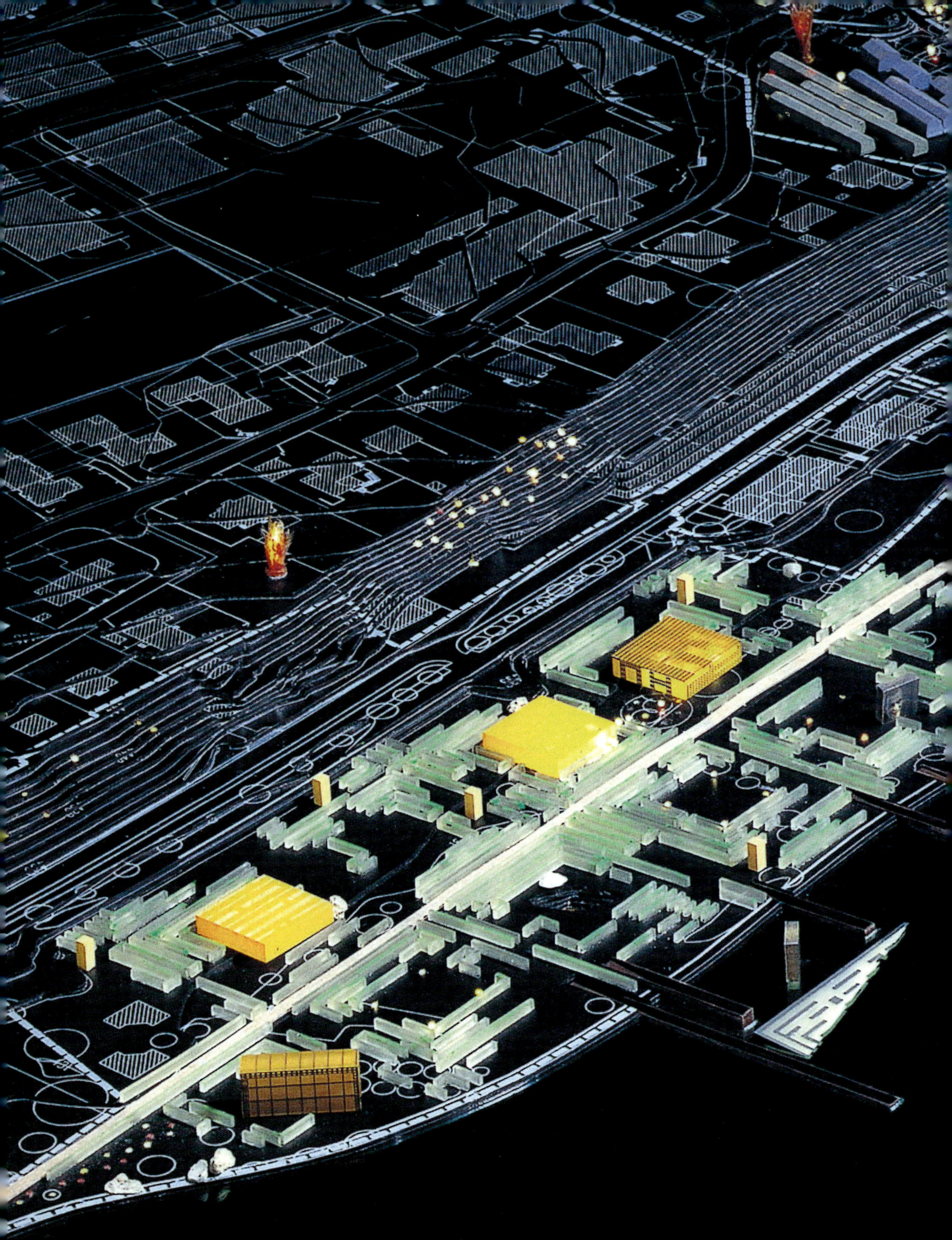

Expo.01 wird Expo.02

Das Mammutprojekt einer Schweizer Landesausstellung sorgt 1999 immer wieder für Schlagzeilen. Anfang März präsentiert eine optimistische Expo-Führung in Genf die ersten Vorprojekte – darunter die «Arteplage» des französischen Stararchitekten Jean Nouvel am Murtensee (grosses Bild). Wenige Wochen später rumort es bei der Expo: Die umstrittene Präsidentin Jacqueline Fendt (kleines Bild) gerät intern immer mehr unter Druck und wird Anfang August schliesslich entlassen. Doch damit kehrt bei der Expo keineswegs Ruhe ein. Als zahlreiche Politiker und Wirtschaftsvertreter einen Abbruch der Übung fordern, gibt der Bundesrat bei Unternehmensberater und Swatch-Boss Nicolas Hayek eine Machbarkeitsstudie in Auftrag. Als Folge dieser Untersuchung wird im Oktober eine Verschiebung der Landesausstellung um ein Jahr beschlossen. Ob das in Expo.02 umgetaufte Projekt wirklich zustande kommt, hängt allerdings von der weiteren Finanzierung ab. Und die ist bis Ende Jahr noch keineswegs gesichert.

132 *Kultur*

Erich von Däniken bringt die Welt des Unerklärlichen in die Schweiz: Mitte April stellt der Bestsellerautor und bekennende Fantast den Bildungs- und Erlebnispark «Myste-

Mysterien im Berner Oberland

ries of the World» vor, den er im Berner Oberland realisieren will. Der sternförmige Komplex auf dem ehemaligen Militärflugplatz von Interlaken umfasst 45 000 Quadratmeter Land. Das Hauptgebäude ist durch gläserne Gänge mit sieben Docks verbunden, in denen die Wunder der Welt – unter anderem die Pyramiden von Giseh, die mysteriösen Erdlinien im peruanischen Nazca und die fliegenden Götterfahrzeuge der indischen Mythologie – präsentiert werden. Erich von Däniken rechnet mit Baukosten von 80 Millionen Franken. Baubeginn ist im Frühling 2001, die Eröffnung von «Mysteries of the World» ist auf den 14. April 2002 geplant.

«Star Wars Fever» legt im Frühling weite Teile der USA lahm: Millionen von Amerikanern erklären den 19. Mai spontan zum nationalen Feiertag, melden sich krank oder schwänzen

Hysterie um den «Krieg der Sterne»

die Schule – nur um im Kino anlässlich der Premiere von «Episode 1 – The Phantom Menace» mitzuerleben, wie der «Krieg der Sterne» einst begann. Kein Wunder, bricht George Lucas' neustes Science-Fiction-Spektakel denn auch alle Rekorde: Allein in den ersten 24 Stunden sehen sich über vier Millionen Amerikaner die Weltraumsaga an. Über das Eröffnungswochenende spielt der Film mit Liam Neeson, Jake Lloyd, Ewan McGregor (im grossen Bild von links) und Ray Park (kleines Bild rechts) über 100 Millionen Dollar ein – mehr als jeder andere Streifen in der Geschichte Hollywoods.

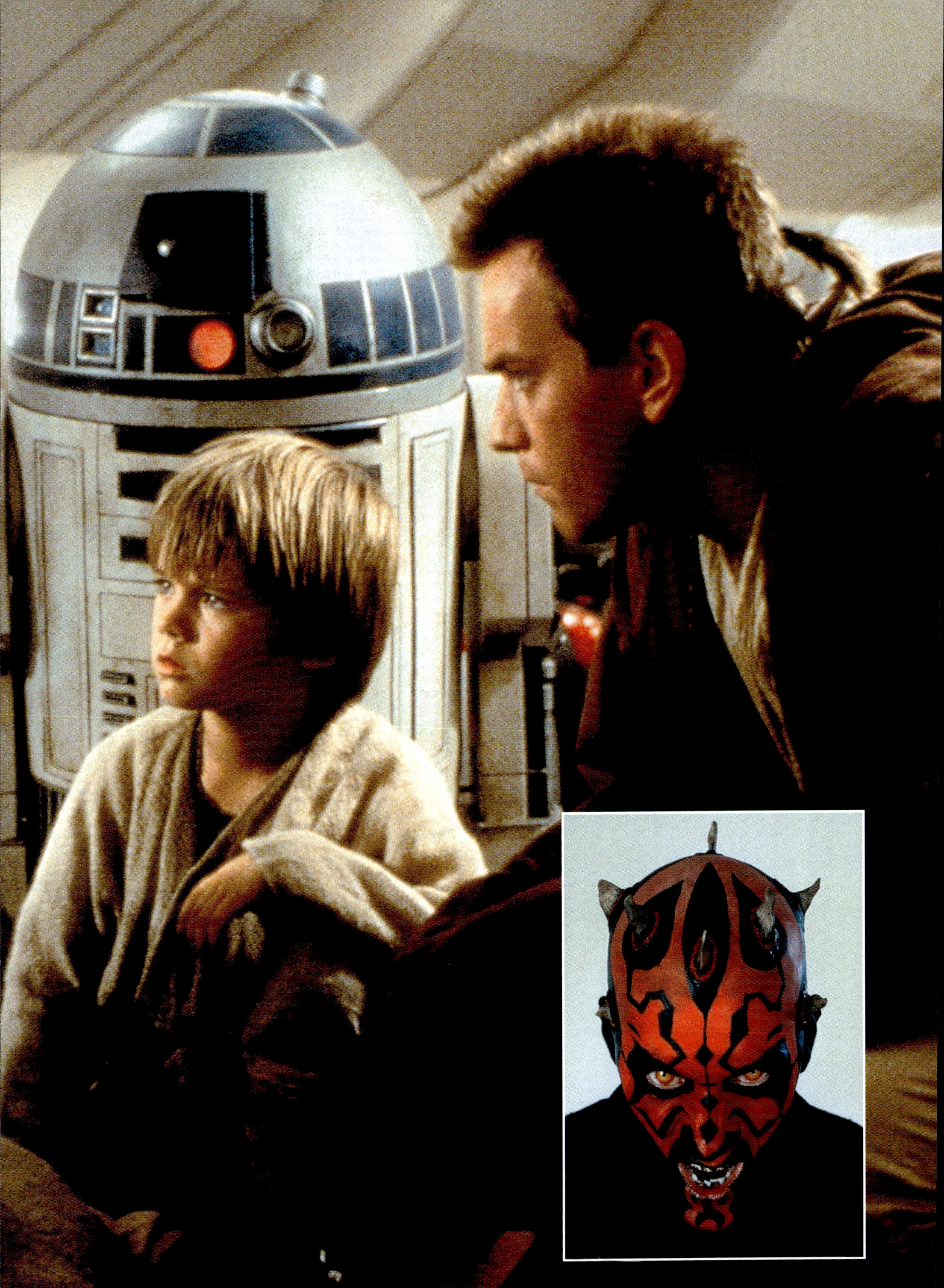

An der diesjährigen Kunstmesse «Art '99» in Basel wird einmal mehr bewiesen, dass Kunst alles darf: Rund 300 Männer und Frauen folgen einem Aufruf des US-Fotografen

«Blütteln» für die Kunst

Spencer Tunick und legen sich an einem Sonntagmorgen beim Tinguely-Brunnen mitten in der City nackt auf die Strasse. Tunick hält das amtlich bewilligte «Happening» für die Nachwelt mit seinen Kameras fest. Der Fotograf ist von der «schweizerischen Spontaneität» ebenso entzückt wie von der Nonchalance der hiesigen Behörden. Während er in den USA immer wieder Probleme mit der Polizei habe, so sei in Basel «alles ganz wunderbar» gewesen.

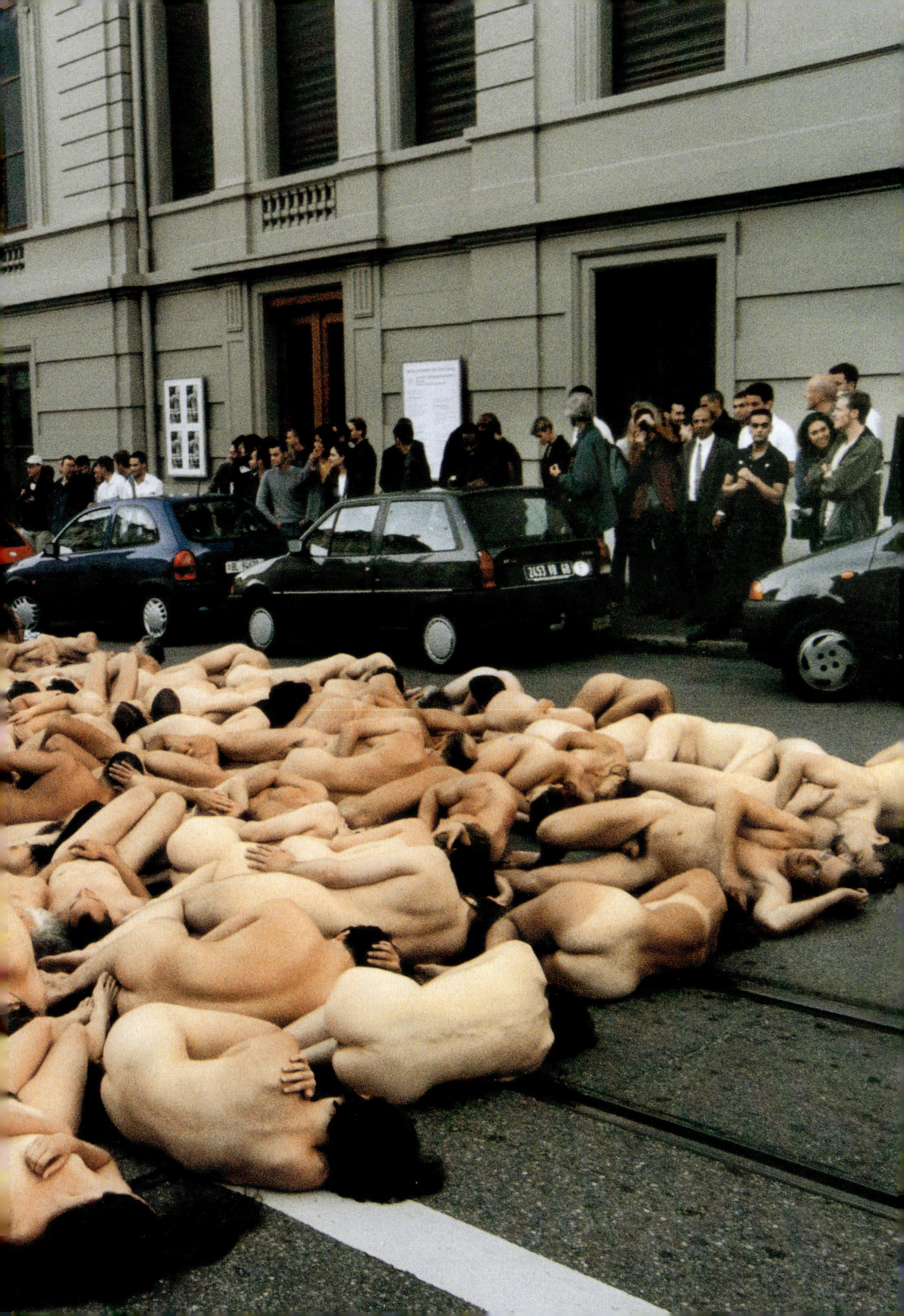

138 **Kultur**

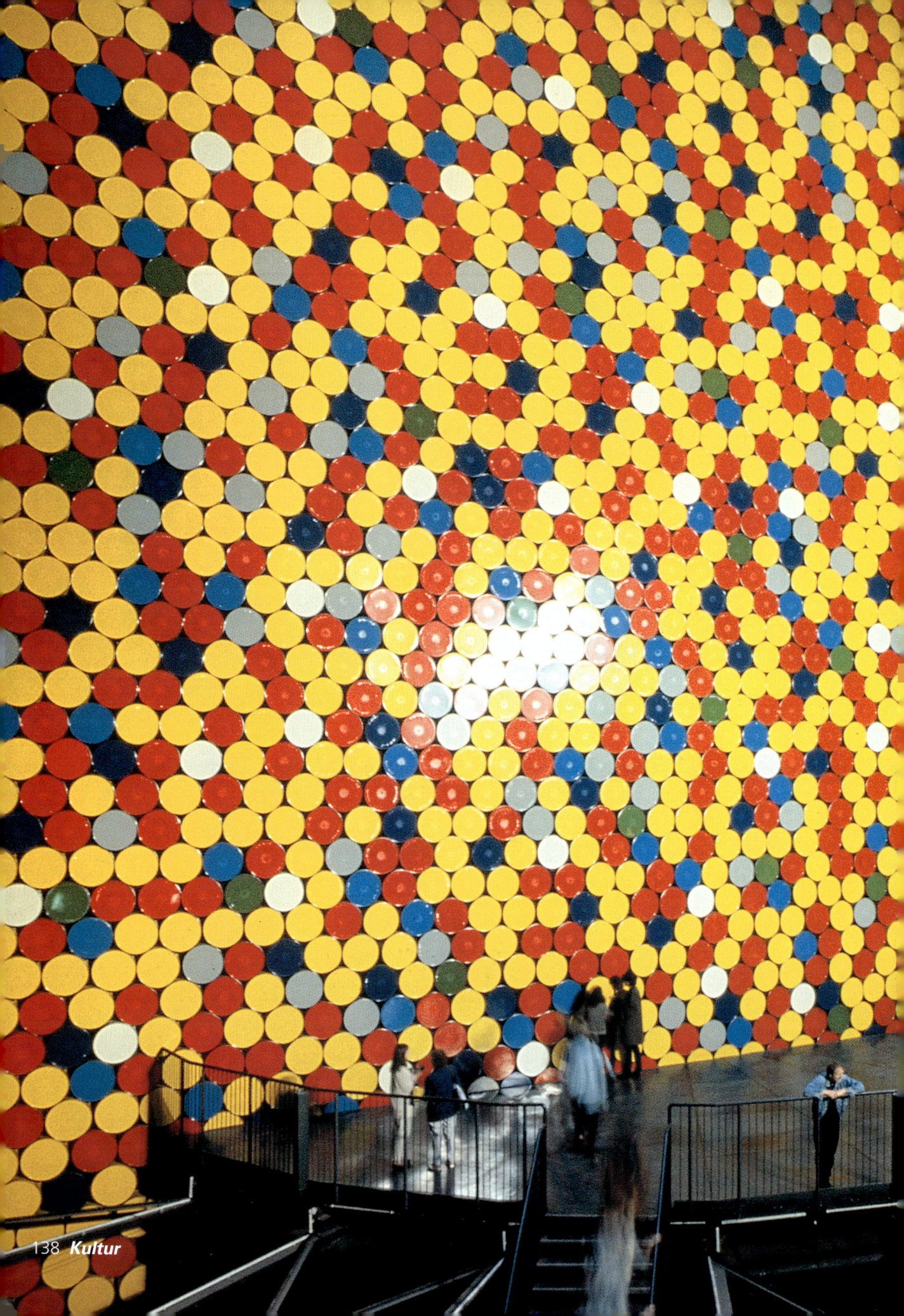

Anfang Mai enthüllen Christo und Jeanne-Claude im Ruhrpott ihr neustes Kunstwerk: «The Wall» im stillgelegten Gasometer von Oberhausen ist eine

Kunst vom Fass

beeindruckende Wand aus 13 000 aufeinandergestapelten Ölfässern. Das Monument ist 26 Meter hoch, 68 Meter breit und lässt sich dank dem Lift in Europas grösstem Gasbehälter auch von oben besichtigen. In der Ausstellungshalle unter «The Wall» präsentieren Christo und Jeanne-Claude, Fotos, Skizzen und Zeichnungen ihres gemeinsamen Schaffens. Dabei zeigt sich, dass die beiden schon einmal mit Ölfässern gearbeitet haben: 1962 errichteten sie aus Protest gegen den Bau der Berliner Mauer in Paris einen «Eisernen Vorhang» aus 204 Fässern. Mangels einer Bewilligung für das Kunst-Happening waren Christo und Jeanne-Claude damals verhaftet und verhört worden.

140 *Kultur*

Mitte Juli wird bei Muri AG das erste Maisfeld-Labyrinth der Schweiz eröffnet. Die gesamte Wegstrecke durch den gigantischen Irrgarten misst rund drei Kilometer.

Irrgarten im Maisfeld

Das «verflixte Maislabyrinth» ist eine Idee von Bauer Lukas Frey. Er hat den Irrweg selber gezeichnet und anschliessend mit modernster Technik auf das 18 000 Quadratmeter grosse Maisfeld übertragen: Ein Satelliten-Navigationssystem an der Mähmaschine zeigte Frey auf den Zentimeter genau, wo geschnitten werden musste. Bis im Herbst spazieren Zehntausende von begeisterten Besuchern durch das Maisfeld-Labyrinth. Ende Oktober wird der Irrgarten geschlossen und Bauer Frey verarbeitet die Pflanzen zu Tierfutter.

Kultur

Eine umstrittene Ausstellung macht im Herbst in der Schweiz Halt: In seiner Show «Körperwelten – die Faszination des Echten» präsentiert der deutsche Anatom

Spektakel mit imprägnierten Leichen

Gunther von Hagens menschliche Leichen und Organe, die in einem von ihm entwickelten Verfahren «plastiniert» wurden. Dabei wird die Gewebeflüssigkeit gegen einen Kunststoff ausgetauscht, der in die feinsten Zellstrukturen eindringt und so den Prozess der Verwesung zum Stillstand bringt. Bei der Inszenierung seiner Präparate ist von Hagens schon beinahe frivol: In der Ausstellung begegnet man etwa einem Schachspieler mit blossgelegtem Nervensystem (Bild), einem Fechter oder einem «Schubladenmenschen», dessen Inneres die Besucher schubladenweise hervorziehen und inspizieren können. Hatten in Deutschland und Österreich konservative Kreise versucht, «Körperwelten» zu verbieten, scheint sich hierzulande niemand über die gruselige Anatomie-Show aufzuregen. Im Gegenteil: Zehntausende pilgern in die Messe Basel, um sich Gunther von Hagens' imprägnierte Leichen anzusehen.

Kultur

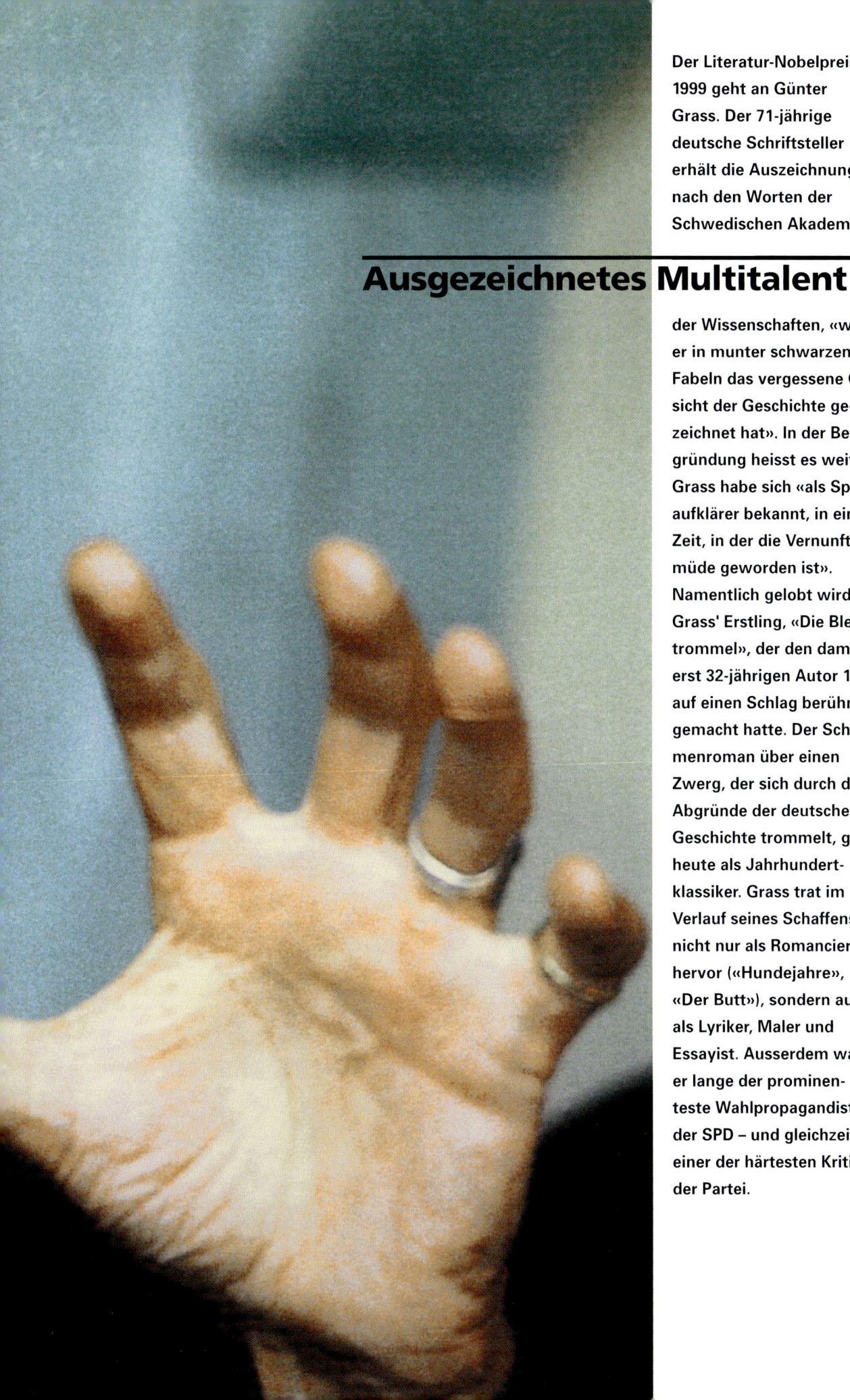

Der Literatur-Nobelpreis 1999 geht an Günter Grass. Der 71-jährige deutsche Schriftsteller erhält die Auszeichnung nach den Worten der Schwedischen Akademie

Ausgezeichnetes Multitalent

der Wissenschaften, «weil er in munter schwarzen Fabeln das vergessene Gesicht der Geschichte gezeichnet hat». In der Begründung heisst es weiter, Grass habe sich «als Spätaufklärer bekannt, in einer Zeit, in der die Vernunft müde geworden ist». Namentlich gelobt wird Grass' Erstling, «Die Blechtrommel», der den damals erst 32-jährigen Autor 1959 auf einen Schlag berühmt gemacht hatte. Der Schelmenroman über einen Zwerg, der sich durch die Abgründe der deutschen Geschichte trommelt, gilt heute als Jahrhundertklassiker. Grass trat im Verlauf seines Schaffens nicht nur als Romancier hervor («Hundejahre», «Der Butt»), sondern auch als Lyriker, Maler und Essayist. Ausserdem war er lange der prominenteste Wahlpropagandist der SPD – und gleichzeitig einer der härtesten Kritiker der Partei.

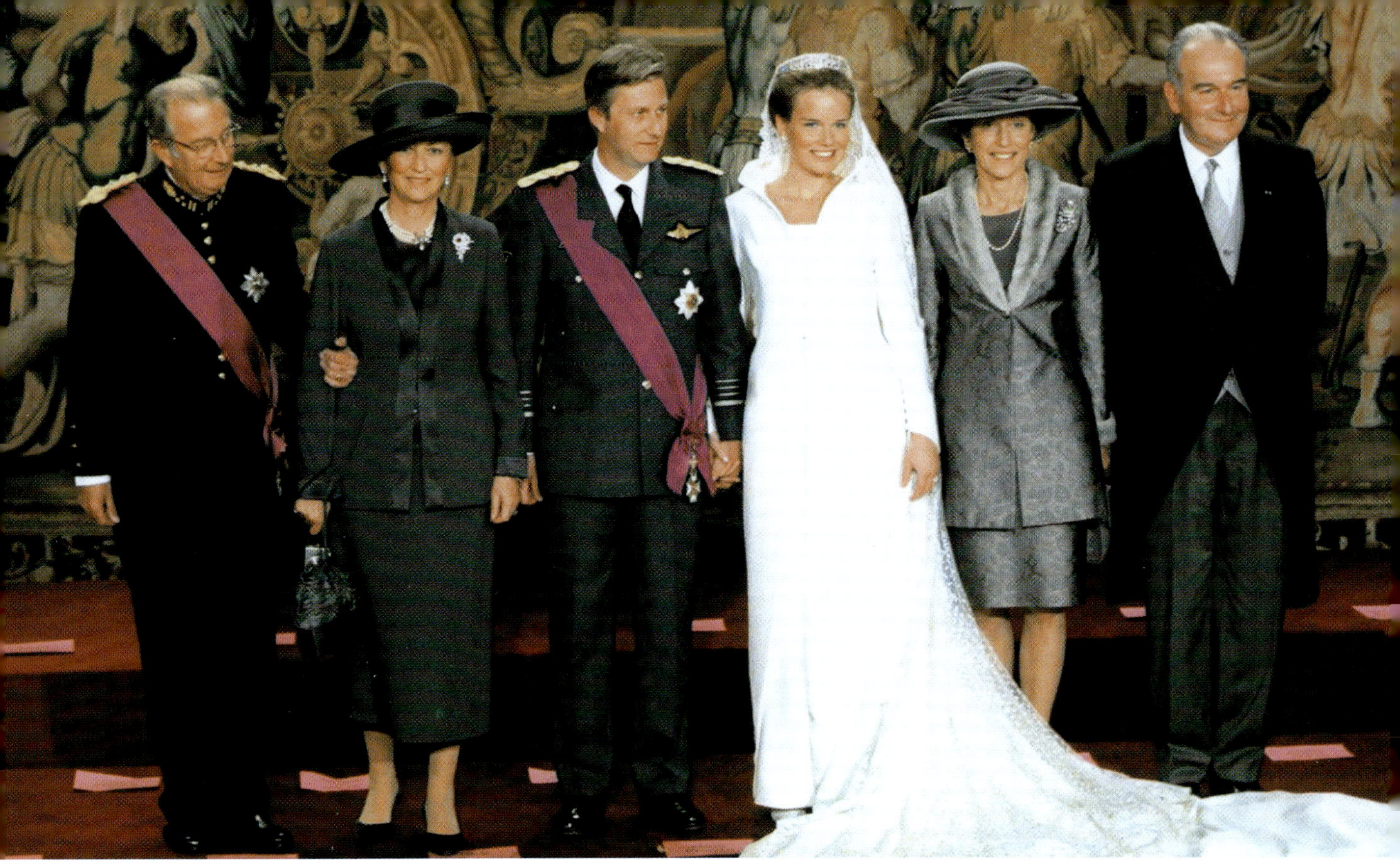

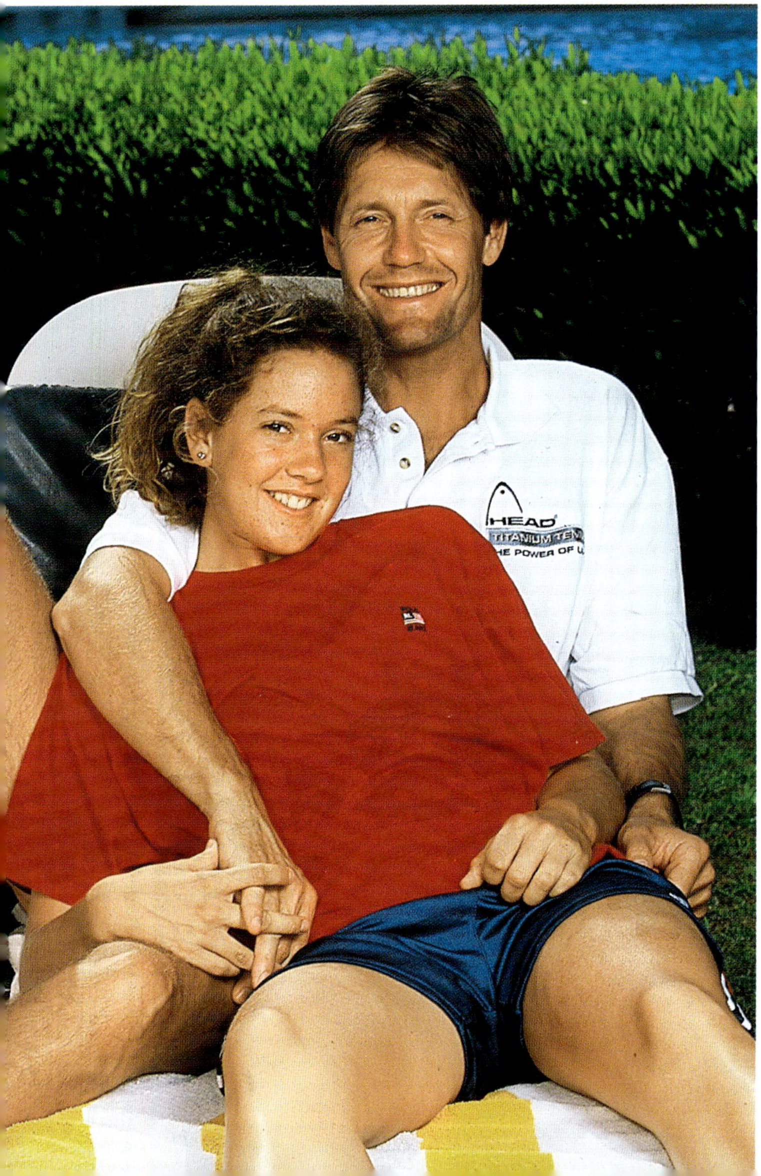
HEAD

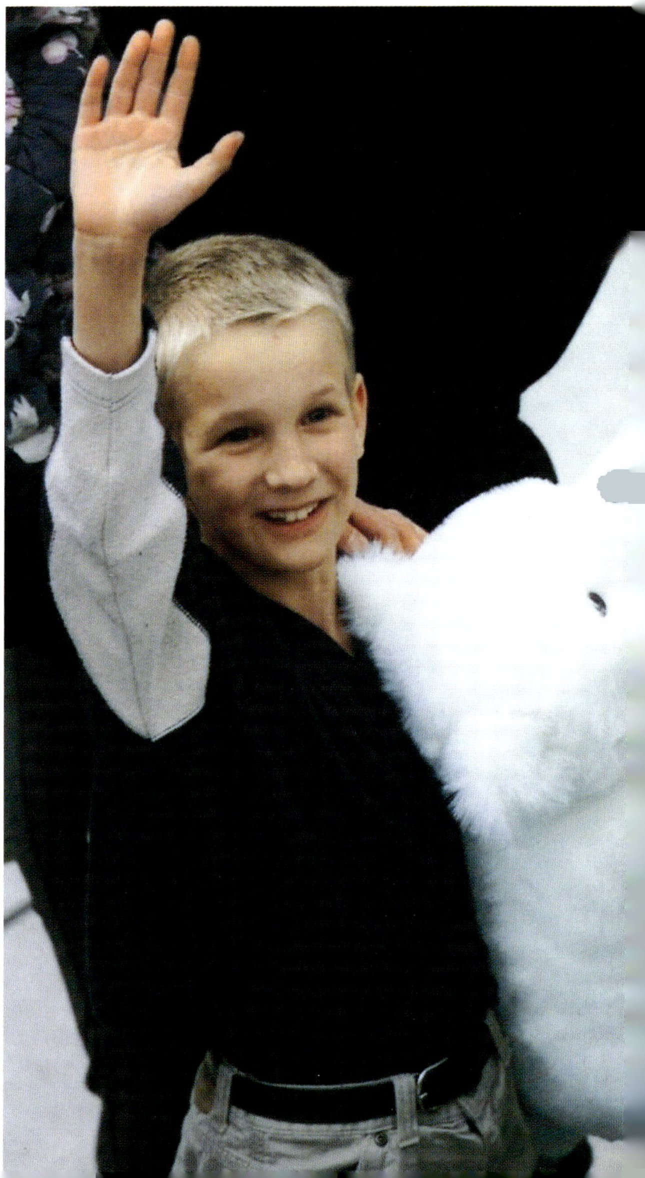

Leute

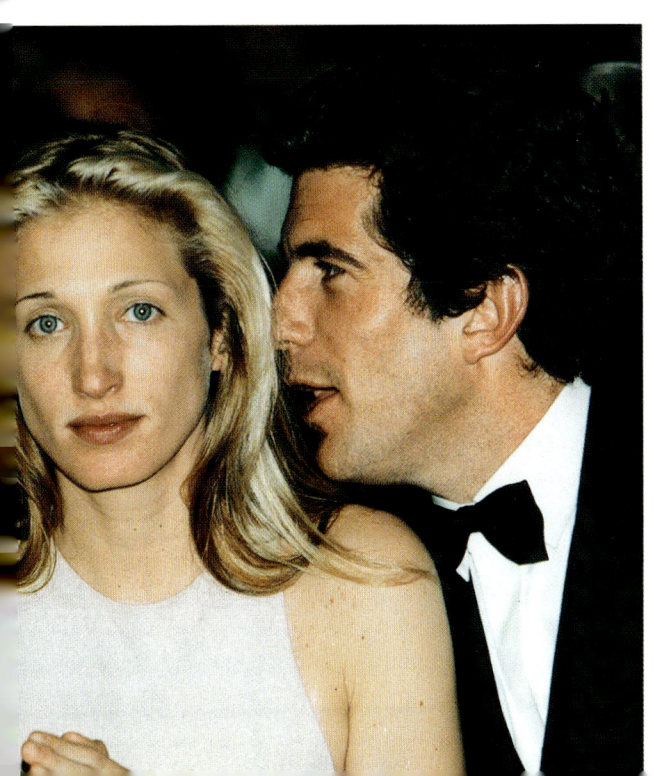

BUCH
DES JAHRES
1999

Die unendliche Geschichte um Bill Clinton und Monica Lewinsky findet im Frühling doch noch ihren Abschluss: Im Amtsenthebungsverfahren wird der US-Präsident vom

Vergoldete Affäre

Senat in allen vier Anklagepunkten freigesprochen. Während man sich noch über die Auswirkungen des Verfahrens streitet, beginnt bereits der Ausverkauf in Sachen Clinton/Lewinsky. Eine der grossen Profiteurinnen ist die Hauptdarstellerin selbst: Monica Lewinsky lässt von Andrew Morton – seines Zeichens Biograf der verstorbenen Prinzessin Diana – ihre Lebensgeschichte zu Papier bringen. «Monica's Story» macht die 25-Jährige praktisch über Nacht zu einer reichen Frau. Aber auch andere versuchen, die ausserehelichen Eskapaden des US-Präsidenten zu barer Münze zu machen: So verkauft ein Erotik-Geschäft in Rochester NY Tausende von Tangas mit dem offiziellen Emblem des Weissen Hauses (kleines Bild) – bis die Aktion von höchster Regierungsstelle gestoppt wird.

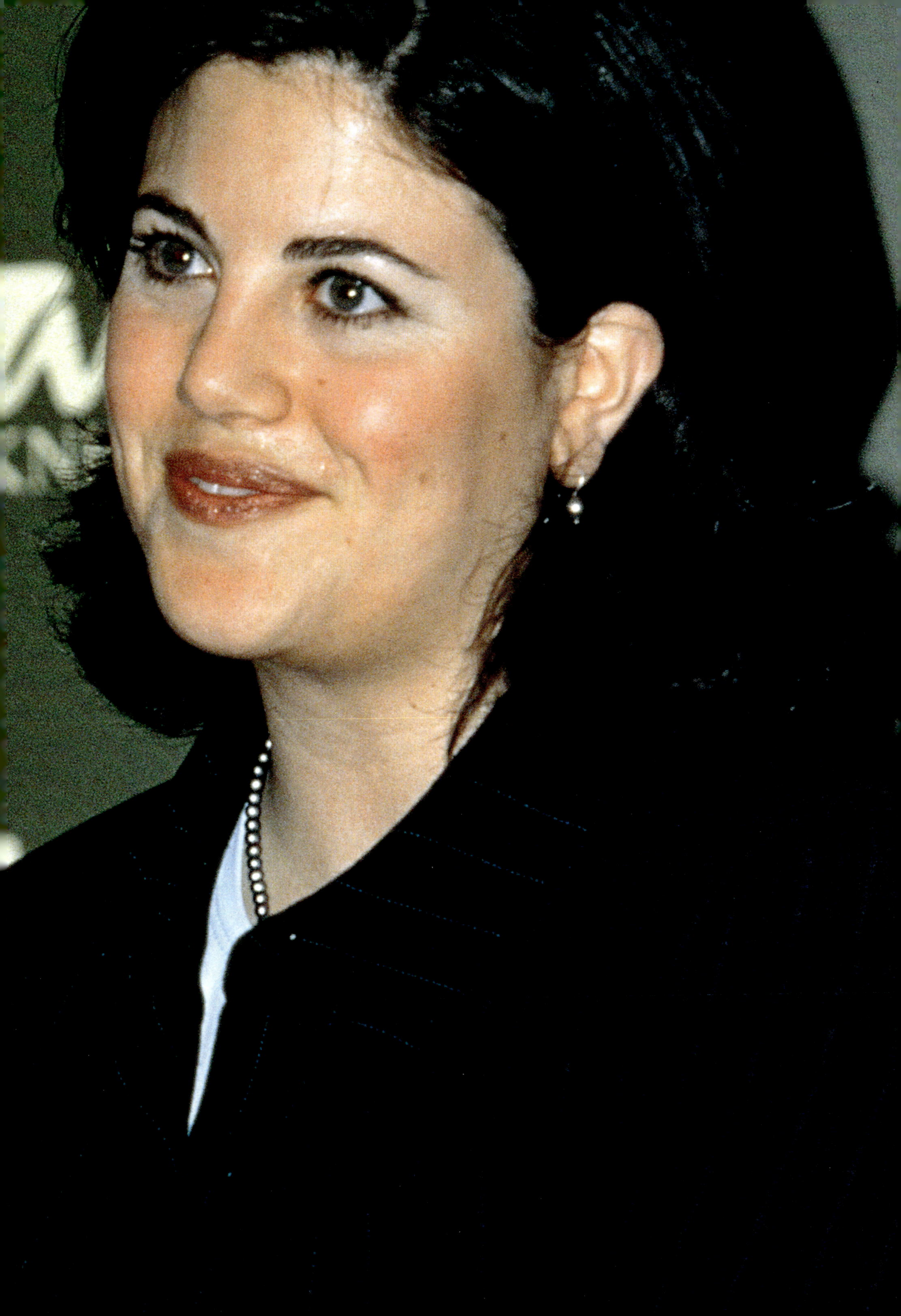

Leute

Anfang Oktober erklärt ein britisches Gericht die Auslieferung des früheren chilenischen Diktators Augusto Pinochet an Spanien für rechtmässig. Die Ver-

Richtspruch gegen den Diktator

teidiger des 84-jährigen Exgenerals legen gegen das Urteil Einspruch ein und bringen damit ein Berufungsverfahren in Gang, das die Überstellung um bis zu zwei Jahre verzögern dürfte. Spaniens Auslieferungsgesuch gründet auf Untersuchungen des Richters Baltasar Garzon, der Pinochet für 35 Fälle von Folter und Mord an spanischen Bürgern den Prozess machen will. Aufgrund dieses Gesuchs war der chilenische Exdiktator 1998 nach einem Spitalaufenthalt in Grossbritannien unter Hausarrest gestellt worden. Unter Pinochets Regime (1973–1990) sind in Chile über 3000 Oppositionelle umgebracht worden.

152 *Leute*

Mitte Januar kommt es bei der Swissair zu einer lange erwarteten Premiere: Erstmals in der Geschichte der Schweizer Fluggesellschaft wird eine Maschine ausschliesslich von Frauen

Swissair-Flug in Frauenhänden

pilotiert. An den Steuerknüppeln des Airbus A320 sitzen Captain Gabrielle Musy-Lüthi (links) und Kopilotin Claudia Wehrli. Der stolz angekündigte Flug nach Paris muss wegen eines Schneesturms auf dem Flughafen Charles de Gaulle leider abgesagt werden und das erste Damenteam der Swissair fliegt stattdessen nach Lissabon. Während in anderen Ländern bereits vor 20 Jahren Pilotinnen im Cockpit sassen, liess die Swissair Frauen erst 1984 zum Pilotenberuf zu. Heute sind gerade 16 der 1100 Mitglieder des Swissair-Pilotenkorps Frauen. Und nur eine davon – Gabrielle Musy-Lüthi – ist auch Captain.

154 *Leute*

Die Odyssee der Patty Schnyder

Schlagzeilen macht die Schweizer Tennisspielerin Patty Schnyder 1999 hauptsächlich mit ihrem Privatleben: Mitte Februar bricht die 20-Jährige den Kontakt zu ihren Eltern ab, weil diese sie ultimativ aufgefordert hatten, sich von ihrem umstrittenen Betreuer Rainer Harnecker (42) zu trennen. Wenige Tage später outen sich Patty und Rainer als Paar und mimen für die Medien traute Zweisamkeit. Patty befolgt Harneckers Diättipps, trinkt jeden Tag drei Liter frischgepressten Orangensaft und zieht sich immer mehr aus der Öffentlichkeit zurück. Als die Tennisspielerin ein Aufgebot des Fed-Cup-Teams ignoriert, wird sie aus der Mannschaft ausgeschlossen. Nun platzt auch den Sponsoren der Kragen: Amag, Asetra und Crossair kündigen ihre Verträge mit sofortiger Wirkung und entziehen Patty Werbegelder in Millionenhöhe. Dies scheint die verwirrte Tennisspielerin aufzurütteln, denn wenige Tage später versöhnt sie sich mit ihrer Familie. Ans Turnier nach Rom fliegt Patty im Mai nicht mit Rainer Harnecker – sondern mit ihrer Mutter.

Als im Januar Prinzessin Caroline von Monaco Prinz Ernst-August von Hannover ehelicht, glänzt ihre Schwester Stéphanie durch Abwesenheit. Im April revanchiert sich

50 Jahre und kein bisschen müde

Caroline, indem sie der Taufe von Stéphanies jüngster Tochter Camille fernbleibt. Aber als am 12. Mai Fürst Rainier III. den 50. Jahrestag seiner Thronbesteigung feiert, schwänzt niemand. Auf den Beinen und in bester Festlaune ist nicht nur die ganze Fürstenfamilie (im grossen Bild von links: Prinzessin Stéphanie, Prinz Ernst-August, Prinzessin Caroline, Kronprinz Albert und Fürst Rainier III. – sondern auch die Mehrheit der 32 000 Einwohner von Monaco. Hofberichterstatter in aller Welt nehmen das Regierungsjubiläum zum Anlass, über Rainiers baldigen Abgang zu spekulieren. Schliesslich hatte der Fürst dereinst höchstpersönlich verkündet, sein Sohn Albert werde bis zum Jahr 2000 die Herrschaft im Fürstentum übernehmen. Bis Ende 1999 indessen macht Rainier keine Anstalten, den Thron zu räumen.

Leute

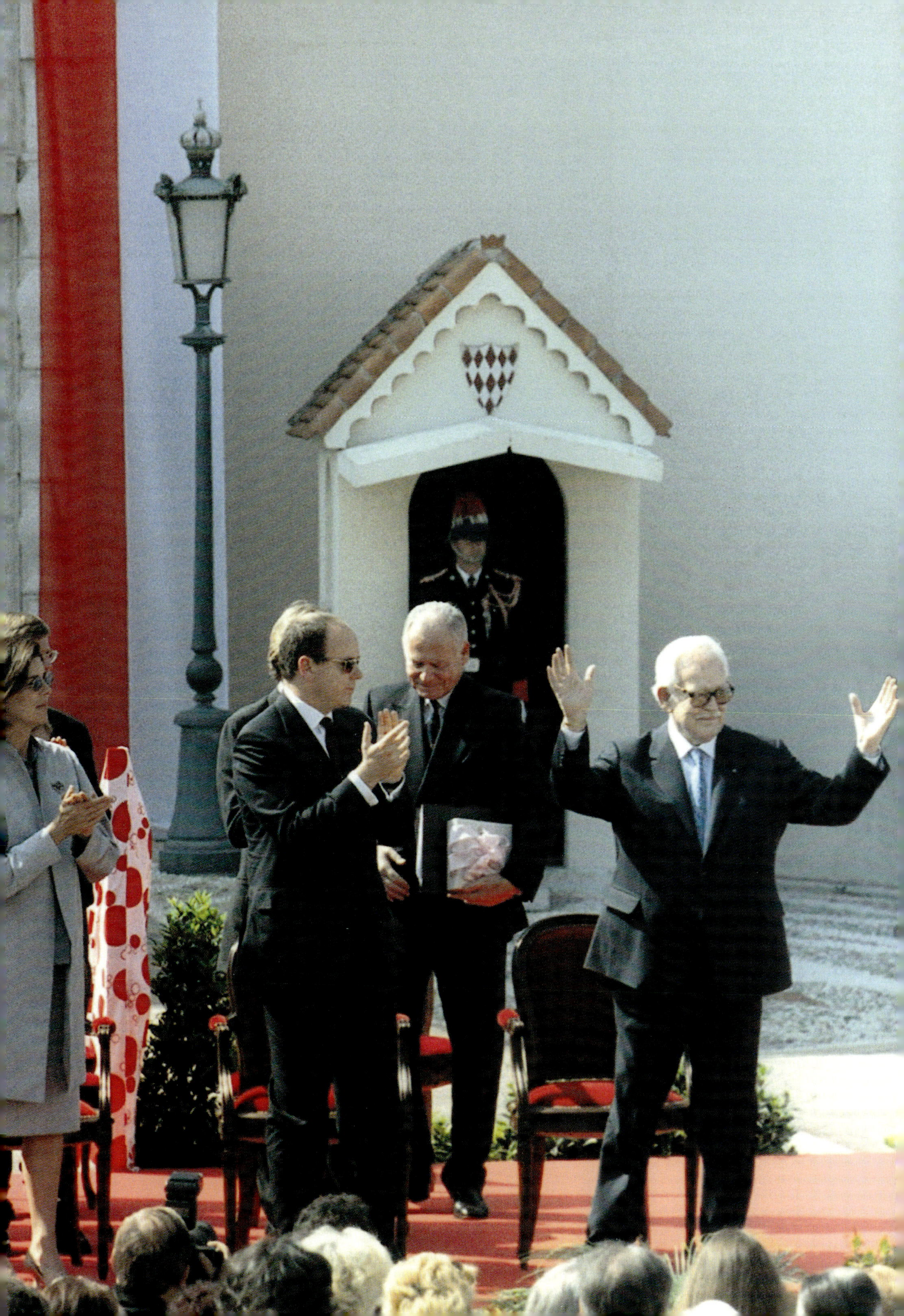

Dramatische Stunden erleben im Mai die Eltern des 17 Monate alten Jesse Kraus in Mulvane, Kansas: Ihr Sohn fällt beim Spielen in einen stillgelegten Brunnen und ver-

Jesse im Glück

keilt sich im engen Schacht hoffnungslos. Die Feuerwehr sieht schnell ein, dass das Kind nur über einen Rettungsschacht herausgeholt werden kann. Nach fünfstündigem Bohren ist es geschafft: Die Retter stossen zu Jesse vor, fixieren ihn auf einer Tragbahre und befreien ihn aus seinem dunklen Gefängnis. Hilfreich sind bei der Rettungsaktion von Mulvane die Erfahrungen eines ähnlichen Falls aus dem Jahre 1982: Damals war in den USA ein 18 Monate altes Mädchen – ihr Name war übrigens Jessica – ebenfalls in einen stillgelegten Brunnen gefallen. Das Bergungsteam brauchte zweieinhalb Tage, um das Kind über einen Rettungsschacht herauszuholen.

158 *Leute*

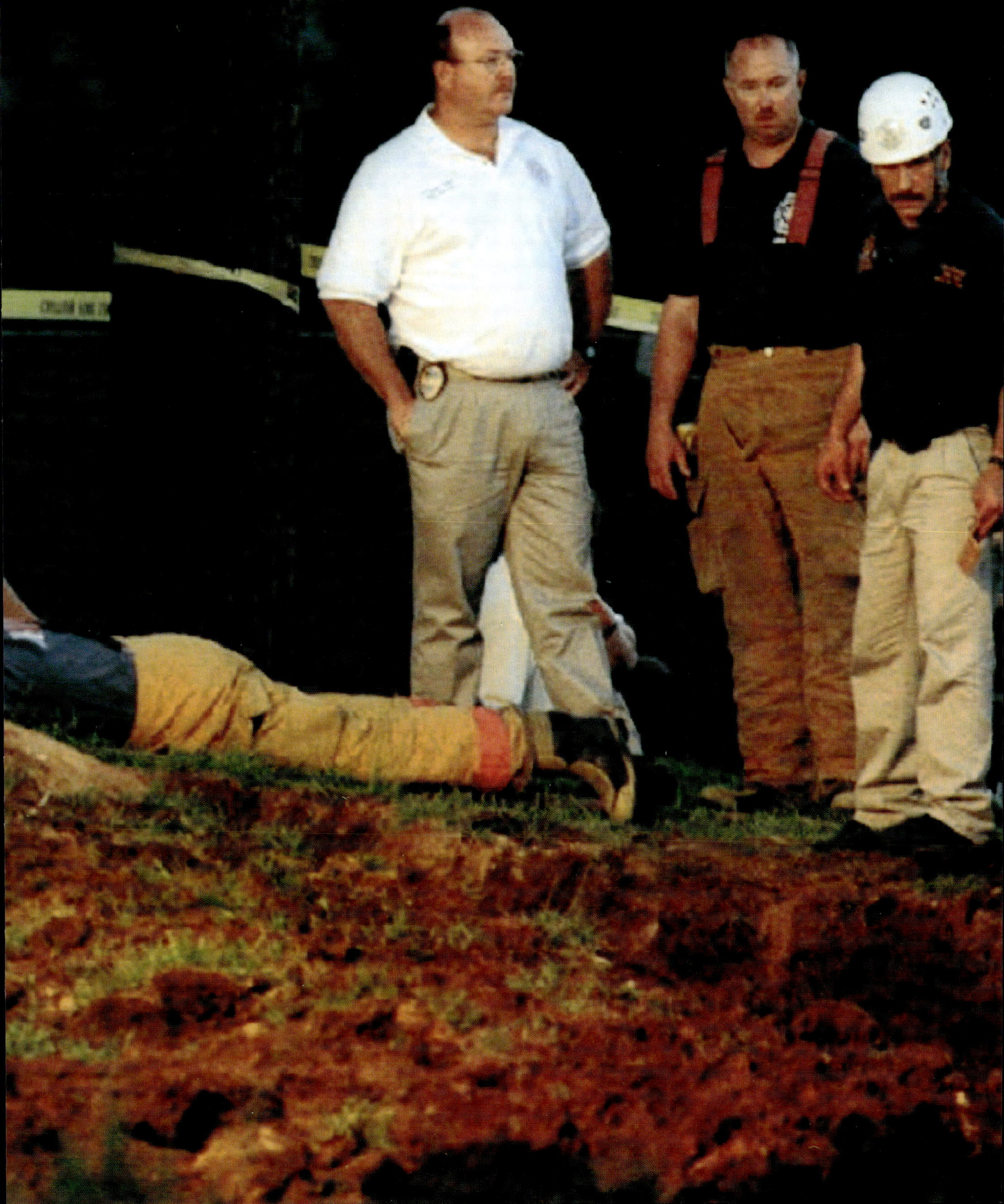

Fünf Jahre lang musste sich Sophie Rhys-Jones gedulden, bis sie ihren Prinzen unter der Haube hatte. Aber am 19. Juni ist es so weit: Edward, jüngster Spross von

Schlichte Hochzeit des Jahres

Königin Elizabeth II., gibt sein heiss geliebtes Junggesellenleben auf und schliesst mit Sophie den Bund fürs Leben. An der betont schlichten Zeremonie in der St-George's-Chapel auf Schloss Windsor nehmen 550 geladene Gäste Teil – darunter erstaunlich wenige Prominente. Edward und Sophie hatten sich gewünscht, an ihrer Hochzeit «nur die Gesichter von Freunden» zu sehen. Und weil die beiden partout auch kein Galadiner wollten, verpflegen sich die Gäste nach dem Gottesdienst eben am Buffet mit geräuchertem Schellfisch, Bœuf Stroganoff, Reis und Pilzen. Bescheiden hören sich auch die Zukunftspläne der Frischvermählten an: Sie wollen weiter arbeiten wie bisher – Sophie in der PR-Branche, Edward als TV-Produzent – und später natürlich einmal Kinder haben. «Aber», so Sophie in ihrem ersten Interview nach der Hochzeit, «nicht bevor wir unser Eheleben genossen haben.»

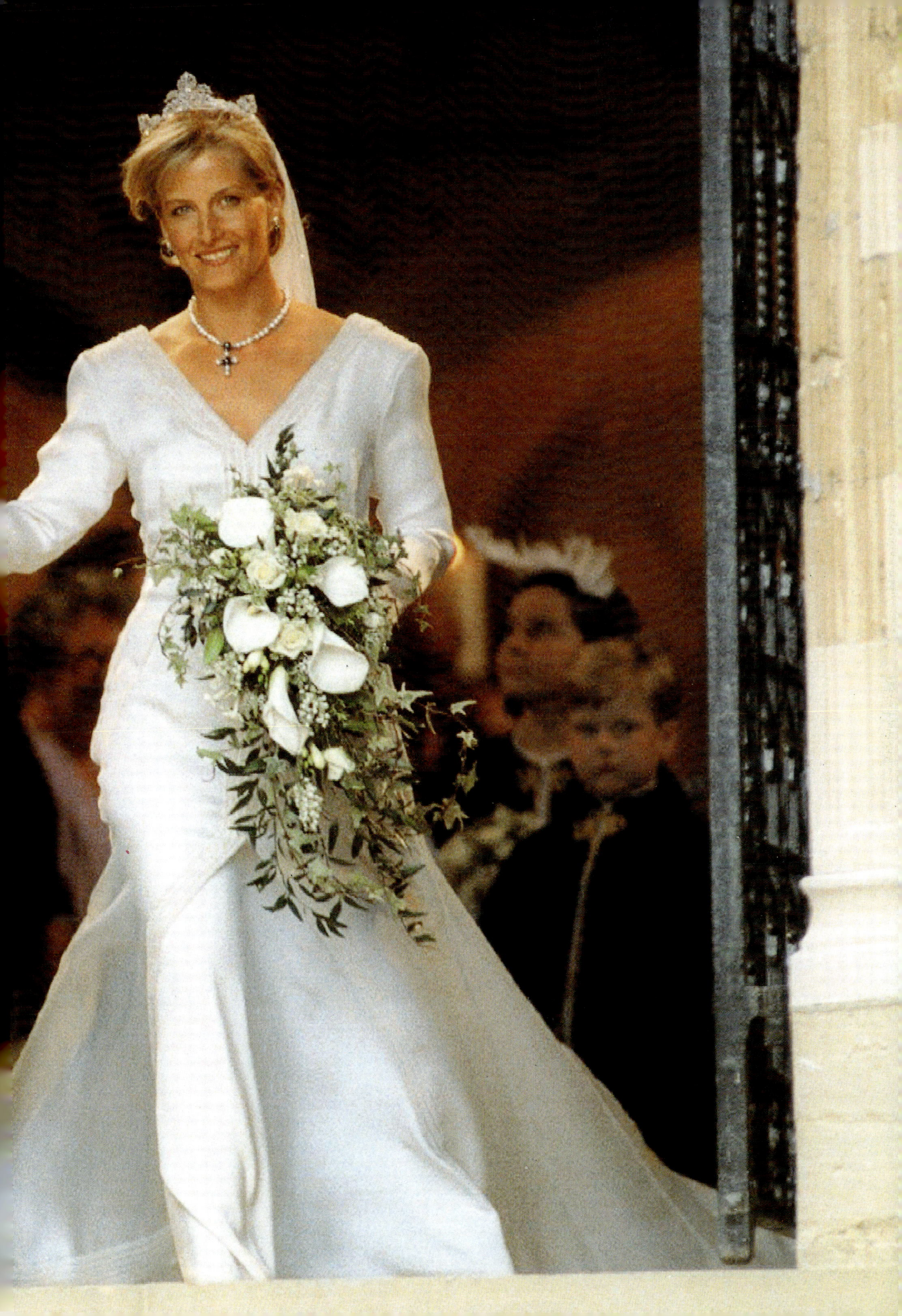

162 *Leute*

Der Heilige Vater geht auch 1999 seiner intensiven Reisetätigkeit nach: Gleich zu Beginn des Jahres besucht Papst Johannes Paul II. Mexiko, wo er begeistert empfangen wird. Im

Reisender in Sachen Glauben

Juni reist der Oberhirte der Katholiken in seine Heimat Polen. Obwohl sich Johannes Paul II. gleich am ersten Tag bei einem Sturz verletzt und am Kopf verarztet werden muss (kleines Bild), wird der Besuch zu einem Triumphzug des Glaubens: An den fünf vom Papst gelesenen Messen nehmen jedesmal weit über 500 000 Menschen teil. Als Johannes Paul II. zum Abschluss seines Besuchs in Warschau predigt, versammeln sich fast eine Million Gläubige auf dem Pilsudski-Platz. Genau an dieser Stelle hatte der Papst vor 20 Jahren bei seiner ersten Reise ins damals noch kommunistische Polen gerufen: «Dein Geist erneuere die Erde – diese Erde.» Beobachter des politischen Wandels in Polen betrachten diesen Auftritt als Schlüsselszene für den Zusammenbruch des Kommunismus. Den Abschluss des päpstlichen Reisejahrs bildet im November ein kurzer Abstecher nach Indien.

Zhu Chaohui hatte sich geschworen, vor seiner Hochzeit eine Mutprobe der besonderen Art zu bestehen. Und so geschah es auch: Im Juni springt der 24-jährige chinesische

Mutprobe vor der Hochzeit

Bauer als erster Mensch mit einem Motorrad über den Gelben Fluss. Zhu meistert den 40-Meter-Sprung über den tosenden Hukou-Fall mühelos, verletzt sich aber bei der Landung leicht an der Hand. Nach dem geglückten Stunt umarmt der fliegende Bauer seine Braut Jiang und meint: «Jetzt bin ich reif für die Ehe.» Die Trauung wird in einer speziellen Zeremonie denn auch gleich vollzogen. Das Spektakel am Gelben Fluss zieht Tausende von Zuschauern an und wird vom Fernsehen landesweit übertragen.

嘉陵
摩托

Philippe und die adelige Flämin Mathilde geben sich Anfang Dezember in der Kathedrale von Brüssel das Jawort. Zeugen der Zeremonie sind rund

Eine Hochzeit für Belgien

700 prominente Gäste, darunter der gesamte europäische Hochadel. Philippe hatte die Tochter einer polnischen Gräfin und eines flämischen Adeligen bereits vor drei Jahren kennen gelernt, seine Beziehung aber stets geheim gehalten. Wenige Wochen vor der Trauung lud der sonst eher schüchterne Thronfolger in einer spontanen Geste über tausend Untertanen zu einer Verlobungsparty ein und stellte der Öffentlichkeit seine Braut vor. Die Belgierinnen und Belgier sind von ihrer künftigen Königin entzückt und hoffen auf einen «Mathilde-Effekt», der das zwischen Flamen und Wallonen zerstrittene Land einen soll.

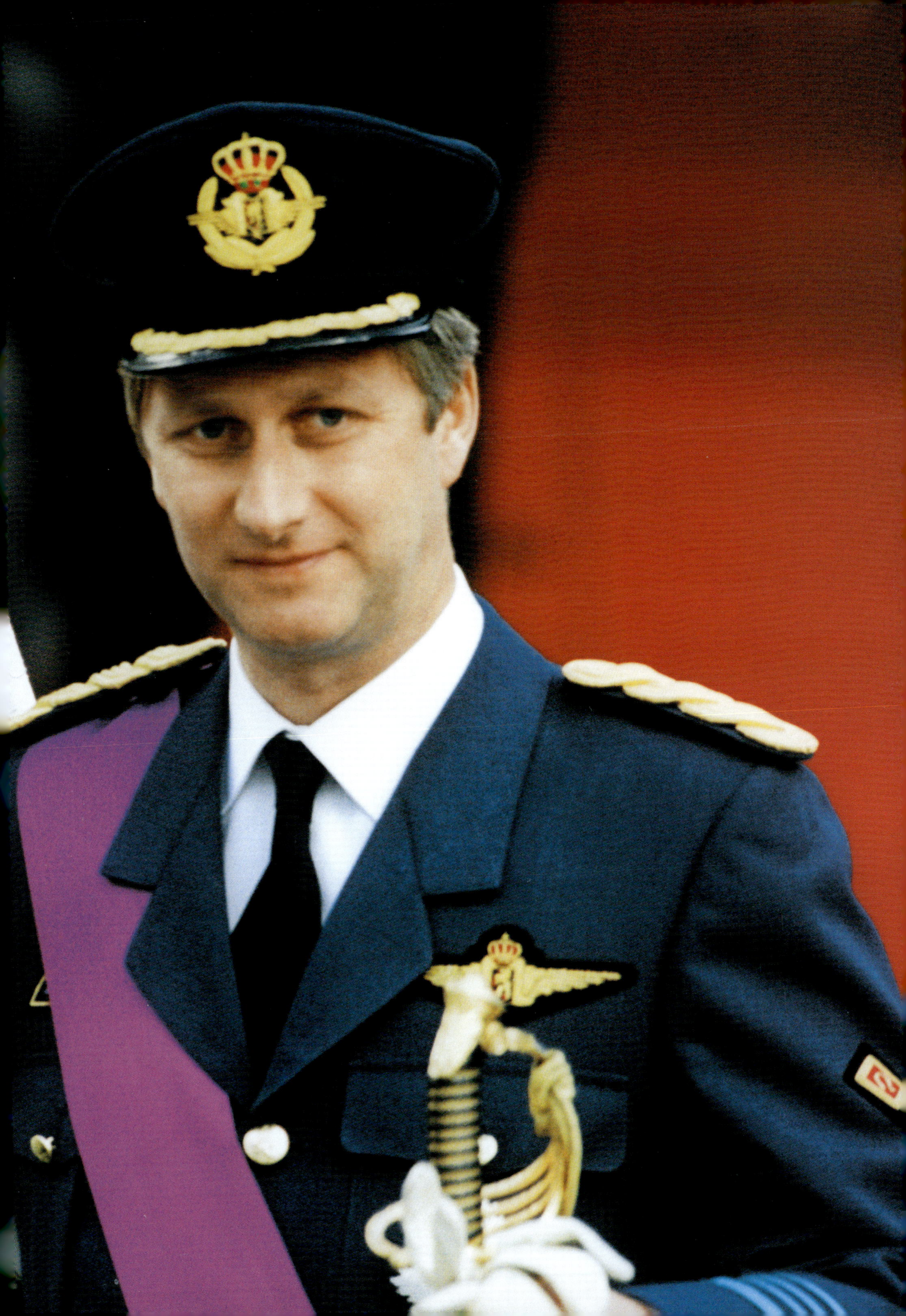

Leute

21 Jahre lang sah Jerry Hall (43) den sexuellen Eskapaden ihres Partners Mick Jagger mit stoischer Ruhe zu. Und obwohl die Affären und Liebschaften des heute 55-jährigen

Aus für Mick und Jerry

Rolling-Stones-Sängers immer wieder für Schlagzeilen sorgten, ging das texanische Fotomodell 1990 mit ihm auf Bali den Bund der Ehe ein und gebar ihm vier Kinder. Als jedoch Anfang Jahr bekannt wird, dass Jagger auch mit dem 29-jährigen brasilianischen Model Luciana Morad ein Kind gezeugt hat, reisst Jerry Hall der Geduldsfaden: Sie beschimpft ihren Mann öffentlich als «verlogenen, betrügerischen Schleimbrocken», reicht die Scheidung ein und verklagt ihn auf 50 Millionen Dollar. Mitte August wird die Ehe von einem Londoner Gericht für «null und nichtig» erklärt. Welche Abfindung der liebestolle Stones-Boss hinblättern muss, wird bis Ende Jahr nicht bekannt.

Die wohl prominenteste Familie der USA, der Kennedy-Clan, wird Mitte Juli von einer weiteren Tragödie erschüttert: John F. Kennedy jr. stürzt mit seinem Flugzeug vor der

Amerikas Kronprinz ist tot

Küste von Massachusetts ab. Mit an Bord der Piper Saratoga II HP sind seine Frau Carolyn (im grossen Bild rechts) und deren Schwester Lauren Bessette. Die Untersuchung des Absturzes zeigt, dass Kennedy beim Landeanflug auf die Insel Martha's Vineyard offenbar die Orientierung verloren und sein Flugzeug in eine tödliche Abwärtsspirale manövriert hatte. Der Tod von John F. Kennedy jr. – im kleinen Bild im Jahre 1963 unter dem Pult seines Vaters im Weissen Haus – löst überall in den USA Bestürzung aus: Medien und Öffentlichkeit betrauern den Verlust von «Amerikas Kronprinz» und fragen sich einmal mehr, wann der Fluch über den Kennedys ein Ende hat.

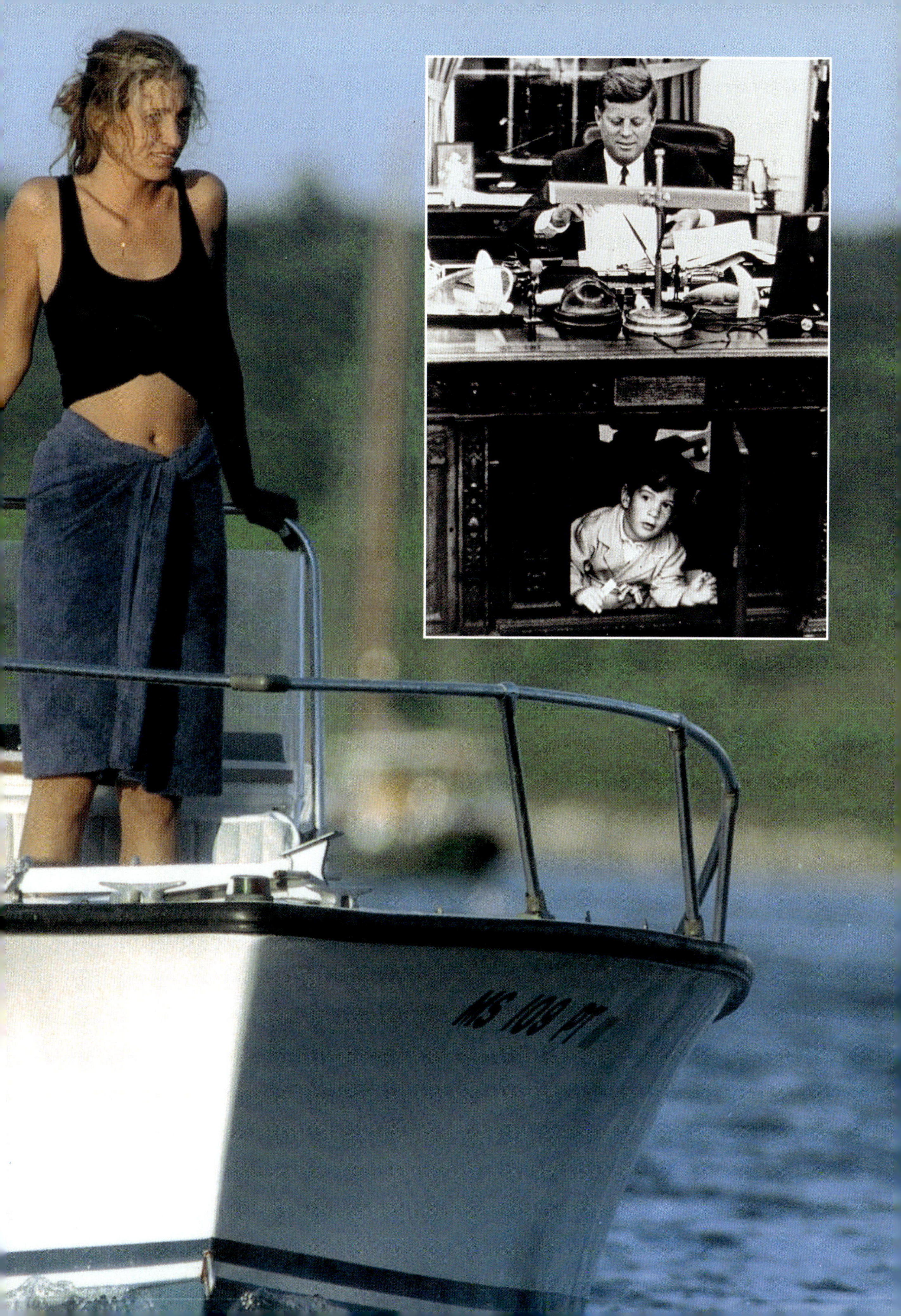
MS 109 PT

172 Leute

Die 35-jährige ehemalige Skirennfahrerin Vreni Schneider heiratet am 7. August in der Kirche von Elm ihren 30-jährigen Freund Marcel Fässler. Nach der Trauung wird

«Vreni national» unter der Haube

die prominente Braut – ganz in Weiss und mit Rosen im Haar – von fast 1000 Fans gefeiert. «Vreni national» hatte den Akkordmaurer Marcel vor zwei Jahren kennen gelernt, nachdem sie ihm und seinen Arbeitskollegen im Restaurant ihrer Schwester Barbara eine Runde spendiert hatte. Die Olympiasiegerin und Weltmeisterin, die 1995 vom aktiven Skirennsport zurücktrat, wird mit ihrem Ehemann weiterhin in Elm wohnen. Sie besitzt im Glarnerland zwei Sportgeschäfte und leitet eine Ski-, Snowboard- und Rennschule.

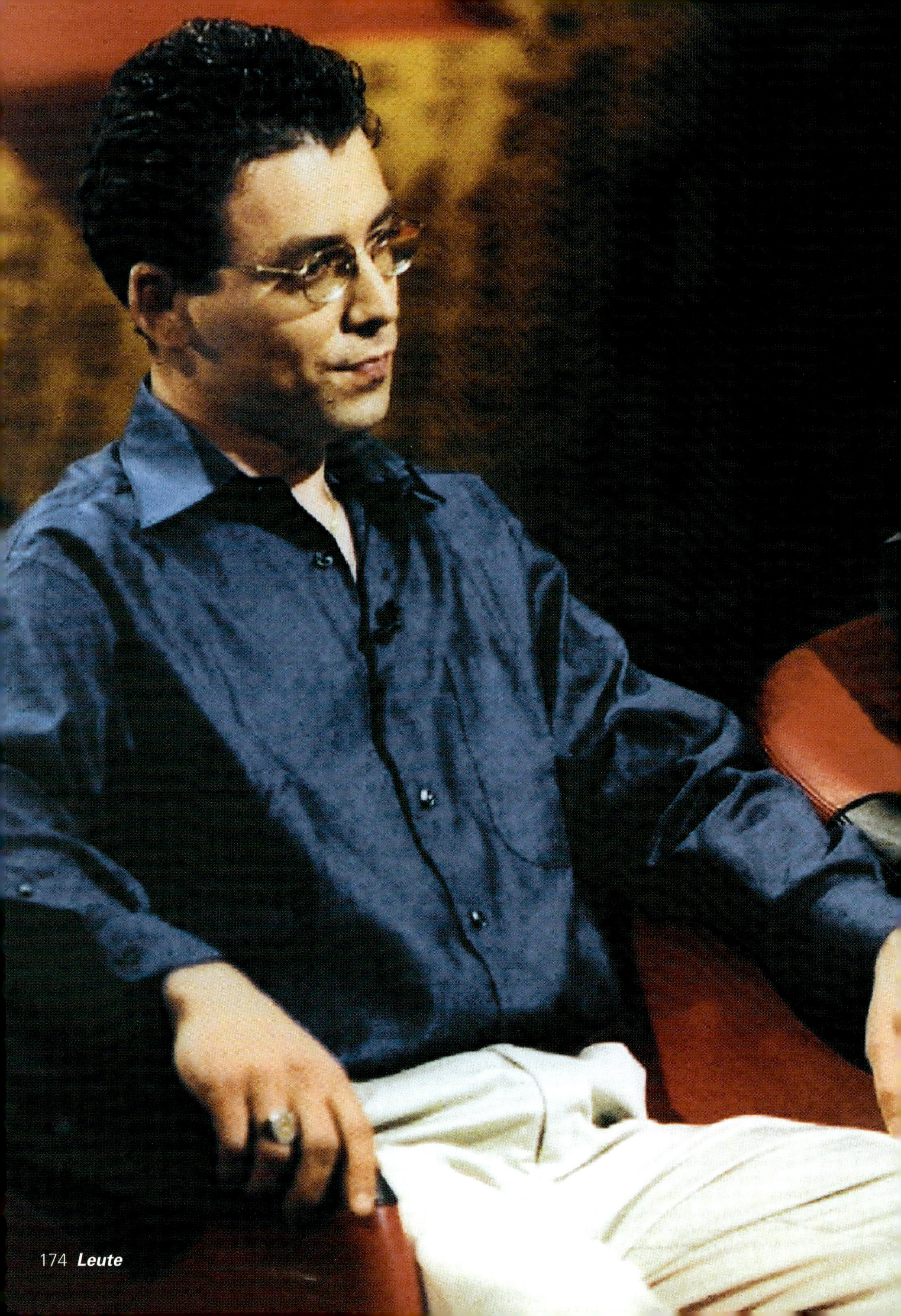

Das Schicksal eines elfjährigen schweizerisch-amerikanischen Doppelbürgers bewegt im Herbst die ganze Schweiz: Raoul Wüthrich (kleines Bild) wird Anfang September

In den Fängen der US-Justiz

mitten in der Nacht in Handschellen aus seinem Heim in der Nähe von Denver abgeführt und in ein Jugendgefängnis gesteckt. Gestützt auf die Aussagen einer Nachbarin werfen ihm die Behörden «gewaltsamen Inzest» und «sexuelle Nötigung eines Kindes» vor. Raoul indessen beteuert, er habe seiner fünfjährigen Halbschwester Sophia nur beim Pipimachen geholfen. Während die Eltern Andreas und Beverley auf Anraten ihres Anwalts mit den drei anderen Kindern in die Schweiz abreisen, bleibt Raoul zweieinhalb Monate lang in Verwahrung. Anfang November wird das Verfahren eingestellt, weil nach Ansicht des zuständigen Jugendrichters Raouls «Recht auf einen prompten Prozess binnen 60 Tagen» verletzt worden ist. In Begleitung des Schweizer Honorarkonsuls Walter Wyss fliegt der Bub sofort nach seiner Freilassung in die Schweiz.

Yehudi Menuhin, Spross einer russisch-jüdischen Familie aus New York, galt als Wunderkind: Bereits in jungen Jahren verzückte er als virtuoser Violinist sein Publikum – oft an der

Musikalischer Friedensbotschafter

Seite seiner Schwester Hephziba, die ihn am Klavier begleitete. In die Annalen der Musikgeschichte wird Menuhin als Erstaufführer von Violinwerken Bartóks, Blochs, Martins und Walters eingehen. Und auch dafür, dass er 1937 die Urfassung des lange Zeit unterdrückten Violinkonzerts von Robert Schumann spielte. Yehudi Menuhin, der im Verlauf seiner Karriere als Violinist und Dirigent mit unzähligen Ehrungen ausgezeichnet wurde, initiierte eine Vielzahl von Festspielen – darunter auch jenes von Gstaad, das er bis in sein 80. Altersjahr persönlich leitete. Der grandiose Geigenvirtuose, der sich selber als musikalischer Friedensbotschafter verstand, starb Mitte März im Alter von 82 Jahren.

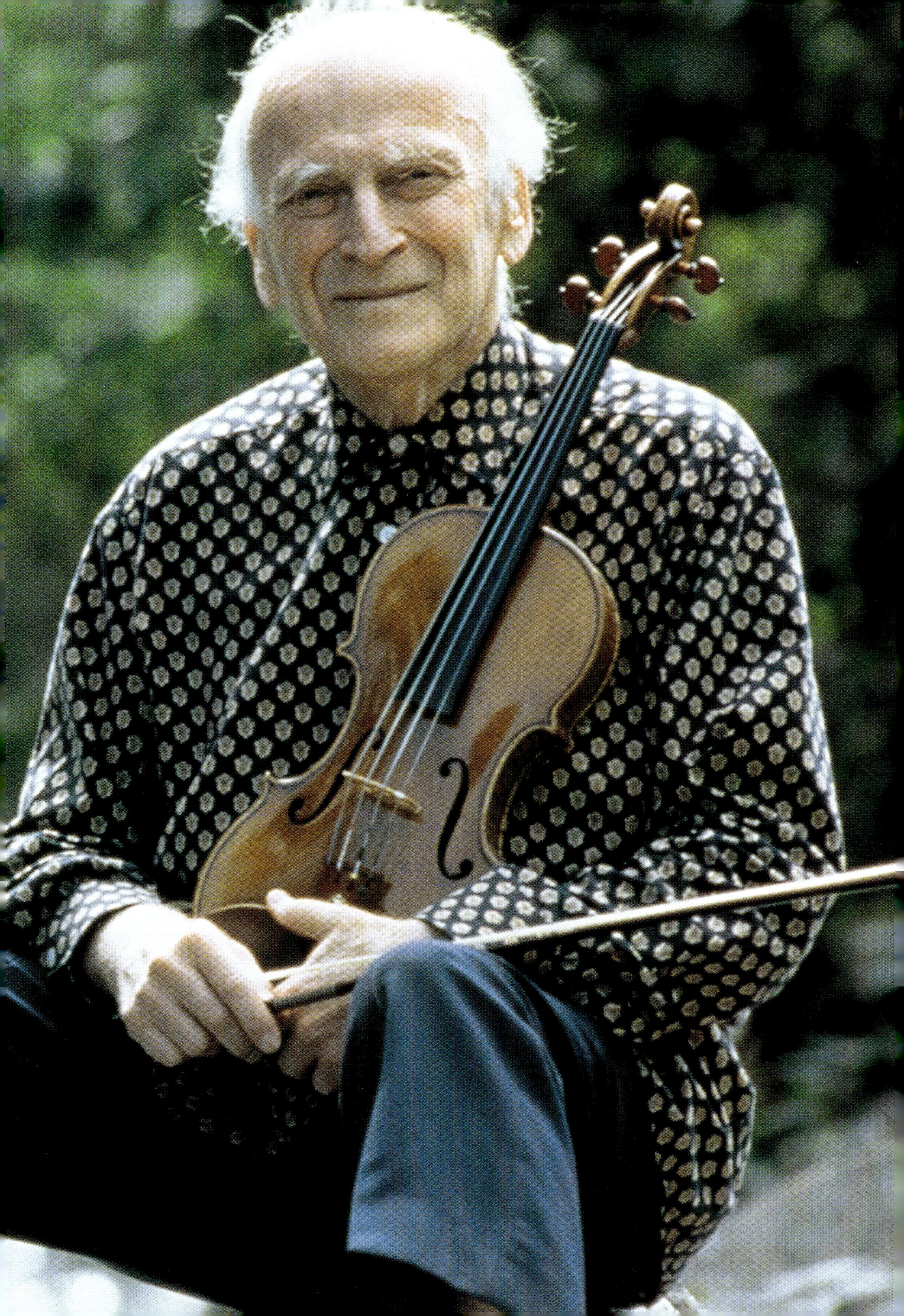

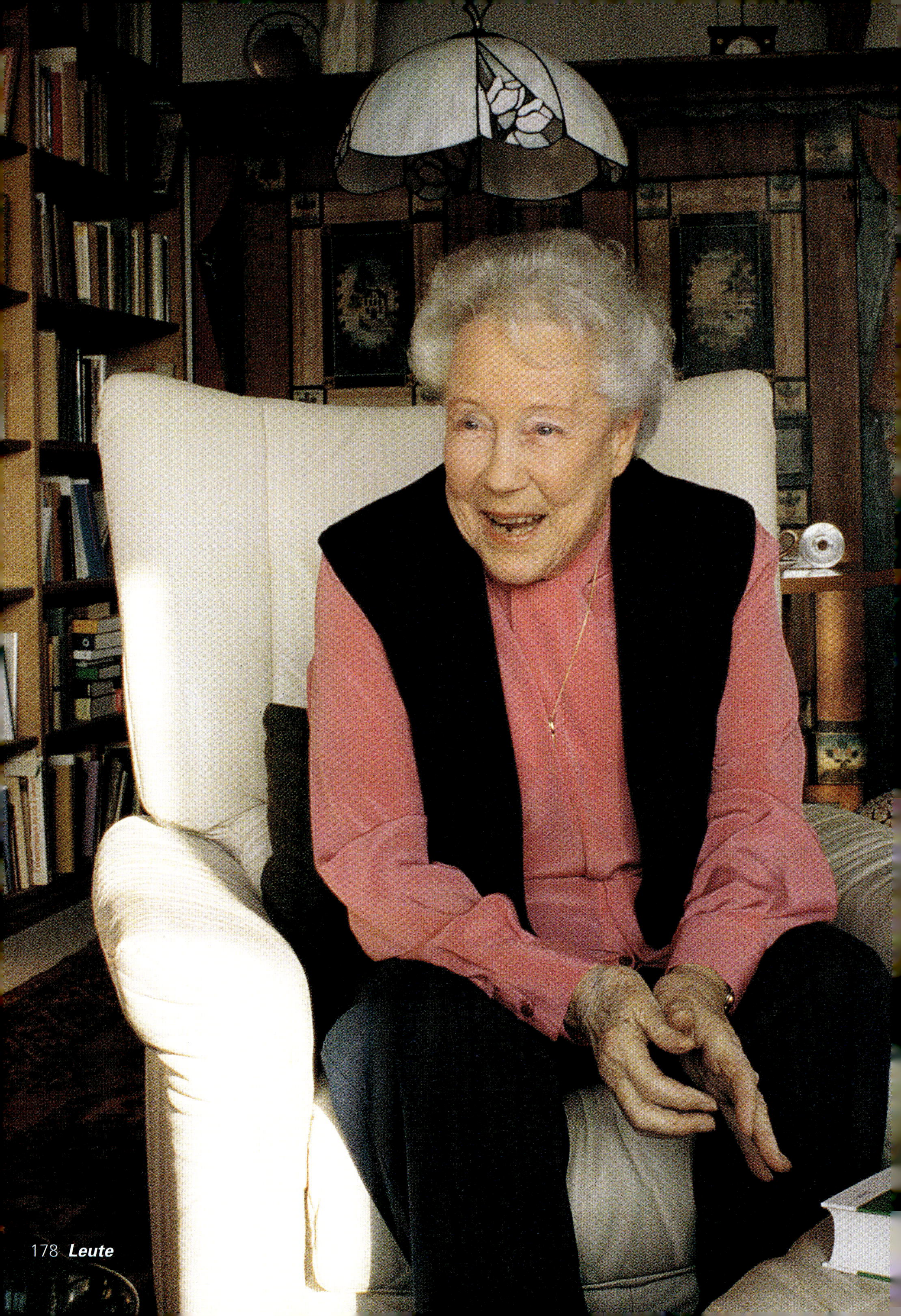

Entdeckt wurde die spätere Grande Dame des Schweizer Kabaretts in der Pension ihrer Eltern im Zürcher Seefeld: Als junge Frau nahm Elsie Attenhofer dort bei einem der Gäste – dem

Grande Dame des Schweizer Kabaretts

Schauspieler und Autor Walter Lenz – Sprechunterricht. Lenz war von seiner Schülerin entzückt und brachte Elsie 1934 zum frisch gegründeten Cabaret Cornichon, das «Faschisten, Fröntler und helvetische Spiesser» bekämpfte. Die Bühnenanfängerin, die man als «komische Begabung» engagiert hatte, gefiel dem Publikum – nicht zuletzt in der Rolle der amerikanischen Journalistin Miss Knickerbocker, die eine Umfrage über das Thema «Erotik in der Schweiz» machte. 1938 kam mit «Füsilier Wipf» Attenhofers grösster Erfolg beim Film: Sie brillierte als Coiffeurstochter Rosa Wiederkehr und lernte bei den Dreharbeiten auch ihren späteren Mann Karl Schmid kennen. 1947 wurde die Kabarettistin von Werner Finck für dessen «Mausefalle» in Stuttgart engagiert. 1976 erhielt sie von der Stadt Mailand den «Kabarett-Oscar», 1998 die goldene Ehrenmedaille des Kantons Zürich für ihr «Engagement für Demokratie und Menschlichkeit». Elsie Attenhofer starb Mitte Juni im Alter von 90 Jahren.

Sein Verdienst war es, dass die traditionelle Schweizer Volksmusik über das Fernsehen landesweite Verbreitung fand. Sendungen wie «Für Stadt und Land»,

Der Ländlerpapst ist tot

«Diräkt us...», «Öisi Musig» oder «Bodeschtändigi Choscht» machten Wysel Gyr zum unangefochtenen Ländlerpapst. Die Banalisierung des Genres – vorgelebt von den deutschen Privatsendern – machte er nicht mit. Stur und pingelig wie er war, blieb er Zeit seines Lebens ein vehementer Verfechter des authentischen musikalischen Brauchtums und ein erklärter Gegner des Kitschs. Neben seinen Fernsehsendungen moderierte der gelernte Typograf aus Zürich während Jahren auch das «Volksmusik-Journal» auf Radio DRS 1. Wysel Gyr starb Mitte Mai in seinem 72. Altersjahr.

**Bi üs im
chwyzerland**

Ihren ersten Auftritt im Westen hatte Raissa Gorbatschowa 1984 in London: An der Seite ihres Mannes – Michail Gorbatschow war damals ZK-Sekretär für Landwirt-

First Lady des Kreml

schaft – stellte sie sich Margaret Thatcher vor. Die britische Premierministerin war nicht nur vom erfrischend offenen Sowjetfunktionär hell begeistert, sondern auch von dessen Gattin. Und so blieb es auch, als Michail Gorbatschow Staats- und Parteichef der Sowjetunion wurde: Überall wo Raissa Gorbatschowa ihren Mann begleitete, eroberte sie die Herzen im Sturm. Ihre Eleganz, ihr Charme, ihr profundes Wissen und die Tatsache, dass sie ihre eigene Meinung stets kundtat, verblüfften und entzückten den Westen. Die von den Medien gerne als «First Lady des Kreml» bezeichnete Präsidentengattin setzte sich in ihrer Heimat vor allem für die Besserstellung der Frauen ein. Den Rücktritt ihres Mannes im Dezember 1991 ertrug sie mit viel Würde. Raissa Gorbatschowa starb im September an einer seltenen Form von Blutkrebs. Sie wurde 67 Jahre alt.

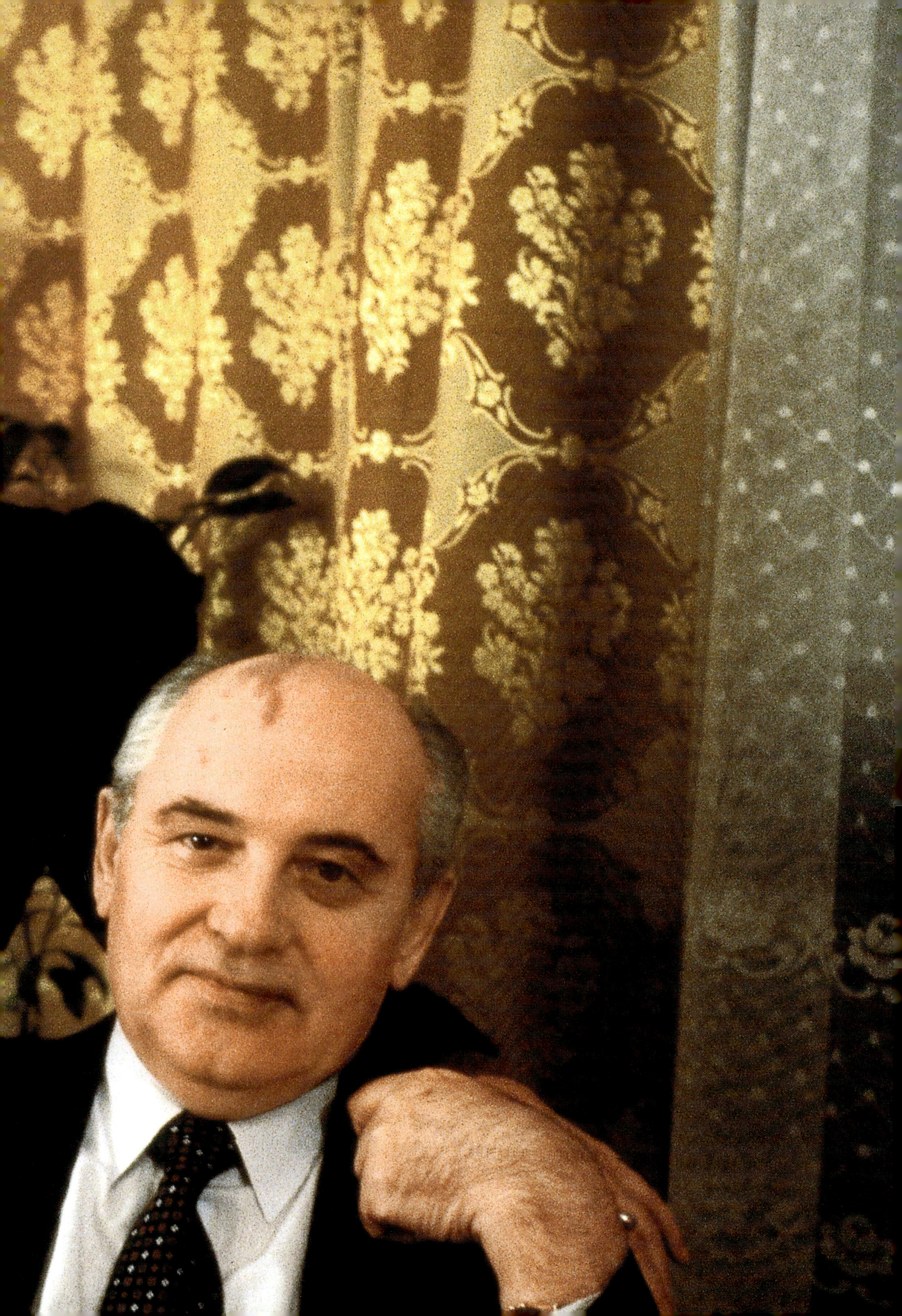

Sie starben 1999

Michel Petrucciani

Als Folge der Glasknochenkrankheit mass Michel Petrucciani gerade mal einen Meter. Aber in den Augen vieler war der kleine Franzose der grösste Jazzpianist der Welt. Michel Petrucciani starb im Alter von 36 Jahren an einer Lungenentzündung.

Rolf Liebermann

Mit der Oper «Penelope» oder der «Schweizerischen Volksliedersuite» schrieb der vielseitige und erfolgreiche Schweizer Komponist Musikgeschichte. Rolf Liebermann, der auch als Intendant an den Opern von Hamburg und Paris tätig war, wurde 88 Jahre alt.

Fabrizio De André

Mit Gleichgesinnten gründete der italienische Cantautore in den 60er Jahren die so genannte «scuola genovese». Sein wohl grösster Erfolg ist «Andrea», ein Lied gegen die Sinnlosigkeit des Krieges. Fabrizio De André starb im Alter von 58 Jahren.

Günter Strack

Fast 50 Jahre lang stand der deutsche Schauspieler auf der Bühne und vor den Film- und Fernsehkameras. In Erinnerung bleiben wird Günter Strack vor allem als Rechtsanwalt Dr. Renz in der Krimiserie «Ein Fall für zwei». Er wurde 69 Jahre alt.

Stanley Kubrick

Werke wie «Spartacus», «Lolita» oder «2001: A Space Odyssey» machten den New Yorker zu einem der bekanntesten Filmregisseure der Gegenwart. Stanley Kubrick wurde 70 Jahre alt. Sein letztes Werk, «Eyes Wide Shut», gelangte erst nach seinem Tod in die Kinos.

Dusty Springfield

Mit Songs wie «Son of a Preacher Man» wurde die britische Sängerin zu einer Pop-Ikone der 60er Jahre. Die für wilde Perücken, grelles Make-up und überlange Wimpern bekannte Exzentrikerin starb im Alter von 59 Jahren an einem

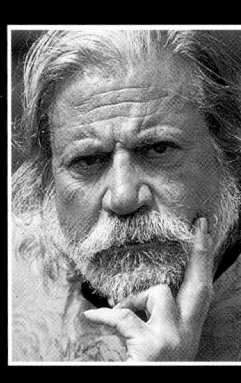

Oliver Reed

Er galt als der «wilde Mann des britischen Films» und seine Alkoholexzesse und Schlägereien sorgten immer wieder für Schlagzeilen. Oliver Reed spielte in über 50 Filmen mit – darunter Klassiker wie «The Three Musketeers»

Dirk Bogarde

Seine bekanntesten Rollen erhielt der britische Schauspieler erst im fortgeschrittenen Alter. In Erinnerung bleiben werden etwa seine Auftritte in «King and Country» oder «A Bridge Too Far». Dirk Bogarde erlag im Alter von 78

Paul Sacher

Als 20-jähriger Dirigent in Ausbildung gründete er das Basler Kammerorchester, zwei Jahre später den Basler Kammerchor. Nach seiner Heirat mit der Roche-Erbin Maja Hoffmann-Stehlin wurde Paul Sacher zum bedeutendsten Musikmäzen

Siegfried Lowitz

Die Herzen der TV-Zuschauer eroberte der deutsche Schauspieler als Kommissar Köster: Von 1977 bis 1985 war Siegfried Lowitz allwöchentlich «Der Alte» und knackte – stets störrisch und mürrisch – selbst die kompliziertes-

Fritz Honegger

Zwischen 1977 und 1982 führte der freisinnige Zürcher Politiker als Bundesrat das Eidgenössische Volkswirtschaftsdepartement (EVD). Zuvor hatte sich Fritz Honegger bereits als Kantonsrat, ab 1967 auch als Ständerat einen Namen gemacht. Politiker aller Couleur schätzten ihn als verlässlichen und bei aller Standfestigkeit konzilianten Kollegen. Als Bundesrat war der Liberale denn auch vorbehaltlos dem Kollegialitätsprinzip verpflichtet. 1982 wurde Fritz Honegger mit einem glänzenden Resultat zum Bundespräsidenten gewählt. Er starb im Alter von 82 Jahren.

Sie starben 1999

Hassan II.

Marokkos König galt als Meister der Machterhaltung: Als Hassan II. erkannte, dass die Führung des Landes der Unterstützung im Volk bedurfte, leitete er 1998 eine «stille Revolution» ein und gab dem Parlament und der Regierung mehr Befugnisse. Er starb im Alter von 70 Jahren.

Herbert Leupin

Nur wenige Gestalter haben das Bild der Schweizer Konsumwelt ähnlich geprägt wie Herbert Leupin: Der Pepita-Papagei stammt ebenso vom Aargauer Werbegrafiker wie die Milka-Kuh oder der Knie-Clown. Herbert Leupin, der insgesamt über 1000 Plakate schuf, wurde 83 Jahre alt.

Bernard Buffet

Trotz dem Trend hin zum Abstrakten blieb der französische Maler stets der gegenständlichen Darstellung treu. Von der französischen Kunstelite wurde Bernard Buffet ignoriert, im Ausland erzielten seine Werke Spitzenpreise. Der Künstler nahm sich im Alter von 71 Jahren das Leben.

Heinz G. Konsalik

Mit 155 Romanen, die weltweit 83 Millionen Mal verkauft wurden, war er der erfolgreichste deutschsprachige Autor der Nachkriegszeit. Zu den berühmtesten Werken des Volksschriftstellers gehört etwa «Der Arzt von Stalingrad». Heinz G. Konsalik wurde 78 Jahre alt.

Rex Gildo

Der als Alexander Hirtreiter geborene Münchner war Mitglied der Regensburger Domspatzen, bevor ihm in den 60er Jahren der Durchbruch als Schlagersänger gelang. Sein grösster Erfolg ist das Lied «Fiesta Mexicana». Rex Gildo starb im Alter von 63 Jahren.

Ignatz Bubis

Als Vorsitzender des Zentralrats der Juden in Deutschland hatte er versucht, die nach dem Holocaust in Deutschland verbliebenen Juden in die Gesellschaft zu integrieren. Kurz vor seinem Tod zog Ignatz Bubis enttäuscht Bilanz: «Ich habe nichts erreicht». Er wurde 72 Jahre alt.

Helder Camara

Der «Bruder der Armen» wurde viermal für den Friedensnobelpreis nominiert. Als Erzbischof von Recife war Dom Helder Camara massgeblich daran beteiligt, dass sich die katholische Kirche in Brasilien vermehrt den Unterprivilegierten zuwandte. Er wurde 90 Jahre alt.

Fredy Bickel

Er kickte während 21 Jahren für GC und führte seinen Klub zu sieben Meistertiteln und acht Cupsiegen. Als Mitglied der Nationalmannschaft nahm Fredy Bickel an 71 Länderspielen und zwei Weltmeisterschaften teil. Der legendäre Stürmerstar aus Zürich wurde 81 Jahre alt.

Walter Stürm

Mit Autodiebstählen, Raubüberfällen und Einbrüchen beschäftigte der Gewohnheitsverbrecher die Justiz über 30 Jahre lang. «Ausbrecherkönig» Walter Stürm entwich insgesamt zehnmal aus der Haft. Im Thurgauer Kantonalgefängnis nahm er sich im Alter von 57 Jahren das Leben.

Julius Nyerere

Der frühere Staatspräsident Tansanias.1963 führte Julius Nyerere sein Land in die Unabhängigkeit. 1985 musste er einsehen, dass sich seine Vision eines afrikanischen Sozialismus nicht verwirklichen liess und trat zurück. Er wurde 77 Jahre alt.

Willy Millowitsch

Millionen von Fernsehzuschauern kannten ihn als Hauptdarsteller in Schwänken wie «Tante Jutta aus Kalkutta» oder als schlitzohrigen Kommissar Klefisch. Doch das war nur eine Seite des Phänomens Willy Millowitsch. Die andere konnte man live auf der Bühne des Millowitsch-Theaters in Köln erleben. Dort war der Hausherr jener «kölsche Jung», den das Publikum so liebte. Willy Millowitsch hatte das Theater 1940 von seinem Vater übernommen und seither die Massen mit Possen und Klamotten, Schwänken und Vorstadtkomödien unterhalten. Vor sieben Jahren war Millowitsch von seiner Heimatstadt mit einer Bronzestatue geehrt worden. Zu seinem 90. Geburtstag am Jahresanfang hatten ihm fast 15 000 Menschen zugejubelt. Neun Monate später starb Willy Millowitsch an einem Herzversagen.

märklin Model Trains

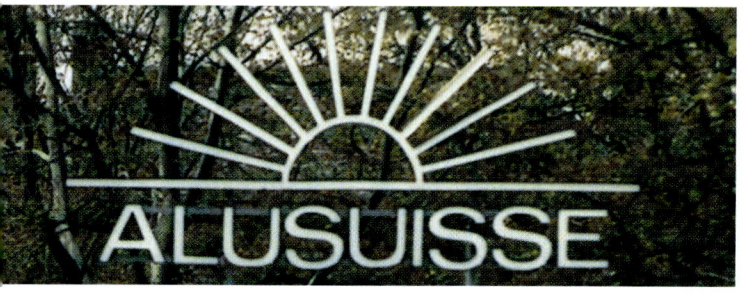

ALUSUISSE

always Coca-Cola
33 cl

Technik
Wirtschaft
Wissenschaft

BUCH
DES JAHRES
1999

190 *Wirtschaft*

Elf Europäische Länder mit insgesamt 291 Millionen Einwohnern starten mit einer neuen Währung ins Jahr 1999: Im Festsaal des Europaparlaments enthüllen EU-Kommissär

Eine Währung für Europa

Yves-Thibault de Silguy und der österreichische Finanzminister Rudolf Edlinger die unwiderruflich festgelegten Umrechnungskurse der Teilnehmerländer und lancieren damit offiziell den Euro. Die neue europäische Einheitswährung startet gegenüber dem US-Dollar mit einem Wert von 1,17; gegenüber dem Schweizerfranken notiert sie mit 1,61. Im Verlauf des Jahres verliert der Euro aber sukzessive an Wert. Devisenhändler prognostizieren, dass er sich erst bei einem Verhältnis von 1:1 zum US-Dollar einpendeln wird.

Die inoffizielle Jungfernfahrt des ersten französischen Flugzeugträgers mit Atomantrieb gerät zu einer Blamage: Die «Charles de Gaulle» muss im Marinehafen von Brest

Seekranker Flugzeugträger

bleiben, weil der Schiffskommandant bei einer Windstärke von 40 Knoten und drei Meter hohen Wellen «kein Risiko» eingehen will. Nachdem die französischen Medien hämisch über die «Seekrankheit» des 19,5 Milliarden Franc teuren Schiffs berichtet haben, sticht die «Charles de Gaulle» dann Ende Januar doch noch in See. Sämtliche Stabilitätstests der schwimmenden Festung im Nordatlantik verlaufen zufriedenstellend – offensichtlich ist das Schiff, das höher ist als der Pariser Triumphbogen, unruhigem Wellengang doch gewachsen.

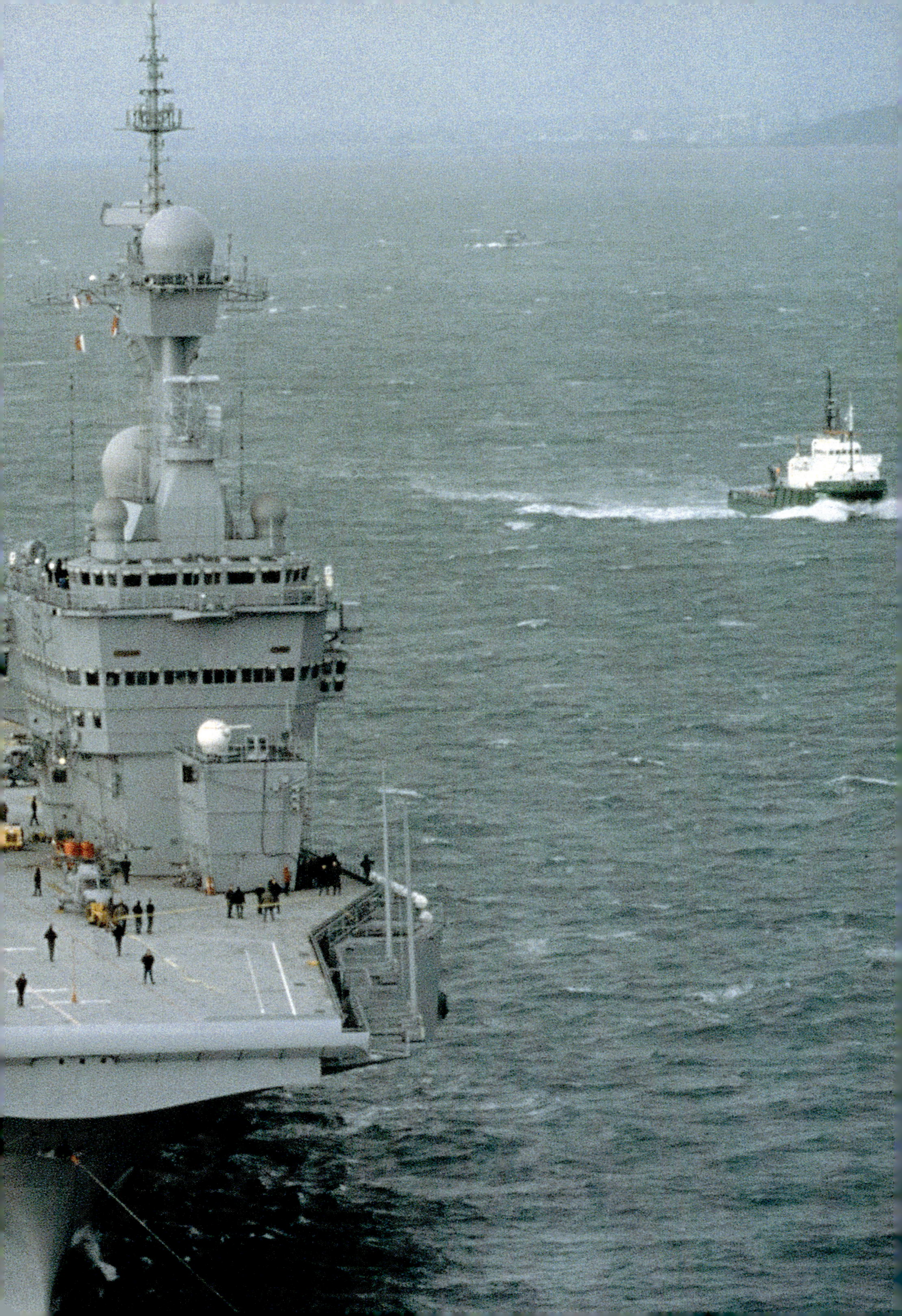

194 **Technik**

Der legendäre Trans-Europ-Express (TEE) kehrt in die Schweiz zurück: Im April übernimmt der Luzerner Stadtpolizist Kurt Döbeli den schnittigen Dieselzug zum

Ein TEE für einen Franken

symbolischen Preis von einem Franken von der kanadischen Eisenbahngesellschaft «Nordlander». Diese hatte den TEE im Jahre 1977 erworben, als die SBB den Luxuszug ausmusterten. Zuvor war der TEE im Auftrag der Bundesbahnen und der Niederländischen Staatsbahnen während fast 20 Jahren zwischen Zürich, Paris und Amsterdam gependelt. Döbeli, Präsident des Vereins «TEE Classic», findet drei Sponsoren, die für die Verschiffung des Zugs die Kleinigkeit von 250 000 Franken lockermachen. Ähnlich viel Geld dürfte es kosten, den Zug wieder fahrbereit zu machen. Nach Döbelis Plänen soll der TEE nach seiner Instandstellung im Luzerner Verkehrshaus ausgestellt werden.

196 *Wissenschaft*

Ein Lebensmittelskandal monströsen Ausmasses erschüttert Anfang Juni ganz Europa: In Hühnern und Geflügelprodukten aus Belgien werden Spuren von krebserzeu-

Gift im Geflügel

gendem Dioxin gefunden. Hunderte von Tonnen Geflügel und Eier aus belgischer Produktion müssen in der Folge vernichtet werden. Sowohl die EU als auch die Schweiz erlassen ein unbefristetes Importverbot für dioxinverdächtige Lebensmittel aus Belgien. Als klar wird, dass die Meldungen über das Gift in der Nahrung von der belgischen Regierung während Monaten verschwiegen wurden, treten der Gesundheits- und der Landwirtschaftsminister zurück. Gemäss den Untersuchungen der Behörden gelangte das Dioxin bei einem Fettmischer in die Nahrungsmittelkette: Das belgische Unternehmen Forga, das gebrauchte Fette und Öle zu Futtermittel aufbereitet, hatte seinen Produkten wiederholt mit Dioxin kontaminiertes Motoren- und Transformatorenöl beigemischt.

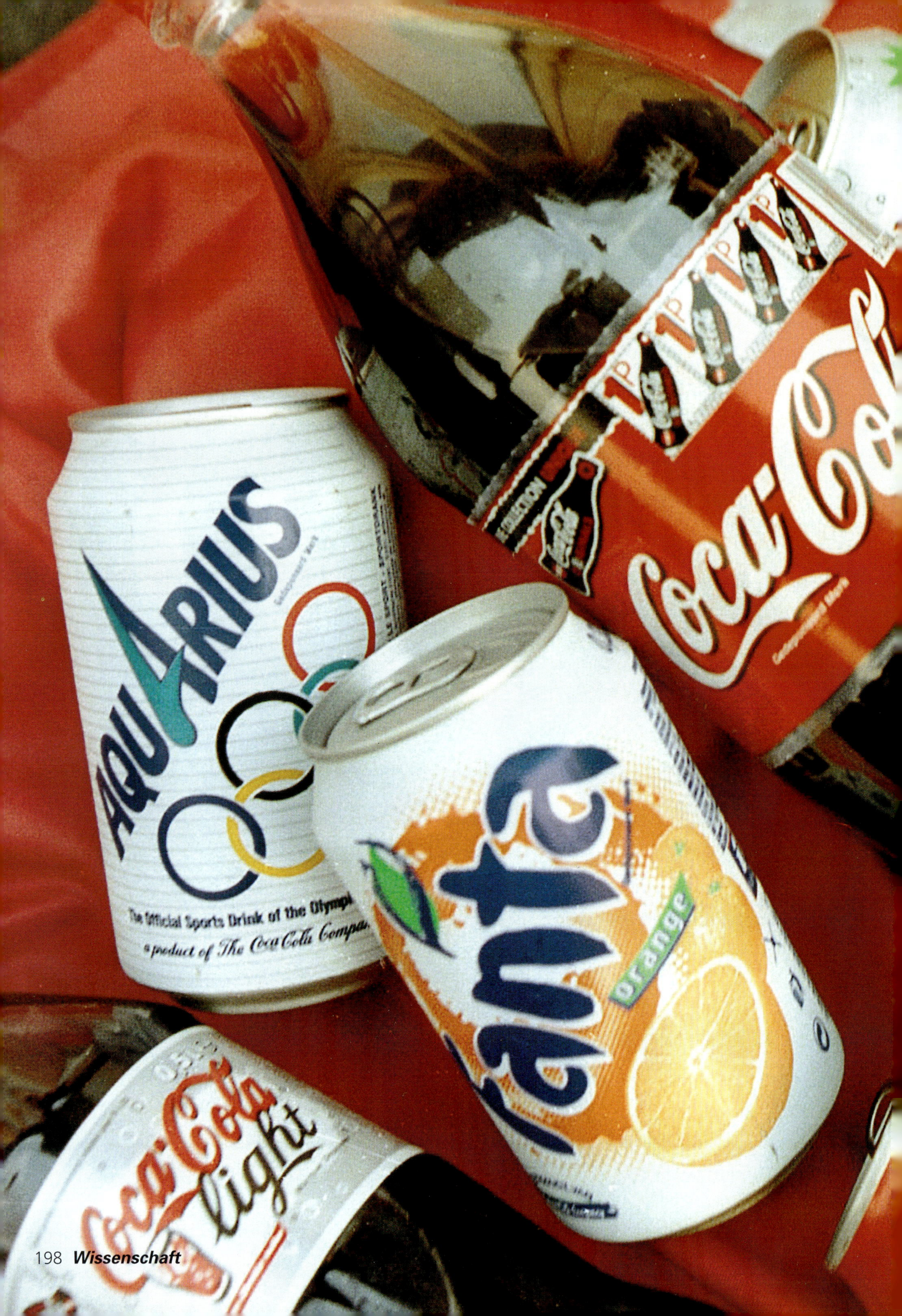
AQUARIUS
fanta
orange
Coca-Cola
Coca-Cola light

Der Coca-Cola-Konzern wird im Juni von einem Skandal erschüttert: Als sich 31 belgische Schülerinnen und Schüler mit verdorbenem Cola vergiften, erlassen Belgien

Coca-Colas teure Panne

und Frankreich ein umfassendes Verkaufs- und Produktionsverbot für sämtliche Getränke des Unternehmens. Während Wochen rätseln über 2000 Experten darüber, wie Phenol und Schwefel in die Limonade gelangen konnten. Schliesslich stellt sich heraus, dass ein Desinfektionsmittel für Holzpaletten einzelne Dosen an der Aussenseite verunreinigt hat. Als Coca-Cola für Abhilfe sorgt, dürfen die Produktionsstätten in Belgien und Frankreich den Betrieb wieder aufnehmen. Nach Schätzungen von Experten dürfte der Lebensmittelskandal das Unternehmen mindestens 60 Millionen Dollar gekostet haben.

200 **Technik**

Die unterste der fünf Basler Rheinbrücken geht Anfang Juli auf Reisen: In einer technischen Meisterleistung wird die Dreirosenbrücke um 15 Meter rheinaufwärts

Eine Brücke auf Reisen

verschoben. Die Verschiebung des 260 Meter langen und rund 6000 Tonnen schweren Bauwerks mit hydraulischen Pressen nimmt rund 13 Stunden in Anspruch und lockt Tausende von Schaulustigen an. Bis zum Jahr 2003 wird in Basel als Herzstück der milliardenteuren Transitachse durch die Stadt eine neue, zweistöckige Dreirosenbrücke gebaut. Dank der direkten Anbindung dieses Nationalstrassenabschnitts an die Autobahnnetze von Frankreich und Deutschland dürfte sich der Durchgangsverkehr in einzelnen Basler Quartieren deutlich verringern.

202 *Technik*

Ende Juni wird auf dem Flughafen Zürich-Kloten ein neues Flugsicherungssystem in Betrieb genommen. Bei der Übermittlung der Flugplandaten vom alten an das

Warten statt fliegen

neue System kommt es zu einer schwerwiegenden Panne und die für die Flugsicherung zuständige Swisscontrol muss ihre Kapazität zeitweise auf 65 Prozent reduzieren. Die Folge davon sind erhebliche Störungen im Flugverkehr: Während drei Tagen kommt es zu mehrstündigen Verspätungen und über 50 Flüge müssen abgesagt werden. In den An- und Abflughallen (grosses Bild) sowie an den Gates herrschen zeitweise chaotische Zustände. Bis zum Ferienbeginn Anfang Juli sind die Störungen behoben und der Betrieb auf dem Flughafen Zürich-Kloten läuft wieder normal.

Im Herbst 1998 war die mit 346 Millionen Franken verschuldete Oberwalliser Gemeinde Leukerbad von der Kantonsregierung unter Zwangsverwaltung gestellt worden. Und das

Skandal im Oberwallis

Dorf kommt auch dieses Jahr nicht aus den Schlagzeilen: Im Januar wird Gemeindepräsident und Nationalrat Otto G. Loretan (kleines Bild) in Untersuchungshaft genommen. Gemäss den Untersuchungsbehörden hat er nicht nur überrissene Investitionen zu verantworten, sondern auch Vermögensdelikte in Millionenhöhe begangen. Loretan, der kurz nach seiner Festnahme von allen seinen Ämtern zurücktritt, soll unter anderem beim Bau des neuen Rathauses doppelte Zahlungen geleistet haben. Während die Behörden weiter ermitteln, wird der Sanierungsplan für Leukerbad bekannt: Nach den Vorstellungen des Kantons sollen die Gläubiger auf 80 Prozent ihrer Forderungen verzichten.

204 *Wirtschaft*

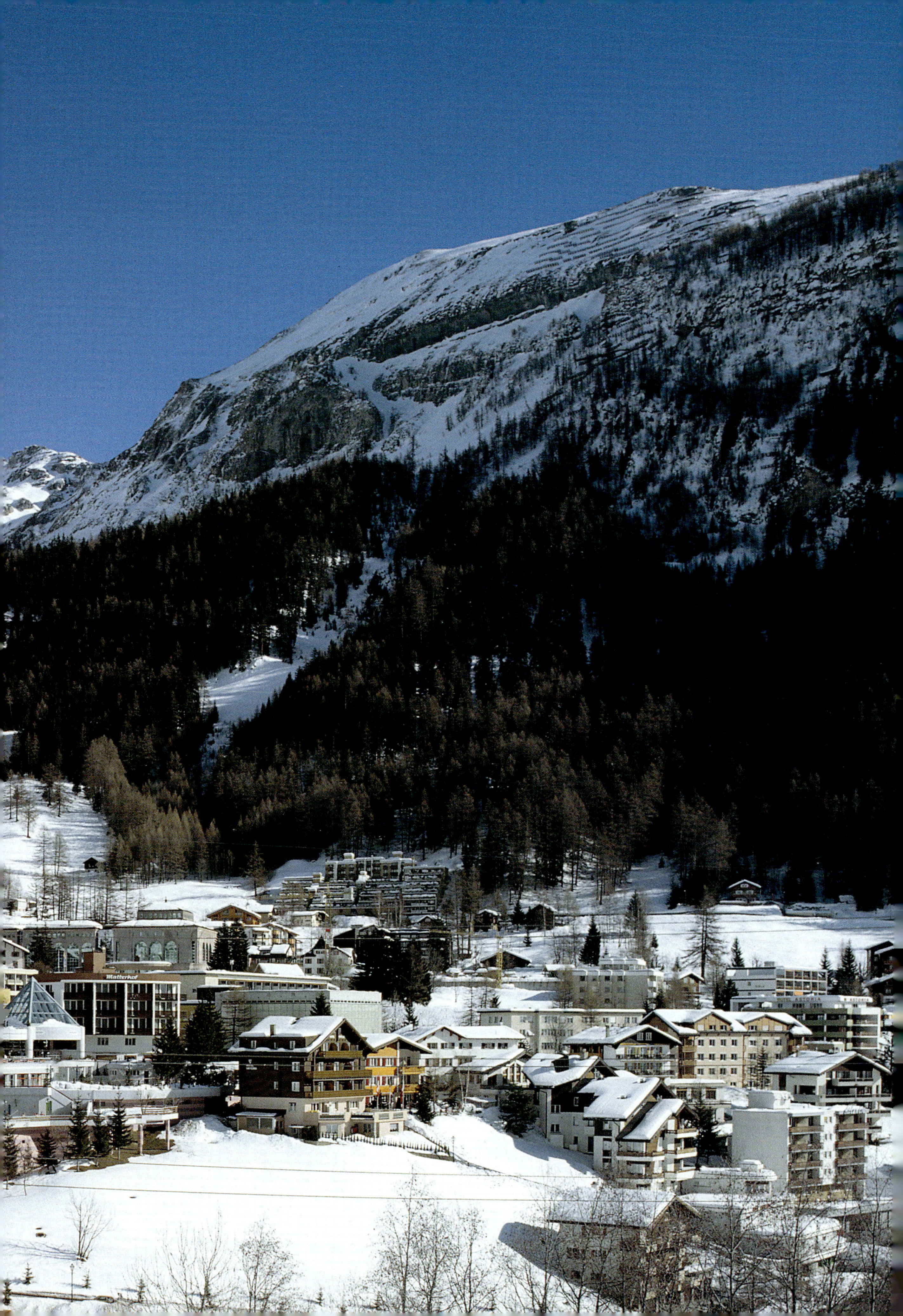

206 *Technik*

Erstmals gelingt es einem Fotografen, ein Flugzeug beim Durchbrechen der Schallmauer abzulichten: Der Schnappschuss gelingt John Gay, der für die US-Navy auf dem Flug-

Schneller als der Schall

zeugträger USS Constellation arbeitet. Das spektakuläre Bild zeigt Leutnant Ron Candiloro von der Fighter Squadron 151 bei einem Manöver über dem Mittelmeer. Die Geschwindigkeit seiner F/A-18 «Hornet» beträgt zum Zeitpunkt der Aufnahme mehr als 1200 Stundenkilometer. Bei diesem Tempo würde eine F/A-18 der Schweizer Armee für den Flug von Schaffhausen nach Chiasso nicht einmal eine Viertelstunde benötigen.

Mit der Fertigstellung der Öresund-Brücke werden Schweden und Dänemark erstmals auf dem Landweg miteinander verbunden. Schwedens Kronprinzessin Silvia und der

Skandinavischer Brückenschlag

dänische Kronprinz Frederik (kleines Bild) besiegeln den Brückenschlag am 14. August mit einem Kuss. Die 16 Kilometer lange Landverbindung zwischen Malmö und Kopenhagen ist ein Meisterwerk der Ingenieurkunst: Acht Kilometer Brücke sind mit einer vier Kilometer langen, künstlich aufgeschütteten Insel vor der dänischen Küste verbunden. Von dort führt die vierspurige Strasse durch einen ebenfalls vier Kilometer langen Tunnel bis zum Kopenhagener Flughafen Kastrup. Die Gesamtkosten des Bauwerks belaufen sich auf umgerechnet rund vier Milliarden Franken. Ob die Verbindung über den Öresund auch zu einem kommerziellen Erfolg wird, ist unsicher. Kritiker glauben, dass die Preise für die Überfahrt viel zu hoch sind. Eine Einzelfahrt kostet rund 70 Franken, ein Monatsabonnement 900 Franken.

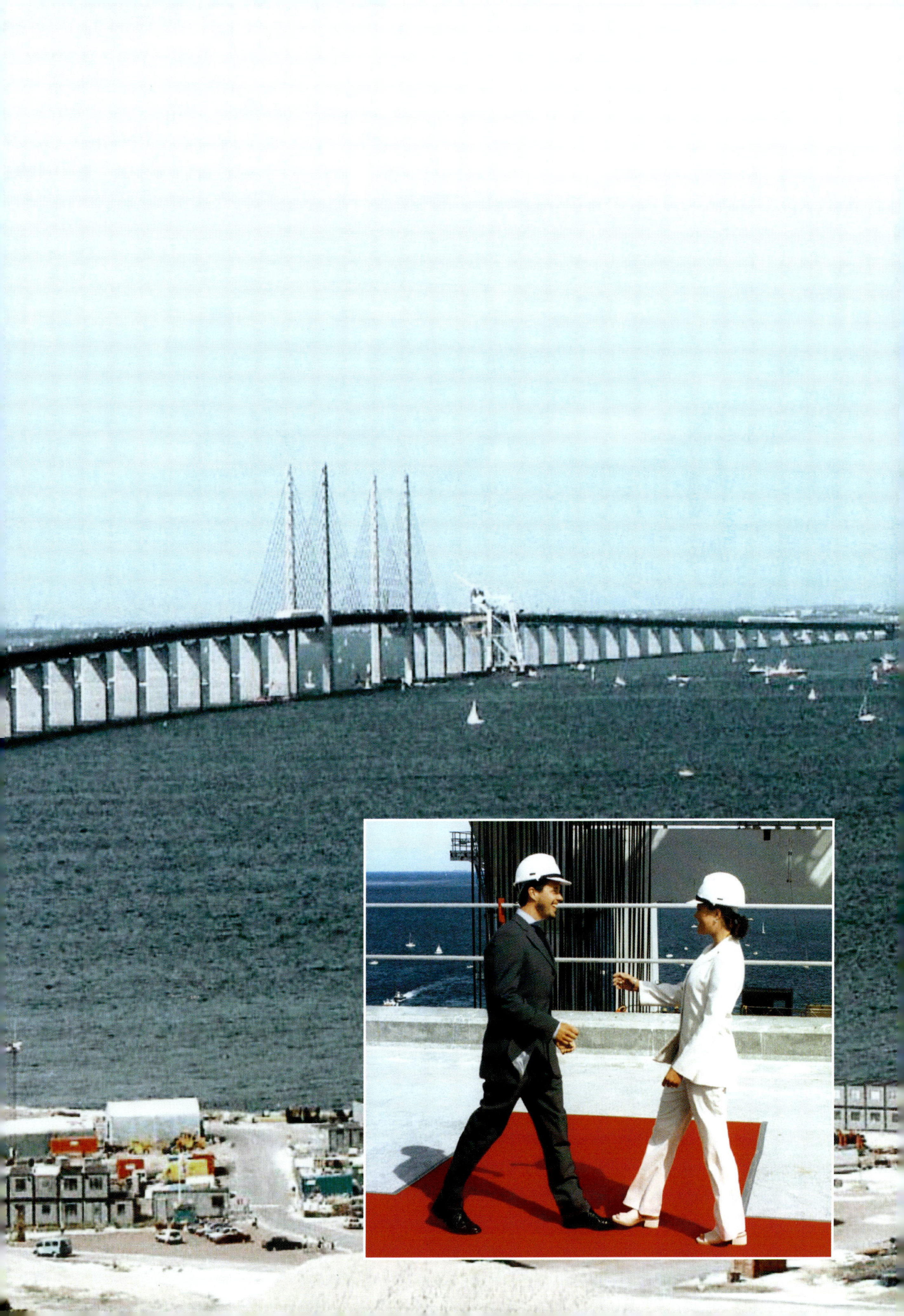

Bertrand Piccards Weltumrundung im Heissluftballon weckt nicht nur weltweit das Interesse am Ballonsport, sondern löst auch einen Schub bei der technischen

Rekordballon auf Jungfernfahrt

Entwicklung aus: Im September steigt der Aargauer Ballonfahrer Andy Hunziker mit dem grössten Passagier-Heissluftballon der Welt zur Jungfernfahrt auf. Mit 45 Metern ist das Luftschiff mit der offiziellen Kennzeichnung HB-QFQ so hoch wie ein 17-stöckiges Haus. Die Hülle aus 2500 Quadratmetern Stoff in 420 Bahnen fasst 11 500 Kubikmeter heisse Luft. Im Korb des Rekordballons haben neben dem Piloten 20 Passagiere Platz. Laut Hunziker kann der von einem Zahnpastahersteller gesponserte Heissluftballon problemlos bis auf 8000 Meter Höhe steigen oder – in Fahrten bis zu 12 Stunden Dauer – die Alpen überqueren. Konstruiert wurde das Gefährt übrigens wie Bertrand Piccards «Breitling Orbiter 3» vom englischen Unternehmen Cameron.

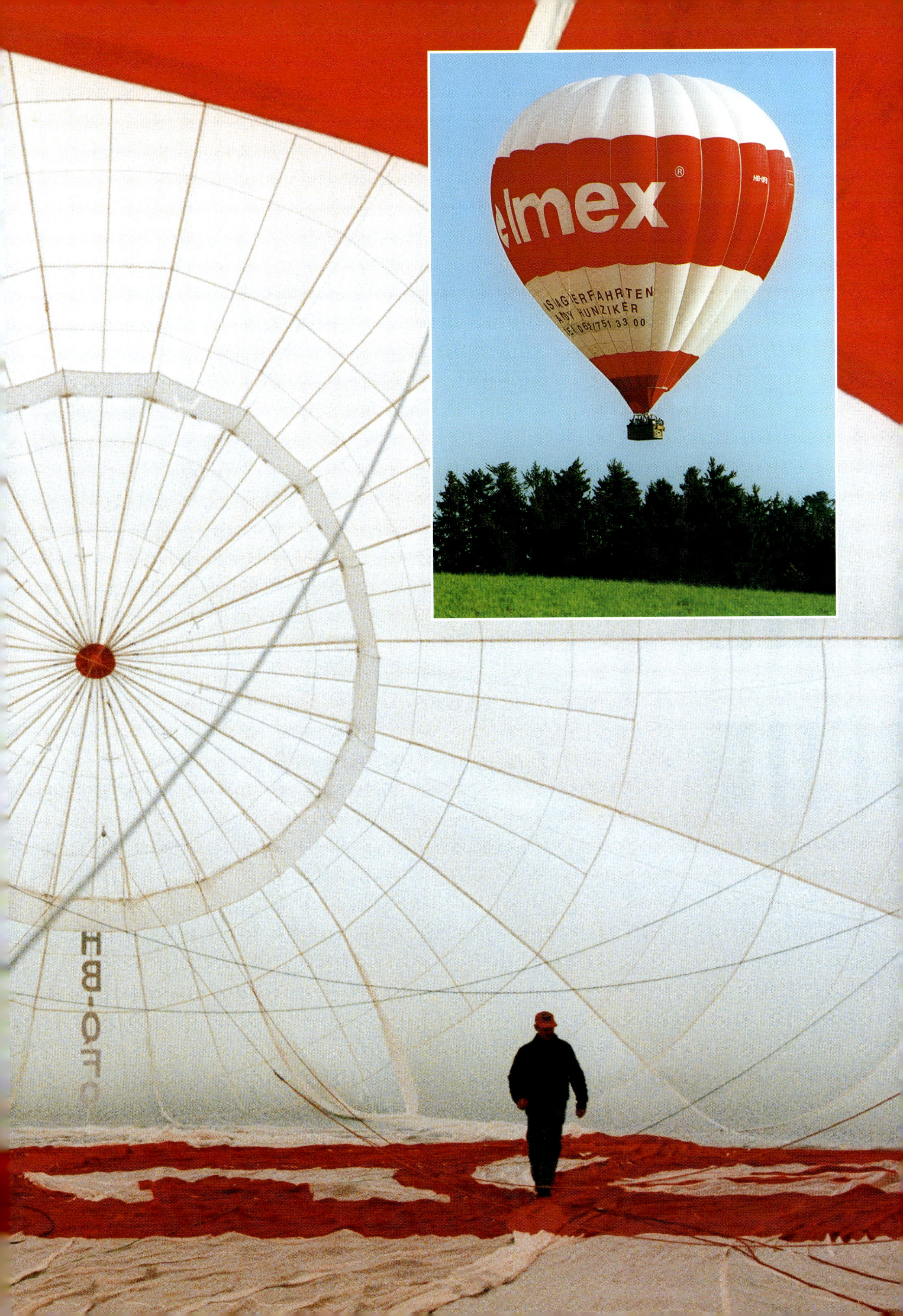
elmex
HUNZIKER

Im August verschwindet ein weiterer Schweizer Traditionskonzern von der Bildfläche: Die Führung der Alusuisse Lonza Group AG (Algroup) unter Verwaltungsratspräsident

Aus für Alusuisse

Martin Ebner (kleines Bild) gibt die Fusion des Unternehmens mit der kanadischen Alcan und der französischen Pechiney bekannt. Durch den Zusammenschluss entsteht der grösste Aluminiumkonzern der Welt mit einem Umsatz von 32,5 Milliarden Franken. Im neuen Riesenkonzern haben die Kanadier das Sagen: Alcan hält eine Beteiligung von 44 Prozent an der neuen A.P.A.-Gruppe, Pechiney 29 Prozent und der Juniorpartner Algroup 27 Prozent. Den angekündigten Rationalisierungsmassnahmen werden 4500 der weltweit 91 000 Arbeitsplätze zum Opfer fallen. Die Schweiz soll vom Stellenabbau laut Algroup-Führung nicht betroffen sein.

uisse-Lonza

Dem 19-jährigen Andreas aus Möhlin AG wird im Oktober als Übergangslösung bis zu seiner Herztransplantation ein neuartiges mechanisches Kunstherz eingepflanzt.

Turbine statt Herz

Kernstück des 75 000 Franken teuren Geräts ist eine sieben Zentimeter lange und 93 Gramm schwere Turbine aus Titan. Angetrieben von einem tragbaren Akku dreht sie sich 11 000 Mal pro Minute und pumpt dabei mehr als zehn Liter Blut durch den menschlichen Körper. Das mechanische Meisterwerk war ursprünglich von der Nasa als Steuerungsinstrument für die Treibstoffzufuhr bei Raketen gebaut worden. Andreas erholt sich nach seiner Operation überraschend schnell. Gewöhnen muss er sich einzig an die Tatsache, dass sein Herz nicht mehr schlägt, sondern leise surrt. Der verantwortliche Herzchirurg Marko Turina (grosses Bild) ist überzeugt, dass das vom Universitätsspital Zürich mit entwickelte High-tech-Kunstherz schon bald eine Alternative zur Transplantation darstellen wird.

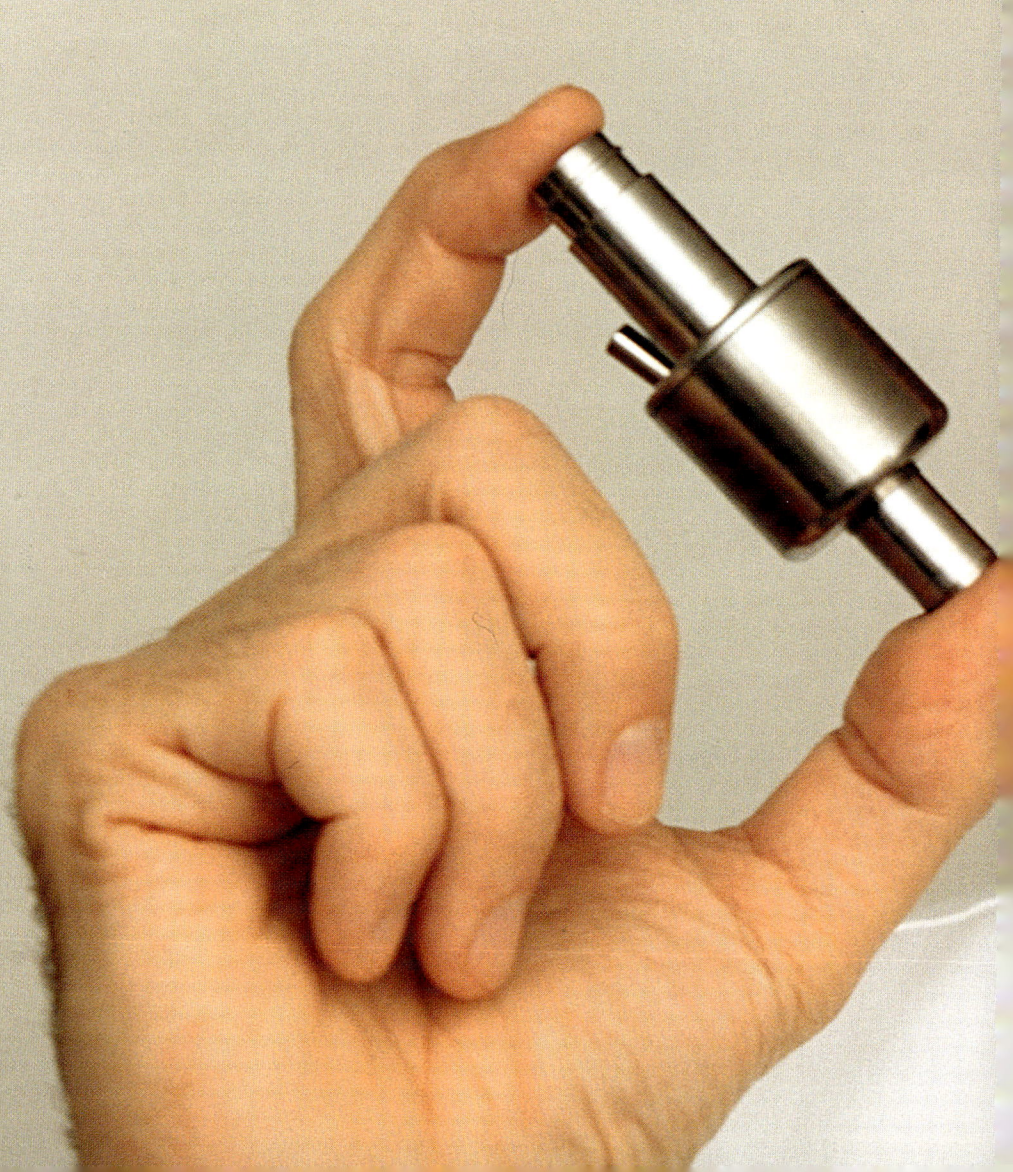

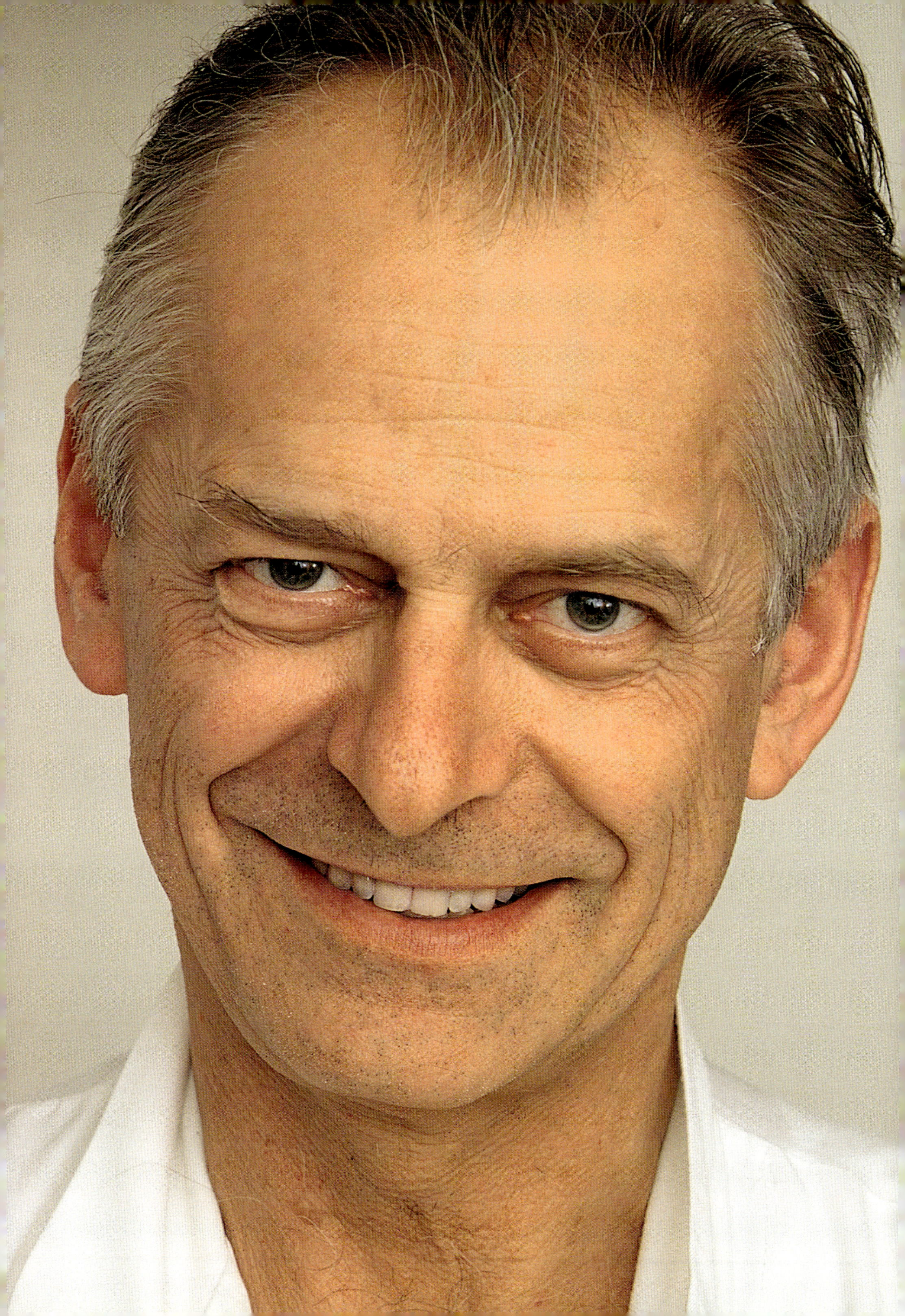

Lawinengefahr
Danger
d'avalanches
Pericolo
di valanghe
Danger
of avalanches

Umwelt

BUCH
DES JAHRES
1999

218 *Umwelt*

In weiten Teilen der Schweiz fällt im Januar und im Februar 1999 so viel Schnee wie seit Jahrzehnten nicht mehr. Ganze Regionen sind wegen Lawinengefahr

Die Schweiz versinkt im Schnee

und meterhoch mit Schnee bedeckten Strassen während Tagen von der Aussenwelt abgeschnitten (im kleinen Bild Waltensburg im Bündner Oberland). Nach den heftigen Schneefällen folgt Ende Februar eine längere Schönwetterperiode und Mensch und Tier können das Wunder-Winterwetter ausgiebig geniessen (im grossen Bild die tief verschneite Landschaft von Davos).

Umwelt

Am 23. Februar donnert im hintersten Paznauntal im Tirol wie fast jedes Jahr die «Weisse Riefe» ins Tal. Aber anders als sonst stoppt die Lawine nicht am Dorfbach,

Panik im Paznauntal

sondern fegt mit fast 400 Stundenkilometern über Teile der Ortschaft hinweg und verschüttet mehrere Häuser. Gut 24 Stunden nach dem Lawinenniedergang von Galtür werden in der Nachbargemeinde Valzur mehrere Häuser durch die «Reifenbachlawine» verschüttet. Die Bilanz der Katastrophe vom Paznauntal ist erschütternd: 38 Tote und mehrere Dutzend Verletzte. Nach den Lawinenniedergängen herrscht überall im Tal Panik: Hunderte von Feriengästen und Einheimischen lassen sich mit Helikoptern evakuieren.

Umwelt

Im Walliser Val d'Hérens gehen im Februar gleich mehrere Lawinen nieder – darunter eine imposante Staublawine, die glücklicherweise keine Opfer fordert (grosses Bild).

Tod und Zerstörung im Val d'Hérens

Die schlimmste Lawine donnert am 21. Februar kurz vor 19.30 vom 2900 Meter hohen Col de Torrent zu Tal. Zwischen den Weilern La Sage und Villa fegt die 150 Meter breite und zehn Meter hohe Lawine mehrere Chalets weg, bis sie schliesslich an der Strasse von Evolène nach Les Haudères zum Stillstand kommt. In den völlig zerstörten Häusern (kleines Bild rechts während der Aufräumarbeiten im Frühling) kommen zehn Menschen ums Leben.

224 **Umwelt**

Die Winterferien 1999 enden in der Schweiz im totalen Chaos. Tausende von Feriengästen sitzen in ihren Ferienorten fest, weil die Zufahrtsstrassen wegen extremer Lawinen-

Nichts geht mehr

gefahr gesperrt oder noch nicht vom Schnee geräumt sind. In Blatten VS (grosses Bild) und in vielen anderen Gemeinden müssen in- und ausländische Touristen mit öffentlichen Verkehrsmitteln abreisen und ihre Autos zurücklassen. Zahlreiche Orte im Berner Oberland sind während Tagen von der Aussenwelt abgeschnitten. In Grindelwald (kleines Bild unten) fliegt die Armee über 4000 Feriengäste mit Helikoptern aus. Stark beeinträchtigt ist auch der Verkehr auf der Nord-Süd-Achse: Im oberen Reusstal muss die Gotthardautobahn wegen Lawinengefahr fast eine Woche lang gesperrt werden.

Im Rapperswiler Kinderzoo kann Anfang April ein normalerweise recht seltenes Ereignis gleich zweimal gefeiert werden. Innerhalb von einer Woche bringen die beiden

Glück im Giraffengehege

Giraffendamen «Mara» (4) und «Diva» (14) gesunden Nachwuchs zur Welt. Die beiden Jungtiere – ein Männchen und ein Weibchen – messen bei ihrer Geburt bereits stolze 180 Zentimeter und bringen rund 80 Kilogramm auf die Waage. Um für die Babies passende Namen zu finden, veranstaltet die Zirkusfamilie Knie einen Publikumswettbewerb. Ausgewählt werden schliesslich «Luanda» für das Weibchen und «Malindi» für das Männchen. Mit der Geburt der beiden Giraffen haben sich die Verwandschaftsverhältnisse in der Rapperswiler Giraffenfamilie weiter kompliziert. Denn Bulle «Kimal» ist nicht nur der Vater der beiden, sondern – weil er vor vier Jahren mit «Diva» bereits «Mara» gezeugt hatte – auch «Malindis» Grossvater. «Luanda» ist somit gleichzeitig «Malindis» Halbschwester und dessen Tante.

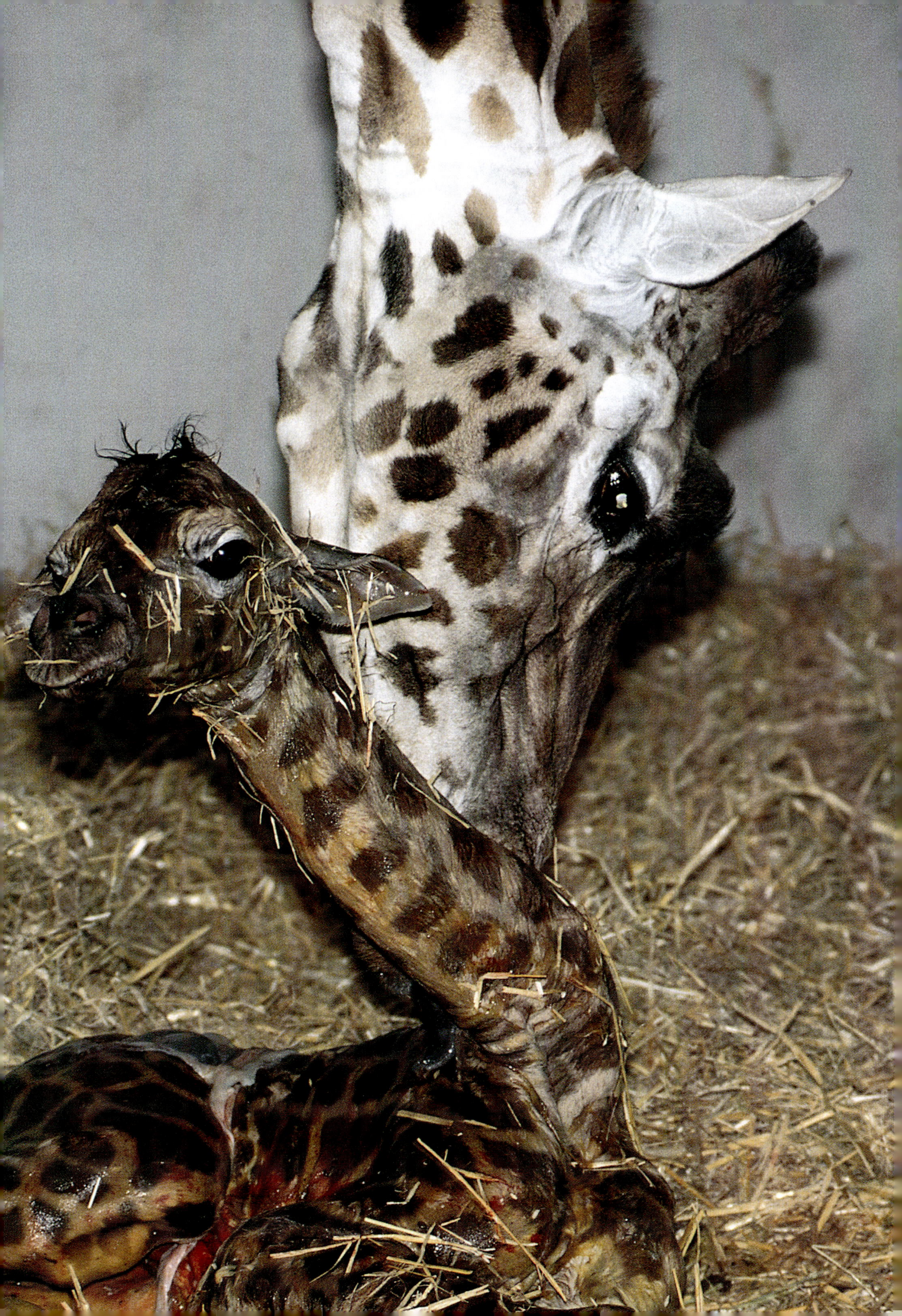

Feuer in den Everglades

Im Süden des US-Bundesstaats Florida bricht Mitte April in den Everglades ein riesiges Buschfeuer aus. Begünstigt durch die Trockenheit und immer wieder angefacht durch starke Winde verzehren die Flammen über 50 000 Hektaren Land. Die Autostrasse zwischen der Atlantikküste und dem Golf von Mexiko, die so genannte «Alligator Alley» muss während Tagen gesperrt werden. Rauchwolken ziehen bis in die Innenstadt von Miami, die mehr als eine Autostunde entfernt liegt. Das Buschfeuer in der weltweit einzigartigen Fluss- und Sumpflandschaft erlischt erst, als es Ende April nach einer mehrmonatigen Dürreperiode endlich wieder regnet.

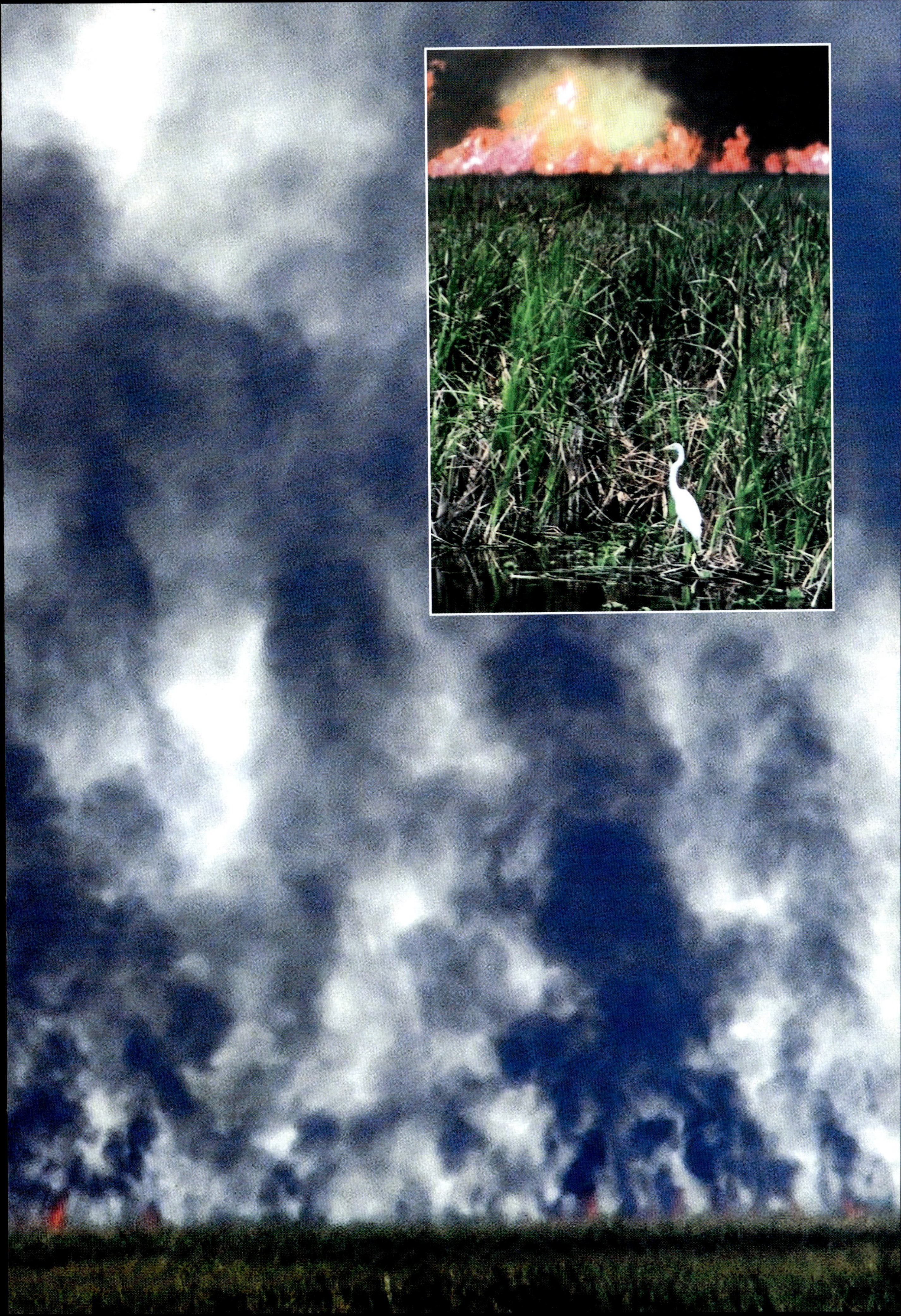

Im Mittleren Westen der USA kommt es Anfang Mai zur schlimmsten Zusammenballung von Wirbelstürmen seit Menschengedenken: Allein in Oklahoma und Kansas

Tornado-Terror

werden innerhalb von 24 Stunden 76 Tornados gezählt. Auch in anderen Staaten hinterlassen die Windhosen eine Spur der Verwüstung. Über 50 Menschen kommen ums Leben, fast 1000 werden zum Teil schwer verletzt und Zehntausende verlieren ihr Obdach.

Umwelt

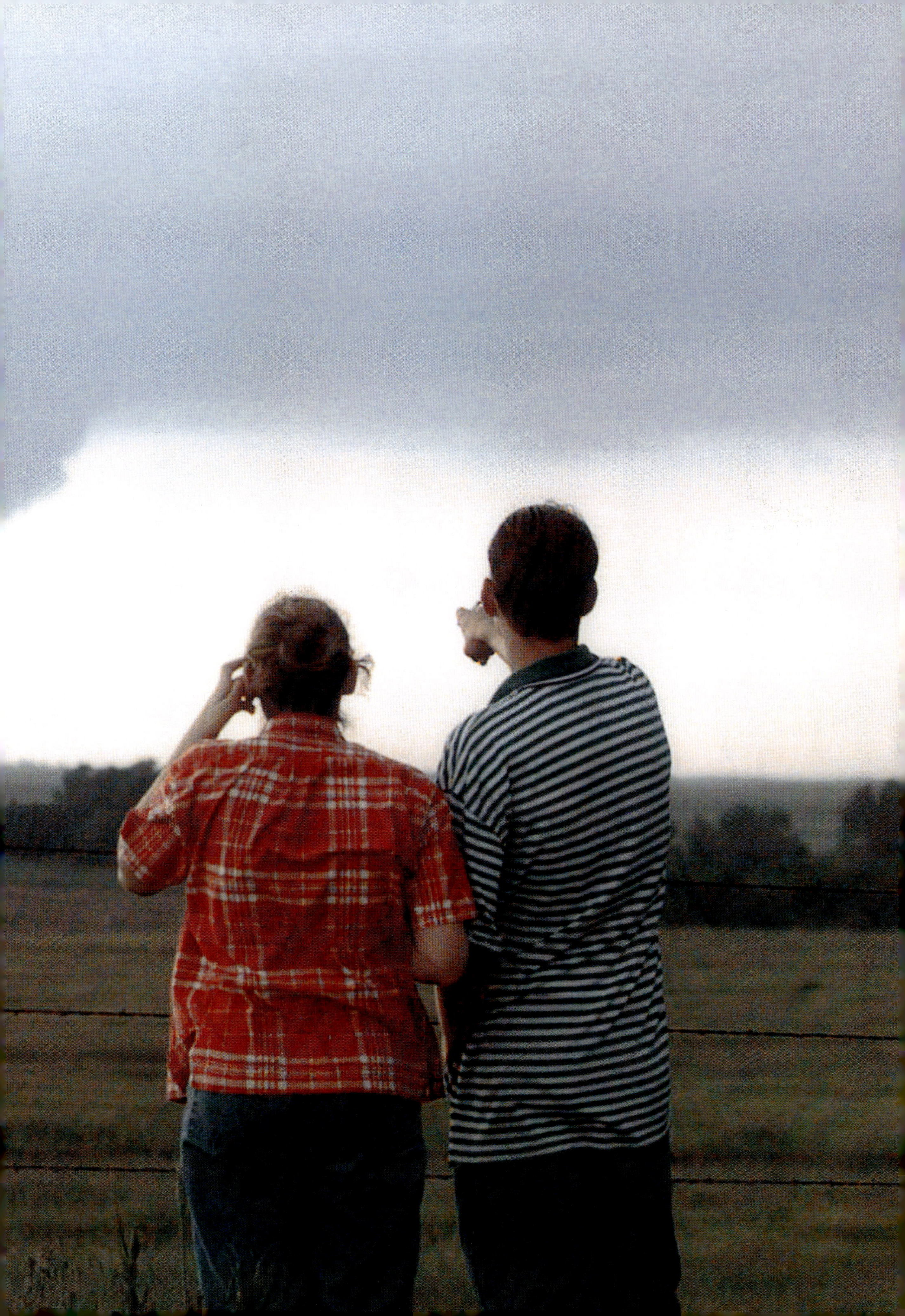

Am 11. August findet über Europa und Asien die letzte totale Sonnenfinsternis in diesem Jahrtausend statt. Millionen von Menschen pilgern in die schmale Totalitäts-

Total finster, total schön

zone, die sich vom Süden Englands bis in den Irak erstreckt. Als die Verdunkelung kurz vor Mittag beginnt, sind allerdings weite Teile Europas von Wolken bedeckt (links der Himmel über Nordfrankreich). Voll auf ihre Rechnung kommen hingegen Astronomen und Hobby-Sternengucker in der Türkei: Im wolkenlosen Himmel Zentralanatoliens (rechts) lassen sich die rund zwei Minuten lange totale Sonnenfinsternis und das Aufleuchten der Korona optimal beobachten.

Umwelt

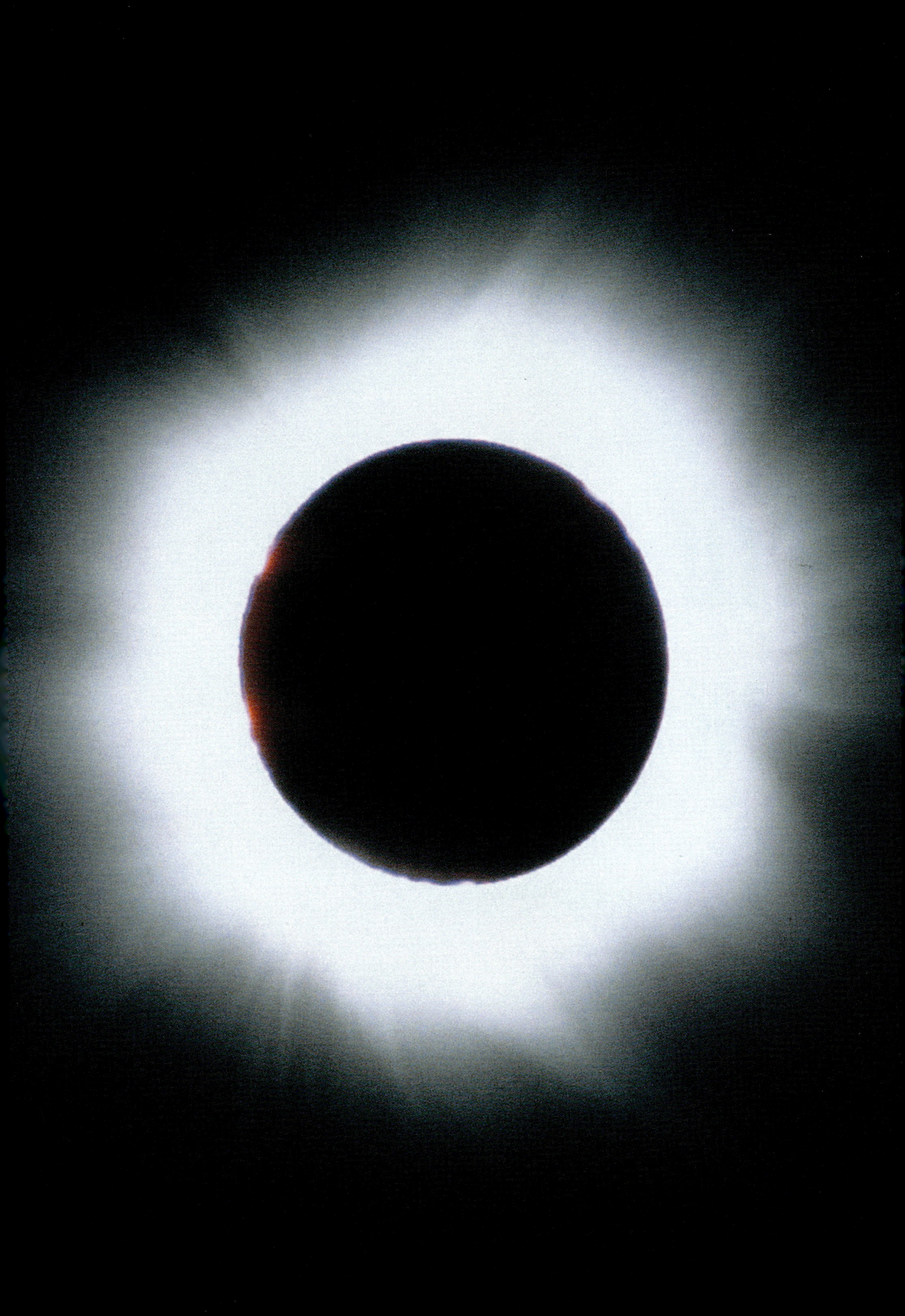

Umwelt

Obwohl die Schweiz knapp ausserhalb der Totalitätszone liegt, beobachten auch hierzulande Hunderttausende die Sonnenfinsternis. Das Wetter macht den

Wolkengetrübte Finsternis

Sonnenanbetern allerdings einen Strich durch die Rechnung: Während der Eklipse zwischen 11.11 und 13.59 Uhr versperren dicke Wolken den Blick auf die Sonne. An der Fête des Vignerons in Vevey (grosses Bild) kann das Publikum das verdunkelte Tagesgestirn hinter Wolkenfetzen lediglich erahnen. Und auch der Bundesrat, der seine Mittwochssitzung in Bern aus kosmischen Gründen unterbricht (kleines Bild), muss sich mit einer wolkengetrübten Finsternis begnügen.

Der Westen der Türkei wird Mitte August vom stärksten Erdbeben seit fast 30 Jahren erschüttert. Der Erdstoss mit Epizentrum in der Industriestadt Izmit hat eine

Die Türkei zittert

Stärke von 7,8 auf der Richterskala und überrascht die meisten Bewohnerinnen und Bewohner im Schlaf. Entsprechend verheerend ist die Bilanz der Katastrophe: Nach offiziellen Angaben fordert das Erdbeben fast 40 000 Menschenleben und Zehntausende von Verletzten. Über 5000 Gebäude werden dem Erdboden gleichgemacht oder schwer beschädigt; mehr als 50 000 Menschen verlieren ihr Obdach. Während Tagen kommt es immer wieder zu Nachbeben, welche die Bevölkerung in Panik versetzen. Ein weiteres schweres Erdbeben in der Region fordert Mitte November erneut fast 800 Todesopfer und über 5000 Verletzte.

Umwelt

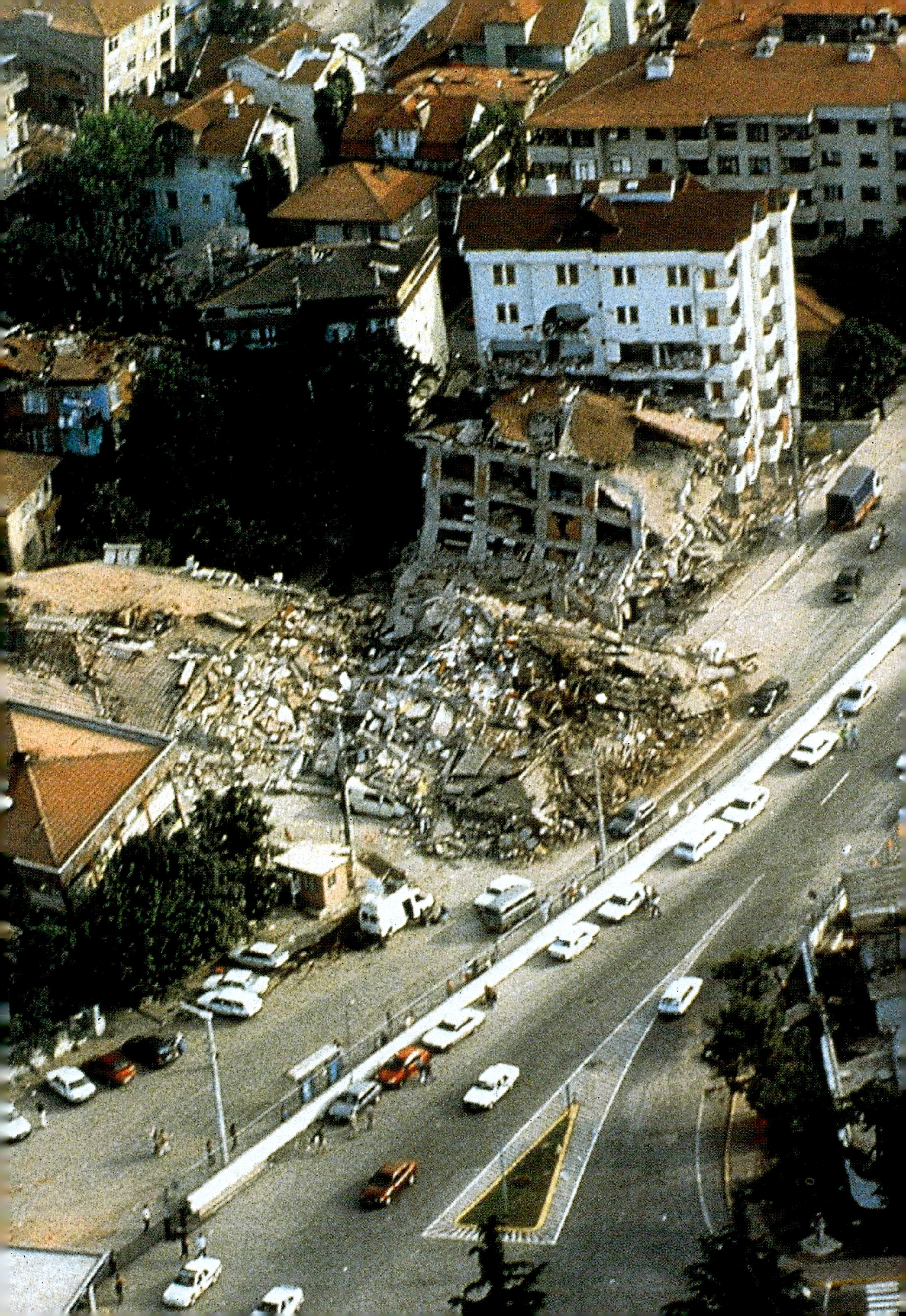

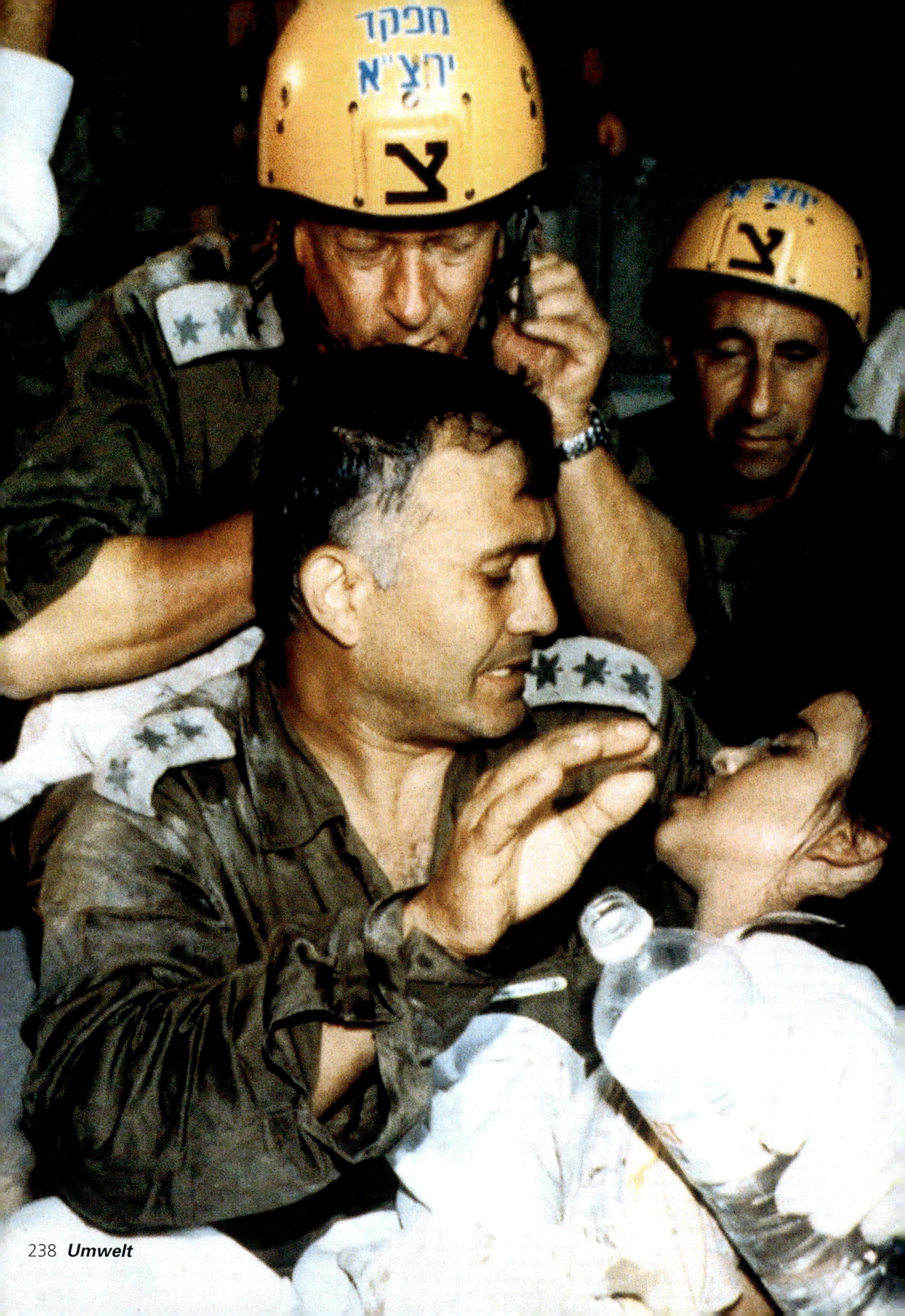
ירצ"א
צ

Innerhalb weniger Stunden nach dem schweren Erdbeben von Izmit läuft die internationale Hilfe an. Israelische Armeeangehörige (links) unterstützen die Such- und

Hilfe aus aller Welt

Rettungsarbeiten ebenso wie das Schweizerische Katastrophenhilfekorps (SKH). Die Rettungskette des SKH, die auf die Bergung von verschütteten Personen spezialisiert ist (rechts), kann mehr als ein Dutzend Menschen retten. Die letzten lebenden Opfer werden über 120 Stunden nach dem Erdbeben geborgen. In den Wochen nach der Katastrophe müssen sich die türkischen Behörden schwere Vorwürfe gefallen lassen: Viele der eingestürzten Bauten hatten die Normen bezüglich Erdbebensicherheit klar verletzt, waren aber trotzdem abgenommen worden. Selbst Häuser, die buchstäblich auf Sand gebaut worden waren, hatten den behördlichen Segen erhalten.

Umwelt

Ein Wirbelsturm von der Grösse des Bundesstaats Texas versetzt die Atlantikküste der USA Mitte September in Angst und Schrecken. Der Hurrikan «Floyd», der sich über

Die grosse Angst vor «Floyd»

dem Atlantischen Ozean gebildet hatte, zieht über die Karibik nach Nordwesten und löst die grösste Evakuierung in der Geschichte der USA aus: Von der Südspitze Floridas bis hinauf nach New Jersey bringen sich fast drei Millionen Menschen vor der drohenden Naturkatastrophe in Sicherheit. Am 17. September erreicht «Floyd» bei Cape Fear in North Carolina die Küste. Glücklicherweise erweist sich der Hurrikan harmloser als befürchtet. Windgeschwindigkeiten von über 175 Stundenkilometern und heftige Regenfälle verursachen trotzdem verheerende Schäden. Am schlimmsten sind die Überschwemmungen, die South Carolina und Teile von New Jersey heimsuchen. Die Folgen des Wirbelsturms fordern mehr als ein Dutzend Todesopfer.

Am Ätna auf Sizilien kommt es im Herbst zum ersten grossen Ausbruch seit 1992. Der zuvor über 30 Meter tiefe Krater «Bocca Nuova» wird durch ausserordentlich

Faszinierender Feuerzauber

intensive eruptive Tätigkeit in kurzer Zeit aufgefüllt. Am 17. Oktober bricht der Westrand des Kraters ein und die Lava ergiesst sich über die Flanke des Ätna ins Tal. Spektakuläre Lavafontänen begleiten den Ausfluss und zaubern ein faszinierendes Feuerwerk in den Himmel über Sizilien. Die Bevölkerung in der Umgebung des Ätna – im Vordergrund des grossen Bilds das Dorf Bronte – wird durch den stärksten Ausbruch dieses Jahrzehnts nicht gefährdet. Ohne Folgen bleibt auch die Eruption des Vulkans Tunguarahua in Ecuador vom Oktober (kleines Bild): Die rund 30 000 Personen, die nach dem ersten Rumoren des Bergs evakuiert worden waren, können nach wenigen Tagen in ihre Häuser zurückkehren.

Umwelt

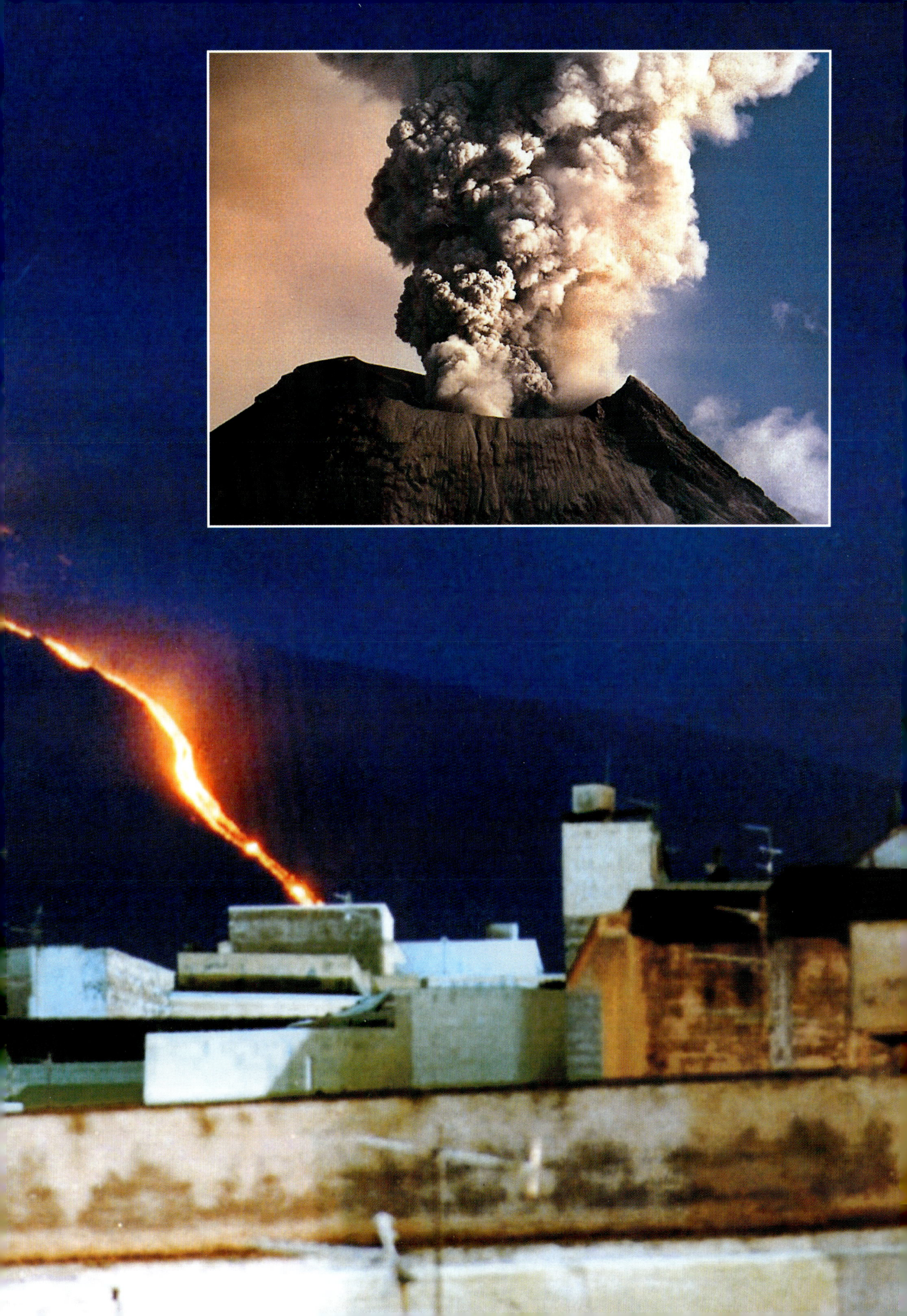

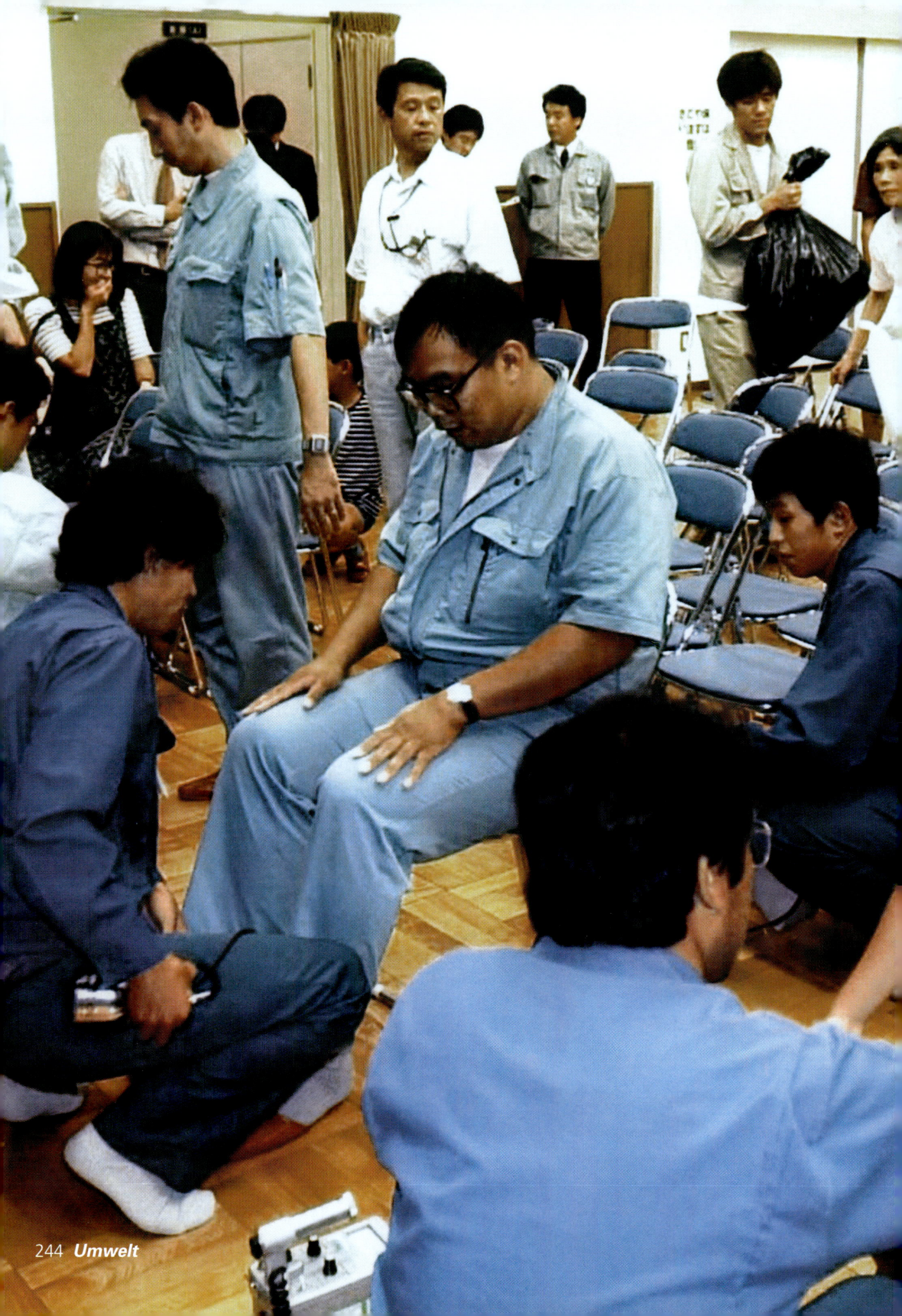

Umwelt

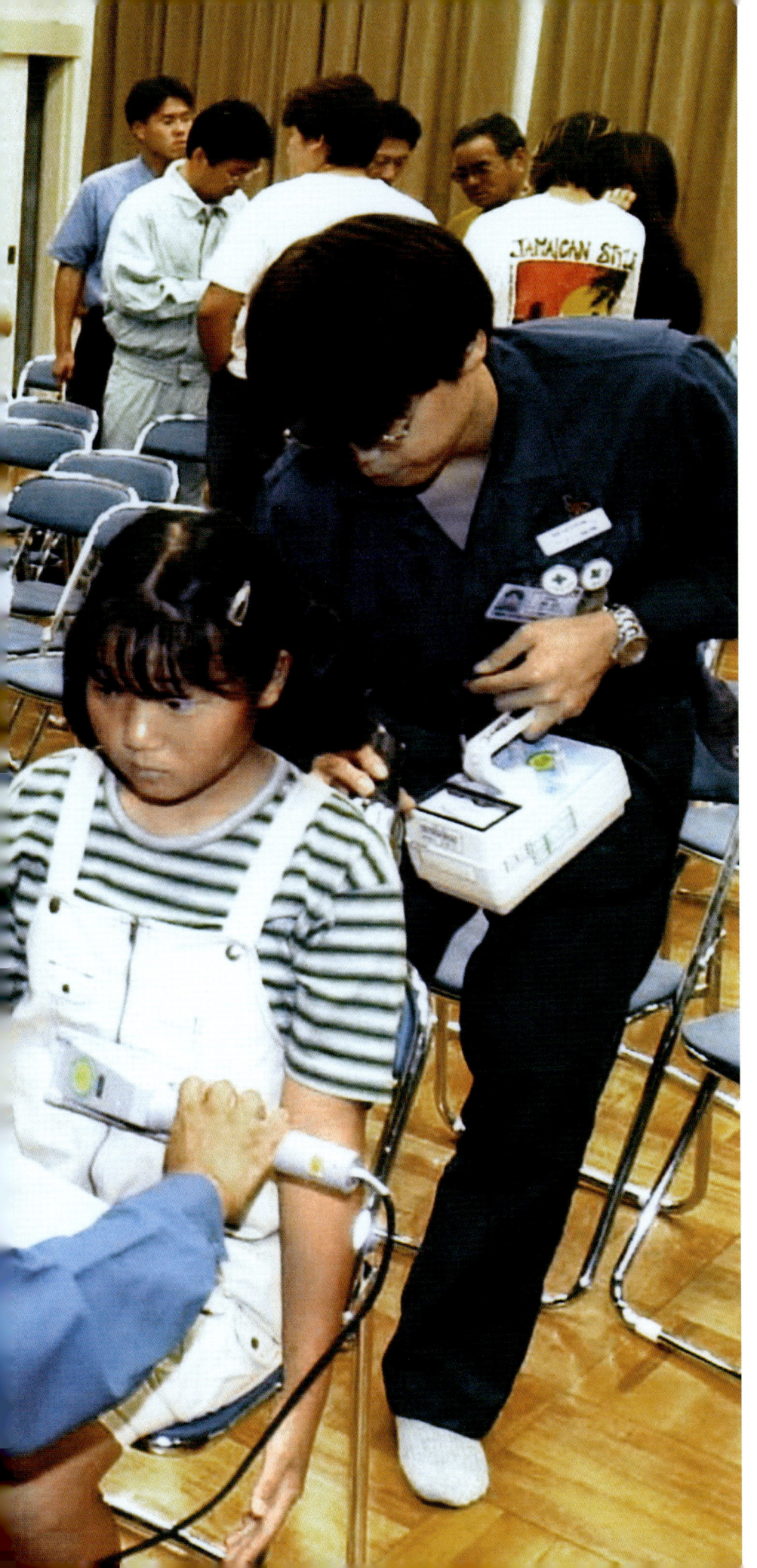

In der Nuklearanlage von Tokaimura (Japan) ereignet sich Anfang Oktober das drittschwerste Atomunglück in der Geschichte der Menschheit: Als Arbeiter in der

Atome ausser Kontrolle

Brennelementfabrik zuviel Uran in einen Behälter schütten, kommt es zu einer unkontrollierten nuklearen Kettenreaktion, die erst nach 20 Stunden gestoppt werden kann. Nach offiziellen Angaben steigt der Strahlenpegel in der Anlage auf das bis zu 20 000fache des normalen Werts. An über 50 Mitarbeitern werden Verstrahlungen festgestellt; drei Arbeiter werden so stark kontaminiert, dass sie hospitalisiert werden müssen. Die 150 Anwohner rund um die Anlage werden erst zwei Stunden nach dem Unfall aufgefordert, ihre Häuser zu verlassen und sich auf radioaktive Verstrahlung untersuchen zu lassen (Bild). Die japanische Regierung lässt nach der Katastrophe von Tokaimura alle Atomanlagen überprüfen. Die Energiepolitik des Landes – Japan bezieht über 35 Prozent des Stroms aus Kernanlagen – wird allerdings in keiner Weise hinterfragt.

Laut Uno-Statistik erblickt der sechsmilliardste Mensch in der Nacht auf den 12. Oktober das Licht der Welt. Symbolisch geehrt wird Adnan Nevic, der zwei Minuten nach

Erdenbürger Nr. 6 000 000 000

Mitternacht in Bosnien geboren wird. Uno-Generalsekretär Kofi Annan besucht den Säugling und dessen Eltern im Kosevo-Spital von Sarajevo. Mutter Fatima erhält von der Uno die Friedensmedaille in Silber, die Säuglingsabteilung des Spitals einen Check über 50 000 US-Dollar. Gemäss dem Jahresbericht des Uno-Bevölkerungsfonds kamen 1999 jede Sekunde fünf Babys zur Welt. Die Anzahl der Menschen hat sich seit 1960 verdoppelt – obwohl das Wachstum von 100 auf 78 Millionen pro Jahr zurückgegangen ist. Für das Jahr 2050 rechnet die Uno mit einer Weltbevölkerung von neun Milliarden Menschen.

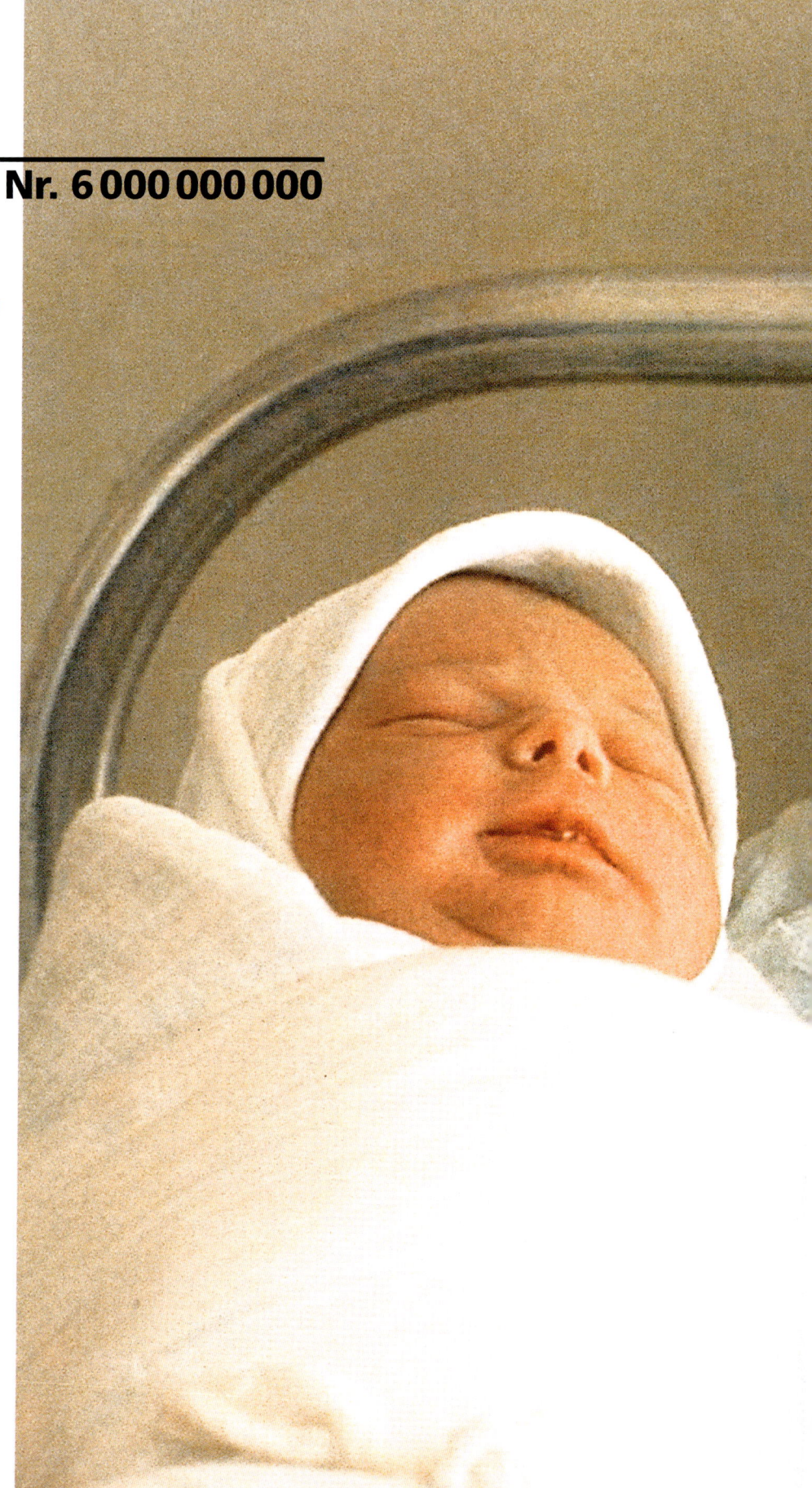

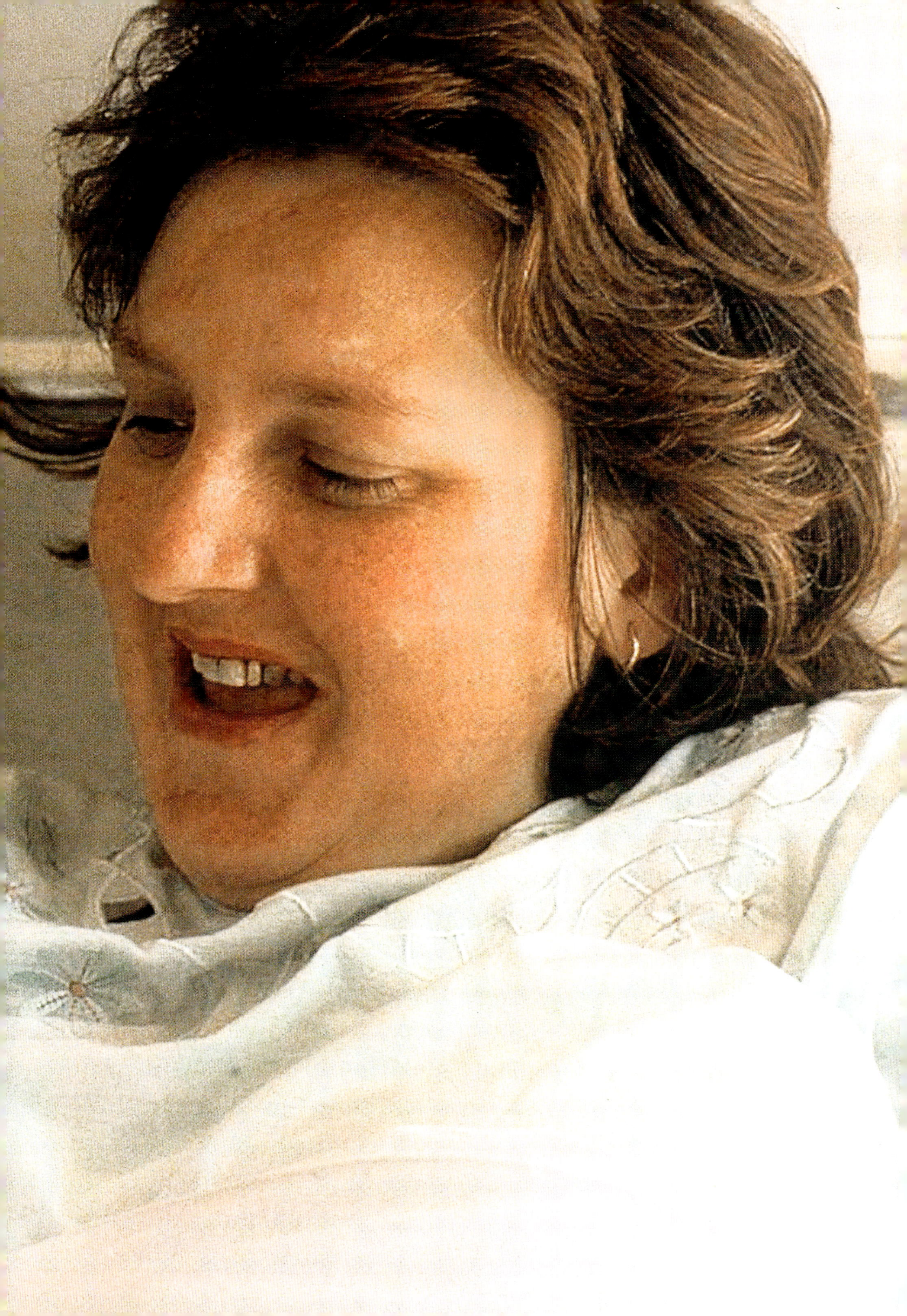

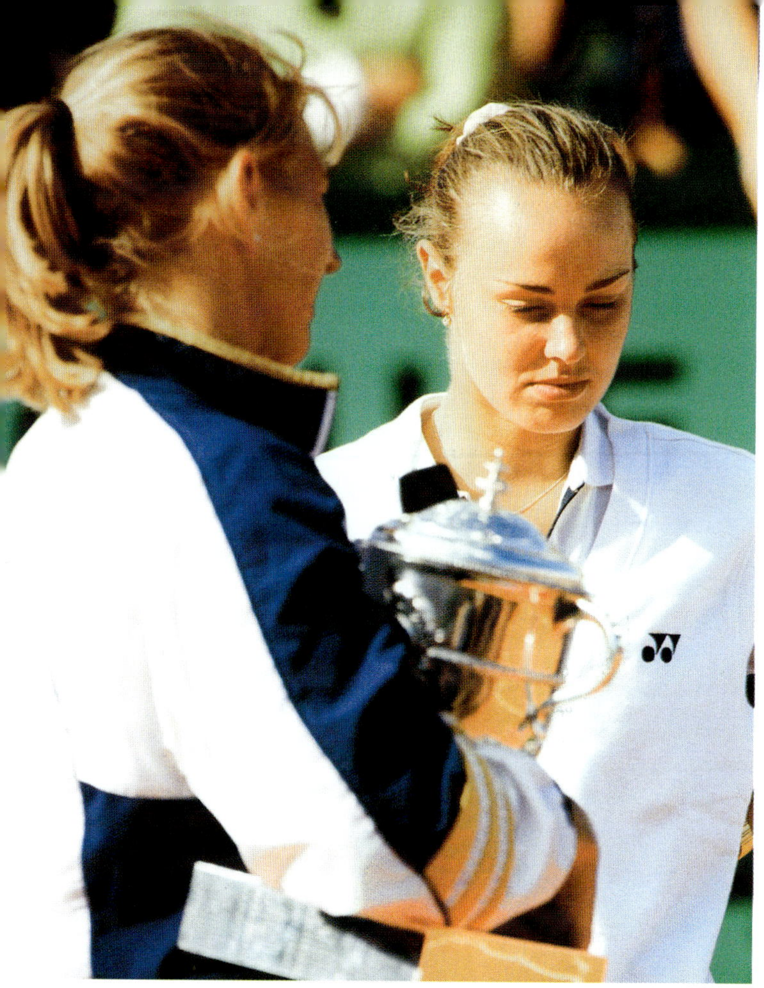

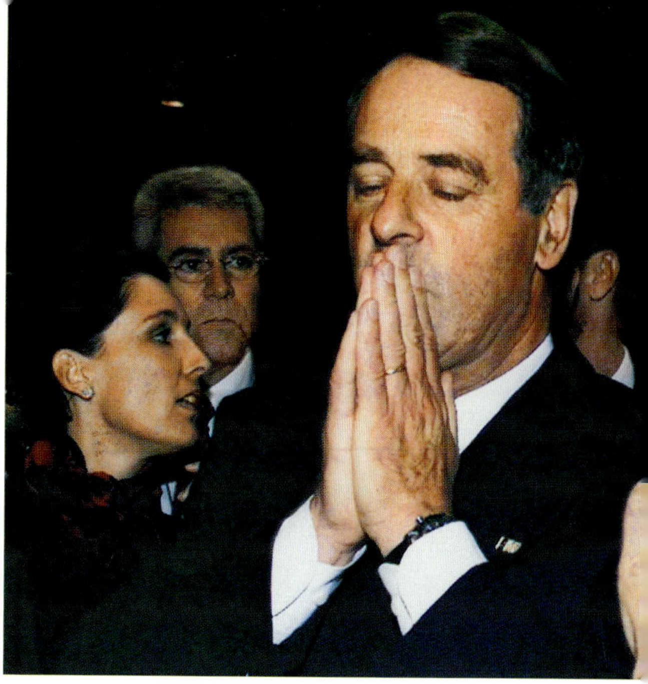

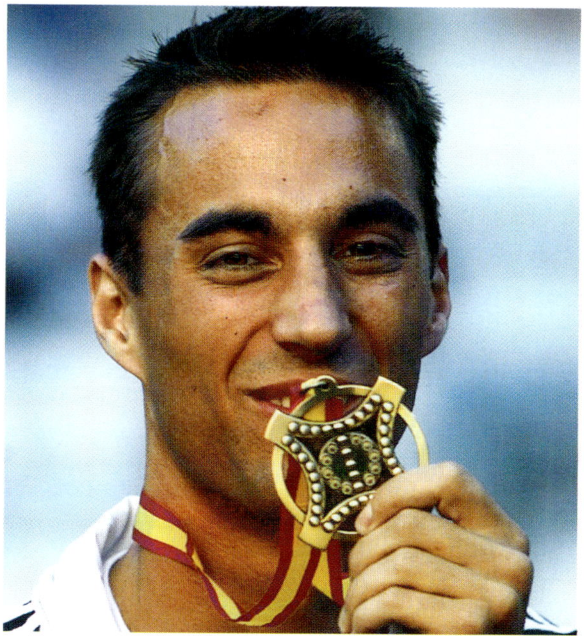

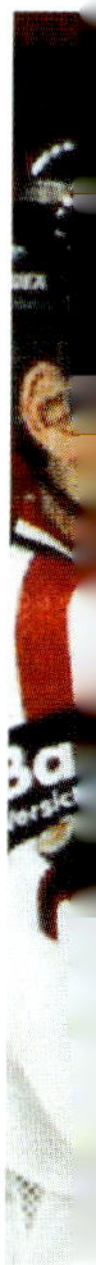

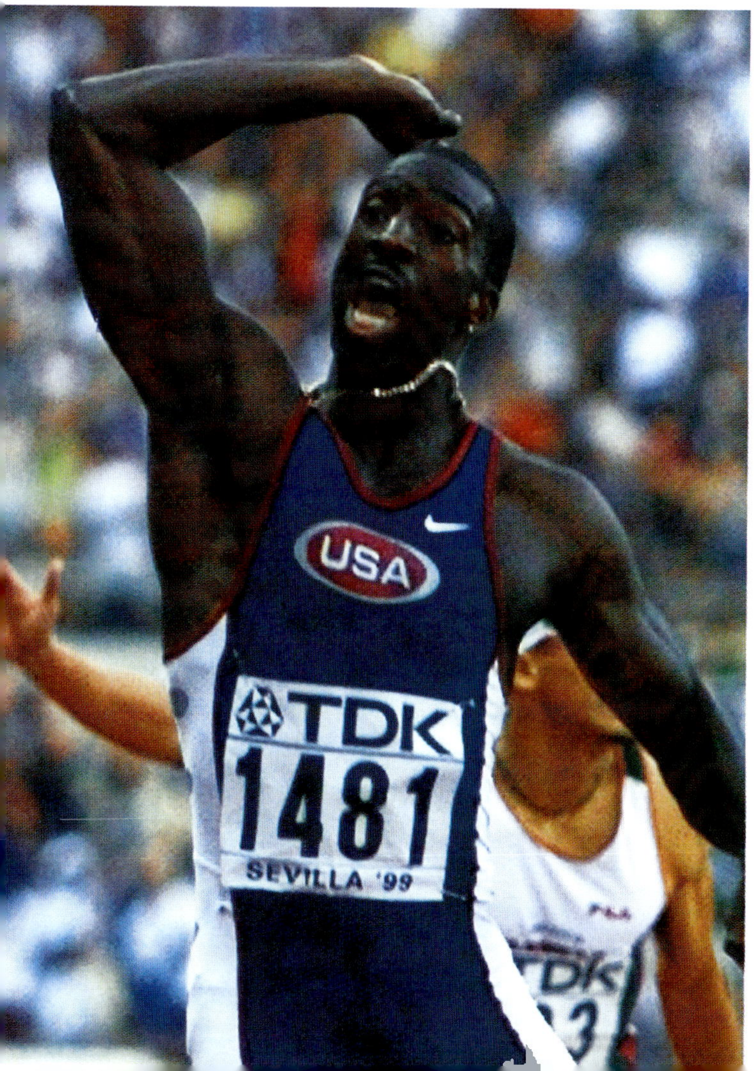
USA
TDK
1481
SEVILLA '99

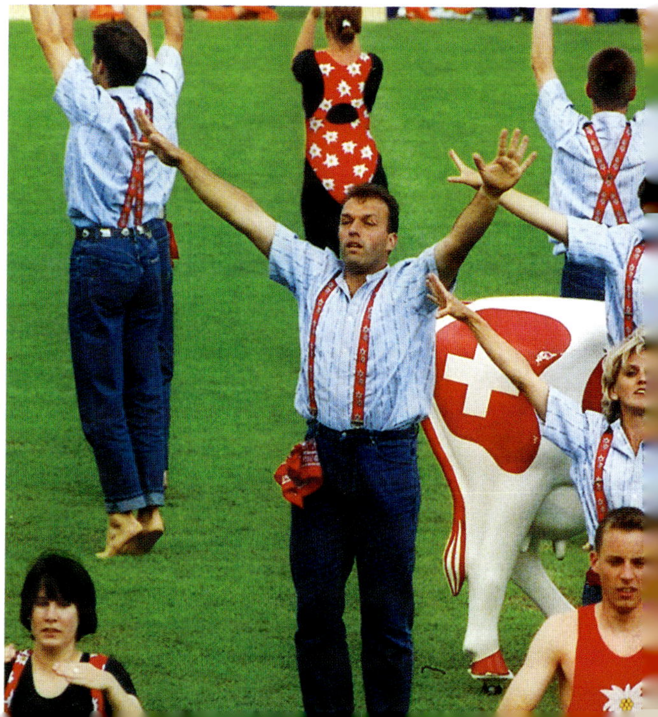

Sport

BUCH
DES JAHRES
1999

Mitte Januar gewinnt die Davoserin Martina Tscharner an den Snowboard-Europameisterschaften in Leysin die Silbermedaille. Gut eine Woche später beweist die 25-Jährige,

Solide Sprünge zum Gold

dass dieser Erfolg kein Zufall war: An den ISF-Weltmeisterschaften der Snowboarder im italienischen Val di Sole holt sie sich in der Halfpipe den Weltmeistertitel und einen Check über 7000 Euro. Martina Tscharner zeigt drei nicht allzu spektakuläre, aber solide Durchgänge und verweist ihre Konkurrentinnen Tricia Byrnes aus den USA (links) und Stine Brune Kjeldaas aus Norwegen auf die Ehrenplätze. Weitere WM-Medaillen für die Schweiz gibt es im Riesenslalom, wo Ursula Bruhin und André Grütter jeweils auf den 3. Rang fahren.

OARD ISF
TRENTINO
zetta dello Sport
otidiano
STIMOROL
FSI
Duotone
Bud
KING OF BEERS
TRENTINO
Sole 99
/01/1999
euro 7.000#
TRENTO - Direzione Generale
a vista pagate per questo Assegno Bancario
'S HALF PIPE
Val di Sole 99

Die Frauenwettbewerbe an den Skiweltmeisterschaften von Vail im US-Bundesstaat Colorado werden von den Österreicherinnen klar dominiert. Im Super-G schaffen

Österreicherinnen auf Siegeskurs

Alexandra Meissnitzer, Renate Götschl und Michaela Dorfmeister (kleines Bild) einen sensationellen Dreifachsieg. Wenige Tage später beweist das österreichische Team, dass dieser Triumph kein Zufall war: In der Abfahrt belegen Renate Götschl, Michaela Dorfmeister und Stefanie Schuster wiederum die ersten drei Ränge. Zum Abschluss der Weltmeisterschaften schliesslich gewinnt Alexandra Meissnitzer auch noch den Riesenslalom (grosses Bild). Beste Schweizerin in Vail ist Corinne Rey-Bellet mit einem 6. Rang im Riesenslalom.

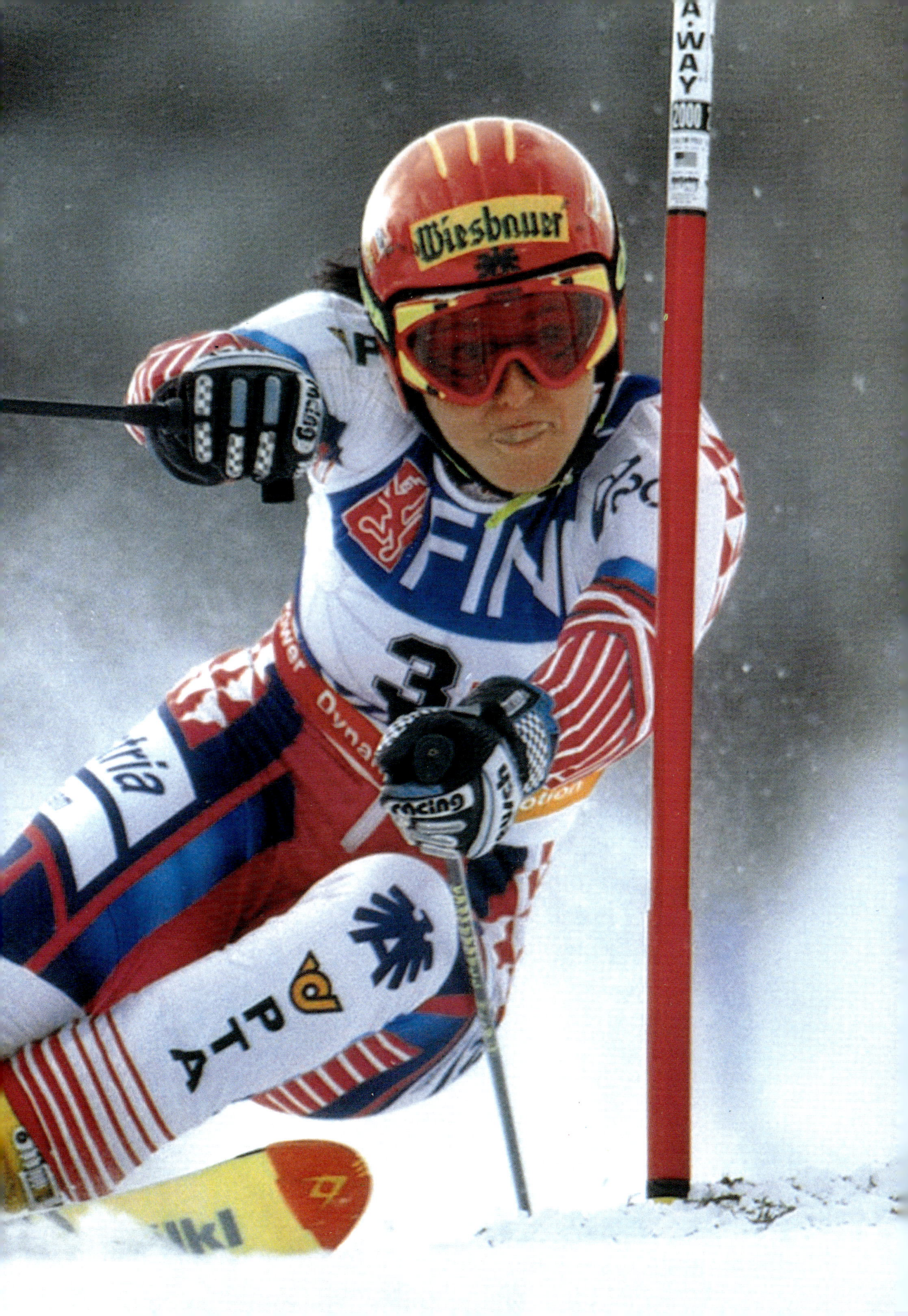
A·WAY
2000
Wiesbauer
FIN
3
racing
PTA

Die Bilanz des Schweizer Teams an den Alpinen Skiweltmeisterschaften von Vail ist – gelinde gesagt – enttäuschend: Medaillen erkämpfen sich einzig Steve Locher

Enttäuschende Schweizer

(Bronze im Riesenslalom, links im Bild neben Silbermedaillengewinner Paul Büchel) und Paul Accola (Bronze in der Kombination). Der mit Abstand erfolgreichste Athlet dieser WM ist der Norweger Lasse Kjus, der zwei Gold- und drei Silbermedaillen mit nachhause nehmen kann. Dominierend in den Wettbewerben der Frauen sind die Österreicherinnen – allen voran Renate Götschl, die eine Gold- und zwei Silbermedaillen gewinnt.

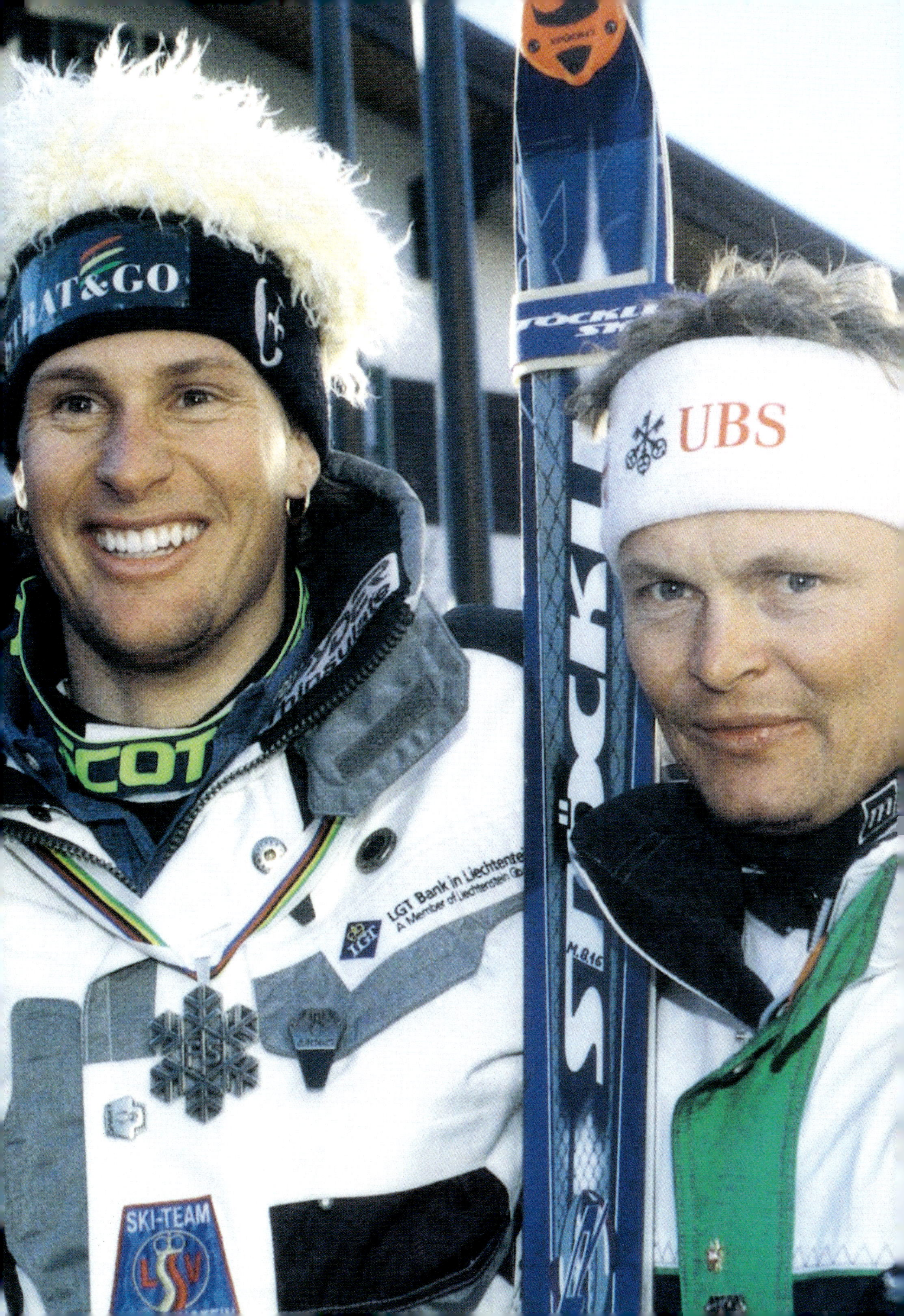
UBS
SKI-TEAM

Ein Schweizer Mitglied des Internationalen Olympischen Komitees (IOK) macht Anfang Jahr publik, was hinter den Kulissen des allgewaltigen Gremiums

Gekaufte Spiele?

so alles abläuft. Die Enthüllungen von Marc Hodler (rechts, im Gespräch mit IOK-Präsident Antonio Samaranch) führen zu einer Untersuchung, die Unglaubliches zutage fördert: So soll die künftige Olympiastadt Salt Lake City im US-Bundesstaat Utah verschiedenen IOK-Mitgliedern über 400 000 Dollar ausbezahlt und wiederholt Prostituierte zur Verfügung gestellt haben. Die Ermittlungen zeigen, dass IOK-Mitglieder auch versucht hatten, vom Organisationskomitee Sion 2006 Geld und Geschenke zu erpressen – allerdings vergeblich. Der bislang grösste Skandal im IOK führt zum Ausschluss von sechs Mitgliedern und zu einer Änderung im Wahlprozedere. Ausserdem soll eine Reformkommission künftig jede Art von Korruption im IOK verhindern.

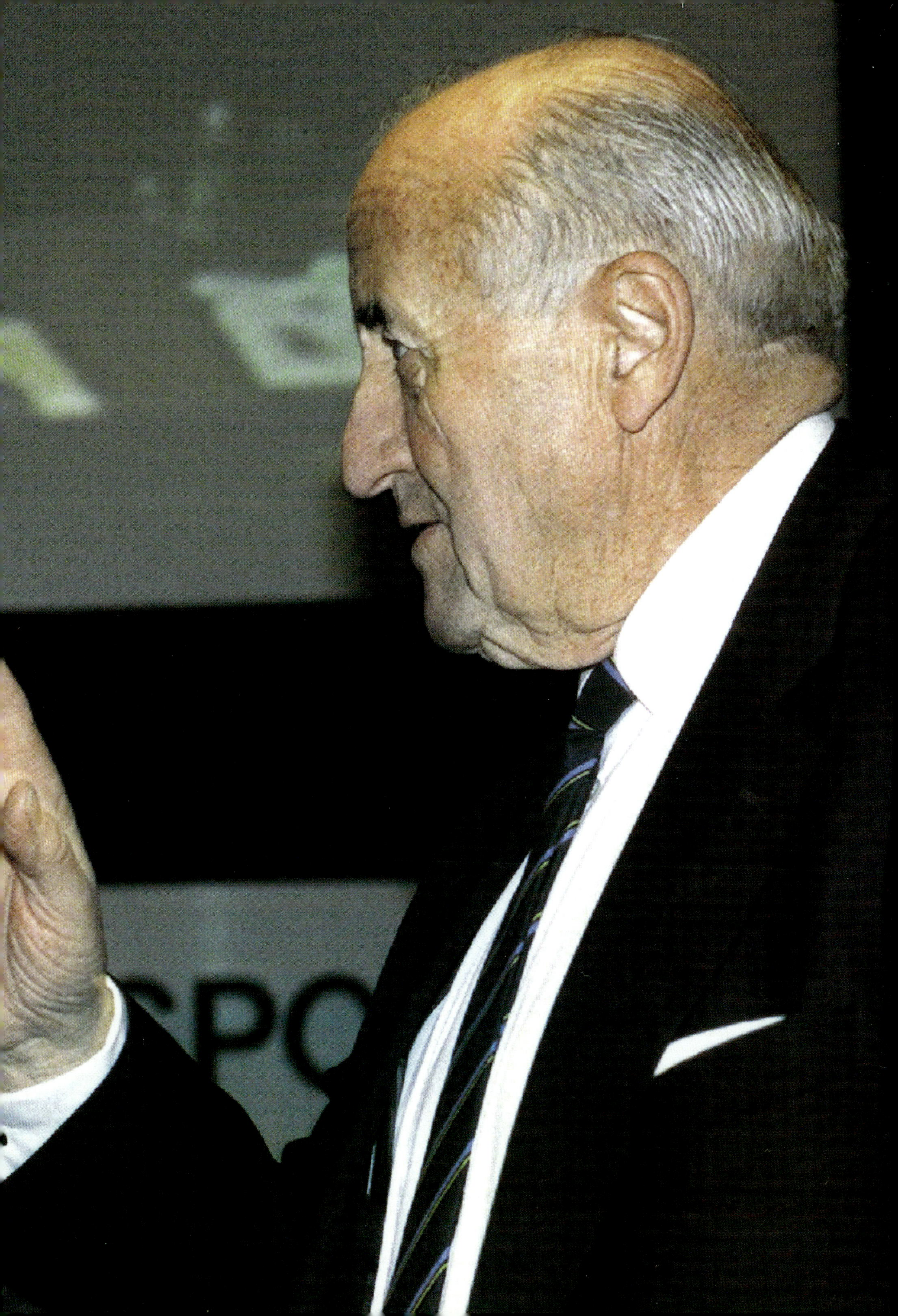

Die Bob-Europameisterschaften im deutschen Winterberg werden von den Teams aus der Schweiz dominiert: Den Wettkampf der Zweierschlitten gewinnen

Starke Schweizer Bobs

Reto Götschi und Guido Acklin mit Bestzeiten in beiden Durchgängen. Auf Rang 2 fährt der zweite Schweizer Bob mit Christian Reich und Urs Aeberhard. Auch im Viererbob überzeugen die Schweizer: Das Team von Marcel Rohner muss sich lediglich vom Schlitten Deutschland 1 mit Pilot Christoph Langen geschlagen geben und gewinnt die Silbermedaille. An den Weltmeisterschaften von Cortina im Februar beweist Marcel Rohner seine Klasse ein weiteres Mal: Hinter dem Bob Frankreich 1 fährt er mit seinem Team auf den 2. Rang und wird Vizeweltmeister. Götschi/Acklin müssen sich im Zweier mit dem 4. Rang begnügen.

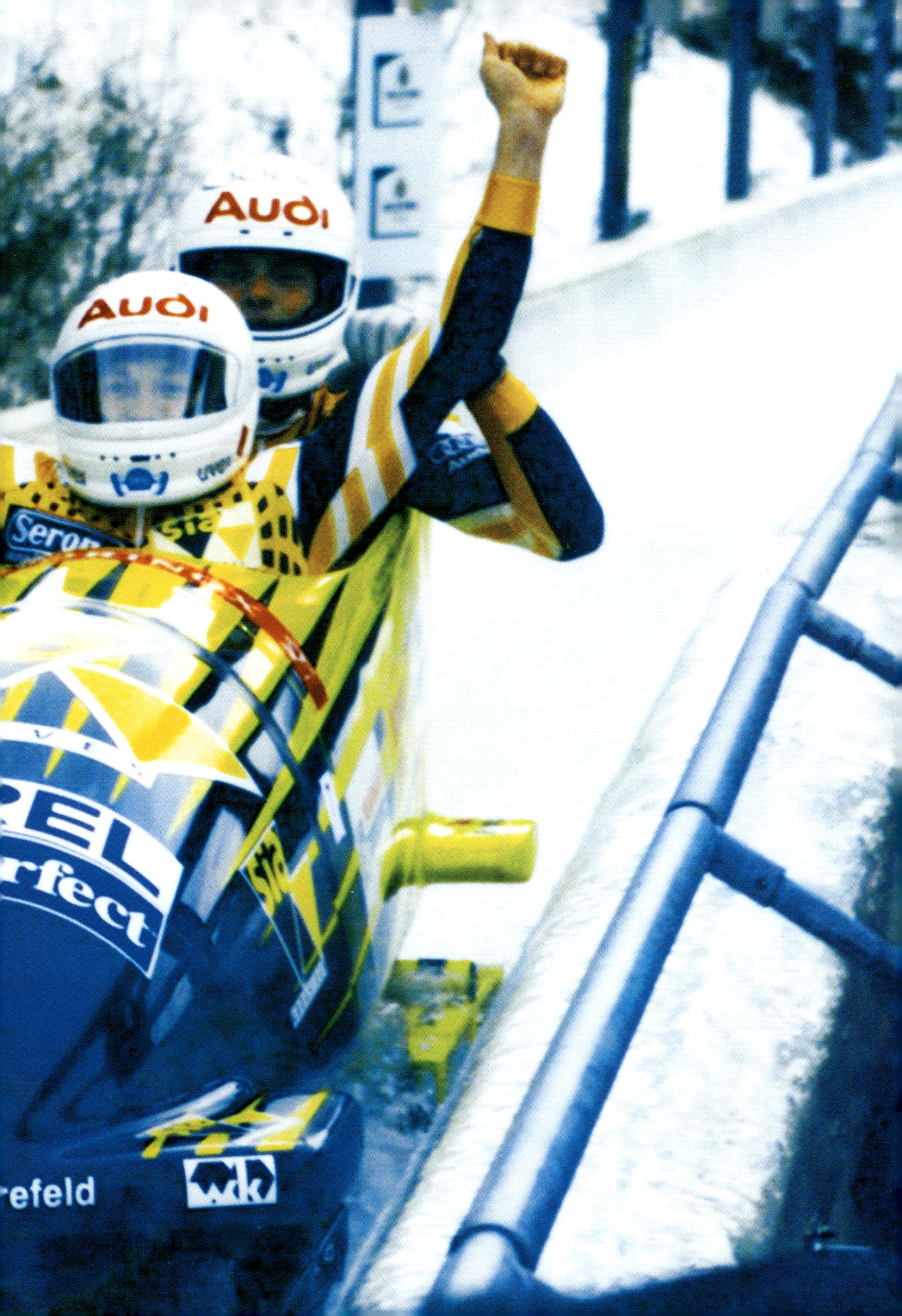
AUDI
AUDI
REL
rfect
refeld

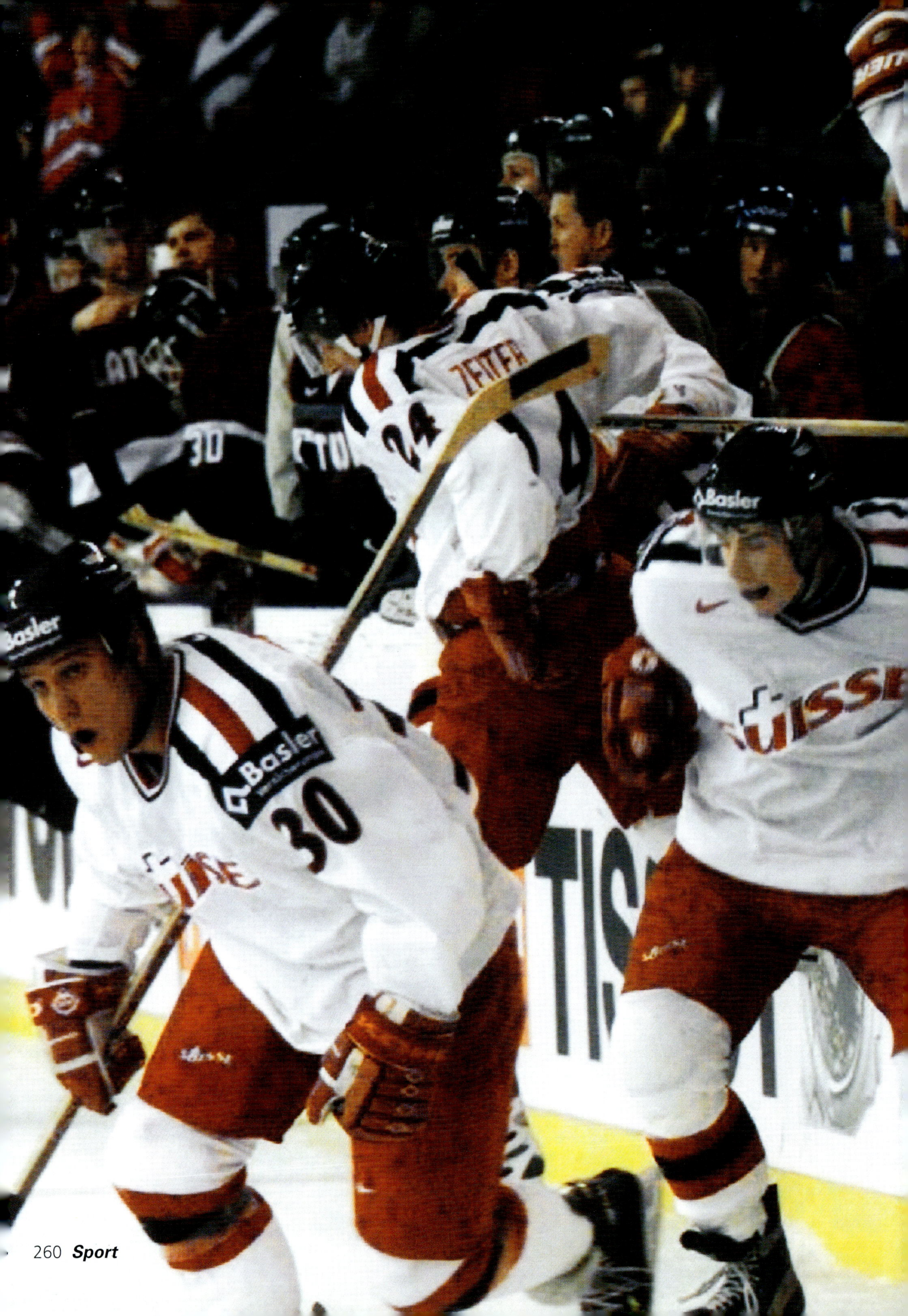
ZEITER
24
Basler
30
Basler
Basler

Die Schweizer Eishockey-Nationalmannschaft kann 1999 nicht an die Erfolge des Vorjahres anknüpfen. An der Weltmeisterschaft in Oslo gewinnen die «Eisgenossen» zwar das

Glücklose «Eisgenossen»

Vorrundenspiel gegen Lettland mit 4:3 (Bild) und deklassieren Frankreich gar mit 6:0. In der Zwischenrunde müssen sich die Schweizer dann aber nacheinander von Kanada, Finnland und den USA geschlagen geben. Das Schweizer Team unter Coach Ralph Krueger beendet die WM schliesslich auf dem 8. Schlussrang. Weltmeister werden zum siebten Mal die Tschechen. Der schwer nachvollziehbare Modus mit zwei Finalspielen und einer Verlängerung im Falle einer Punktegleichheit verhilft der weitgehend stimmungslosen Weltmeisterschaft im letzten Moment doch noch zu Spannung und Spektakel: Die Tschechen gewinnen das erste Finalspiel gegen Finnland mit 3:1, unterliegen aber im zweiten Spiel mit 1:4. Die Entscheidung wird erst in der Verlängerung herbeigeführt – durch das Siegestor von Jan Hlavac.

262 **Sport**

Unsportliche Nummer 1

Die Schweizer Tennisspielerin Martina Hingis muss weiterhin auf ihren ersten French-Open-Titel warten: Anfang Juni verliert sie das Endspiel des Turniers von Roland Garros gegen Steffi Graf mit 6:4, 5:7, 2:6. Obwohl sich Hingis und Graf einen packenden Kampf liefern, macht nicht das Spiel Schlagzeilen – sondern das unsportliche Verhalten der Schweizer Weltranglistenersten. Im ersten Satz zerstört Martina Hingis ein Racket und wird deshalb von der französischen Schiedsrichterin Anne Lasserre verwarnt. Im letzten Satz dann missachtet sie alle sportlichen Regeln, als sie an Steffi Grafs Grundlinie schreitet, um einen Ballabdruck zu kontrollieren. Prompt bringt ihr dies eine zweite Verwarnung und damit einen empfindlichen Punktverlust ein. Das Publikum quittiert Hingis' Benehmen mit wiederholten Buhrufen und Pfiffen. Dies wiederum bringt die 18-jährige Tennisspielerin derart in Rage, dass sie den Platz noch vor der Siegerehrung verlässt. Erst nach einer Intervention von Mutter Melanie kehrt Martina Hingis auf den Court zurück und gratuliert ihrer Gegnerin zum Sieg.

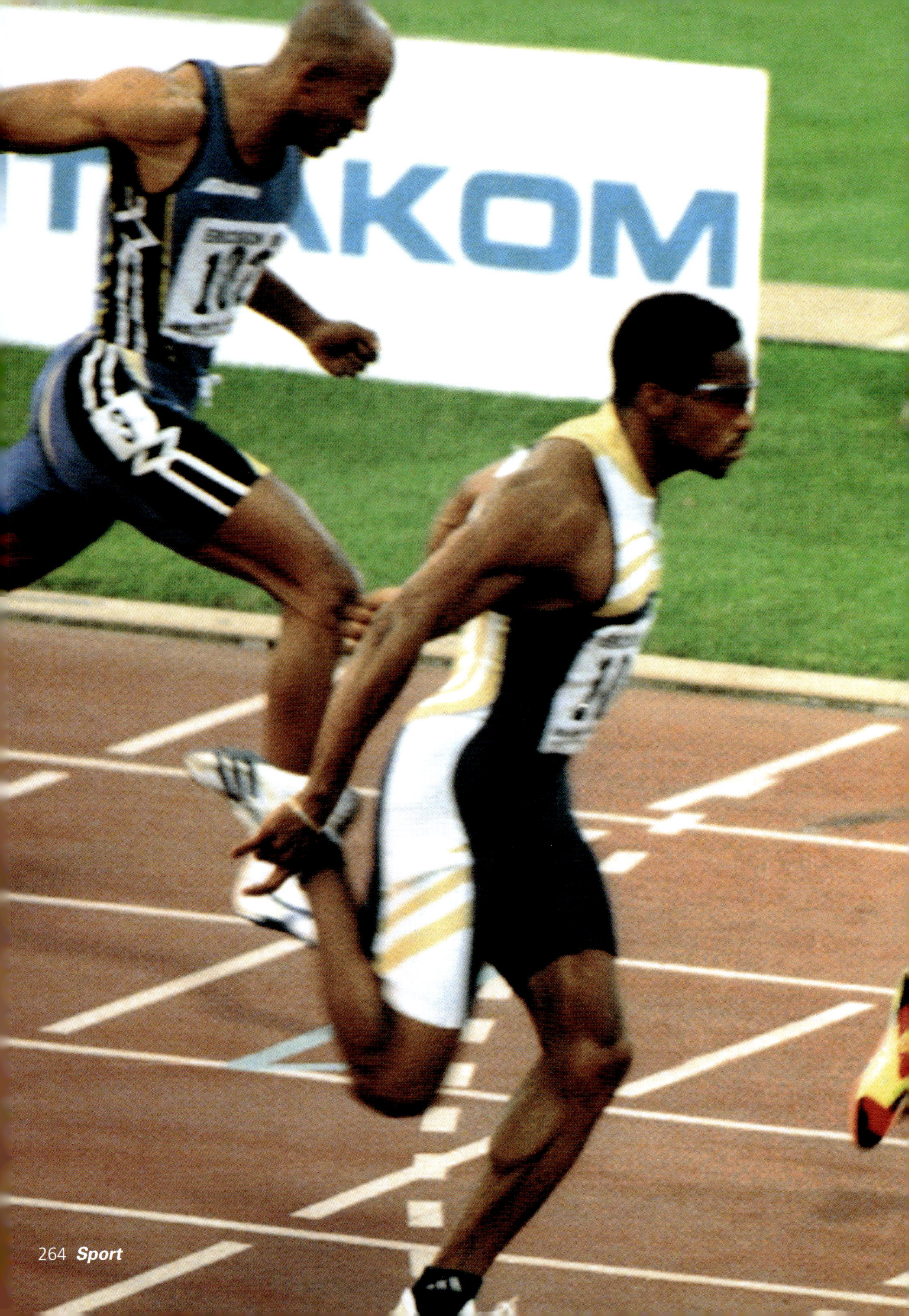

Zwei Jahre lang hatte Maurice Greene immer wieder einen neuen Weltrekord über 100 Meter angekündigt – und bereits nannte man den 25-Jährigen in Sprinter-

Der schnellste Mann der Welt

kreisen «Grossmaul». Mitte Juni indessen macht Greene am Leichtathletik-Meeting von Athen sein Versprechen wahr: Er donnert in fantastischen 9,79 Sekunden über die Bahn und verbessert den bisherigen Weltrekord von Donovan Bailey gleich um fünf Hundertstelsekunden. An den Leichtathletik-Weltmeisterschaften im August beweist Maurice Greene, dass sein Weltrekord kein Zufall war: Mit insgesamt drei Goldmedaillen – über 100 und 200 Meter sowie über 4x100 Meter mit der US-Sprinterstaffel – darf sich der schnellste Mann der Welt als «König von Sevilla» feiern lassen.

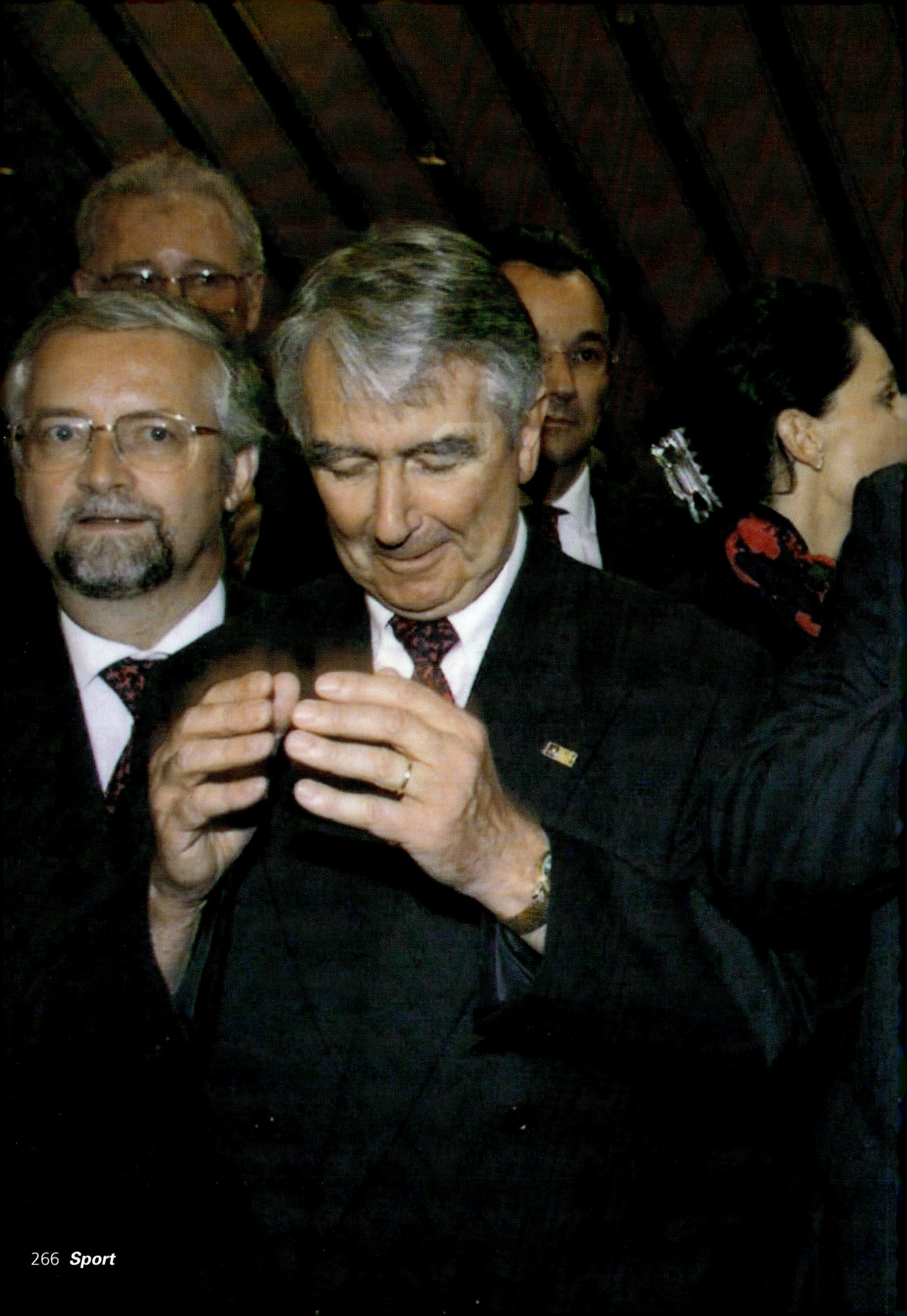

Die Olympischen Winterspiele im Jahre 2006 finden nicht in der Schweiz statt: Am 19. Juni entscheidet sich das Internationale Olympische Komitee in Seoul für den Austragungs-

Sions Leid ist Turins Freud

ort Turin. Während die Wahl bei der Schweizer Delegation in Seoul (im grossen Bild Sportminister Adolf Ogi mit René Burkhalter, Präsident des Schweizerischen Olympischen Komitees und dem Walliser Staatsrat Jean-Jacques Rey-Bellet) Konsternierung auslöst, ist die Freude bei den Turinern entsprechend gross: Die Bekanntgabe des Resultats entlockt Delegationschefin Evelina Christillin einen spontanen Freudenschrei (kleines Bild). Beobachter sind sich einig, dass der Entscheid keine Ablehnung der vorzüglichen Kandidatur von Sion 2006 ist, sondern eine Retourkutsche gegen das Schweizer IOK-Mitglied Marc Hodler. Dieser hatte die Abklärungen im Korruptionsskandal von Salt Lake City vorangetrieben und das IOK zu grundlegenden Reformen bewegt.

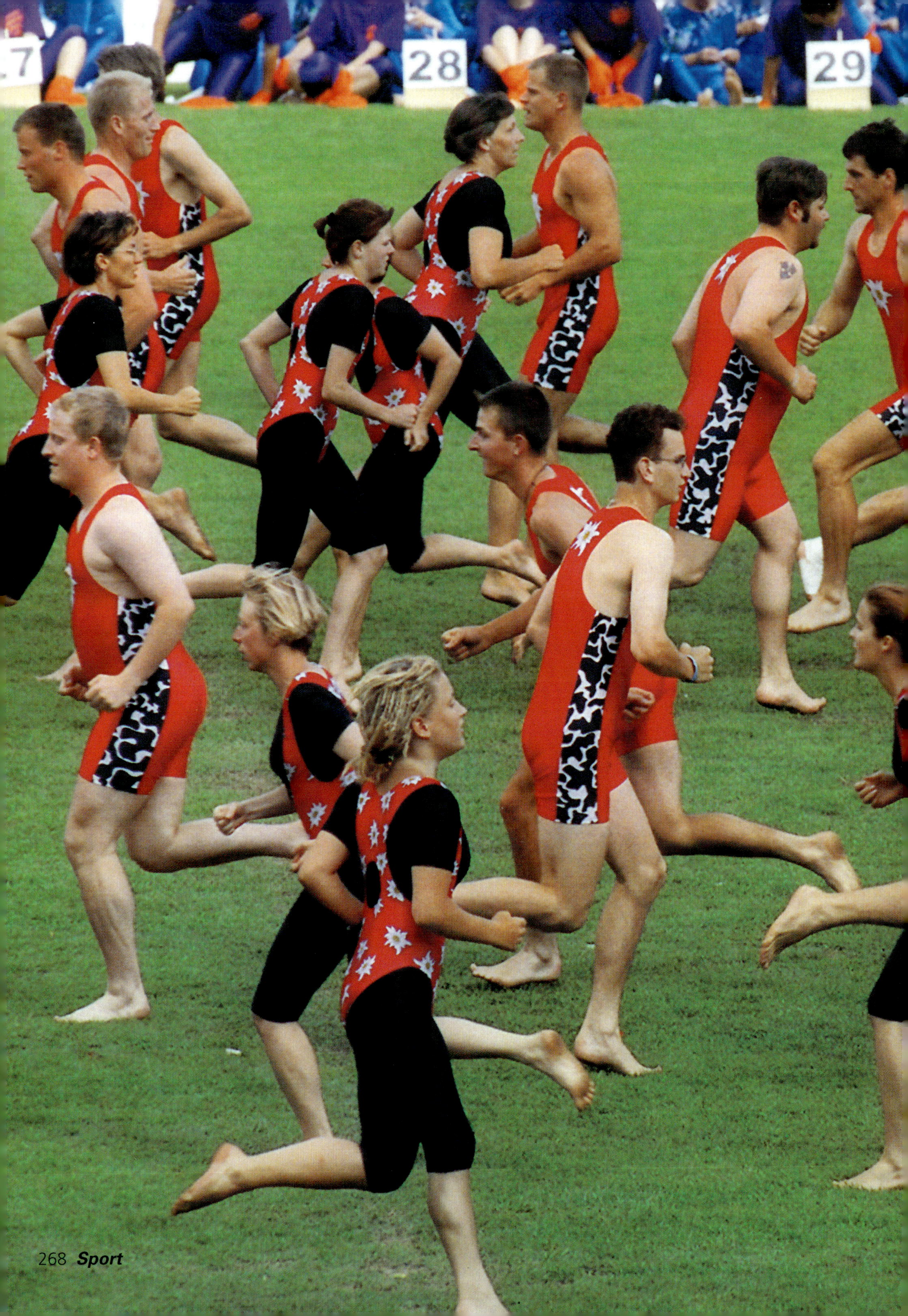
28
29

In der schwedischen Hafenstadt Göteborg wird im Juli das grösste Turnfest der Welt gefeiert: Über 21 000 Turnerinnen und Turner aus 40 verschiedenen Ländern mes-

Turnfest der Superlative

sen sich an der 11. Welt-Gymnaestrada während einer Woche in den unterschiedlichsten Disziplinen. Die mit 4500 Teilnehmern grösste Delegation kommt aus der Schweiz. Kein Wunder, wird die Grossgruppen-Vorführung des helvetischen Gymnaestrada-Teams (Bild) denn auch besonders gefeiert. Auch am Schweizer Abend kommt das Publikum auf seine Rechnung: «Uni, due, tre», die Turntruppe der Universität Bern, sorgt mit ihrem spektakulären Ethno-Programm «Moderne Alp» für Begeisterungsstürme und minutenlangen Applaus.

Das Ferrari-Team dominiert die ersten Rennen der diesjährigen Formel-1-Saison dermassen klar, dass bereits Wetten auf einen Doppelsieg von Michael Schumacher und

Häkkinen verteidigt WM-Titel

Eddie Irvine abgeschlossen werden. Doch es kommt ganz anders: Beim Grand Prix von Silverstone donnert Michael Schumacher im Juli in einen Reifenstapel und bricht sich ein Bein (kleines Bild). Obwohl «Schumi» bereits nach sechs Wochen wieder fährt, ist die WM für ihn gelaufen. Zum nächsten Rückschlag für Ferrari kommt es beim Grand Prix von Malaysia: Wegen überdimensionierter Luftleitbleche disqualifiziert die Rennleitung beide Ferrari-Boliden und erklärt den Finnen Mika Häkkinen zum provisorischen Weltmeister. Das Berufungsgericht des Automobilverbands hebt die Disqualifikation allerdings wieder auf und so kommt es beim letzten Grand Prix der Saison zum Duell Häkkinen–Irvine. Der Finne gewinnt das Rennen im japanischen Suzuka und kann seinen Weltmeistertitel von 1998 erfolgreich verteidigen.

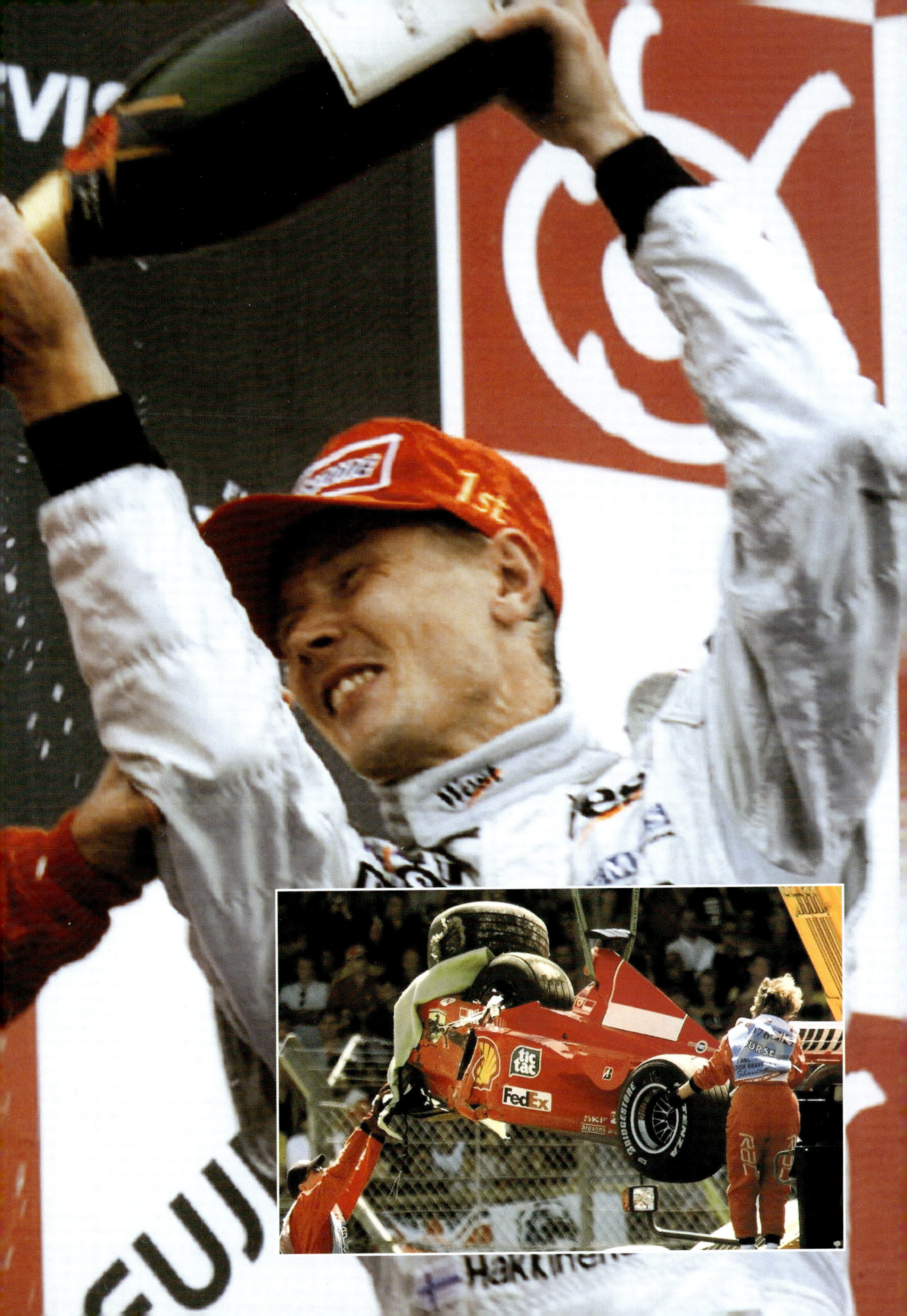
1st
tic tac
FedEx

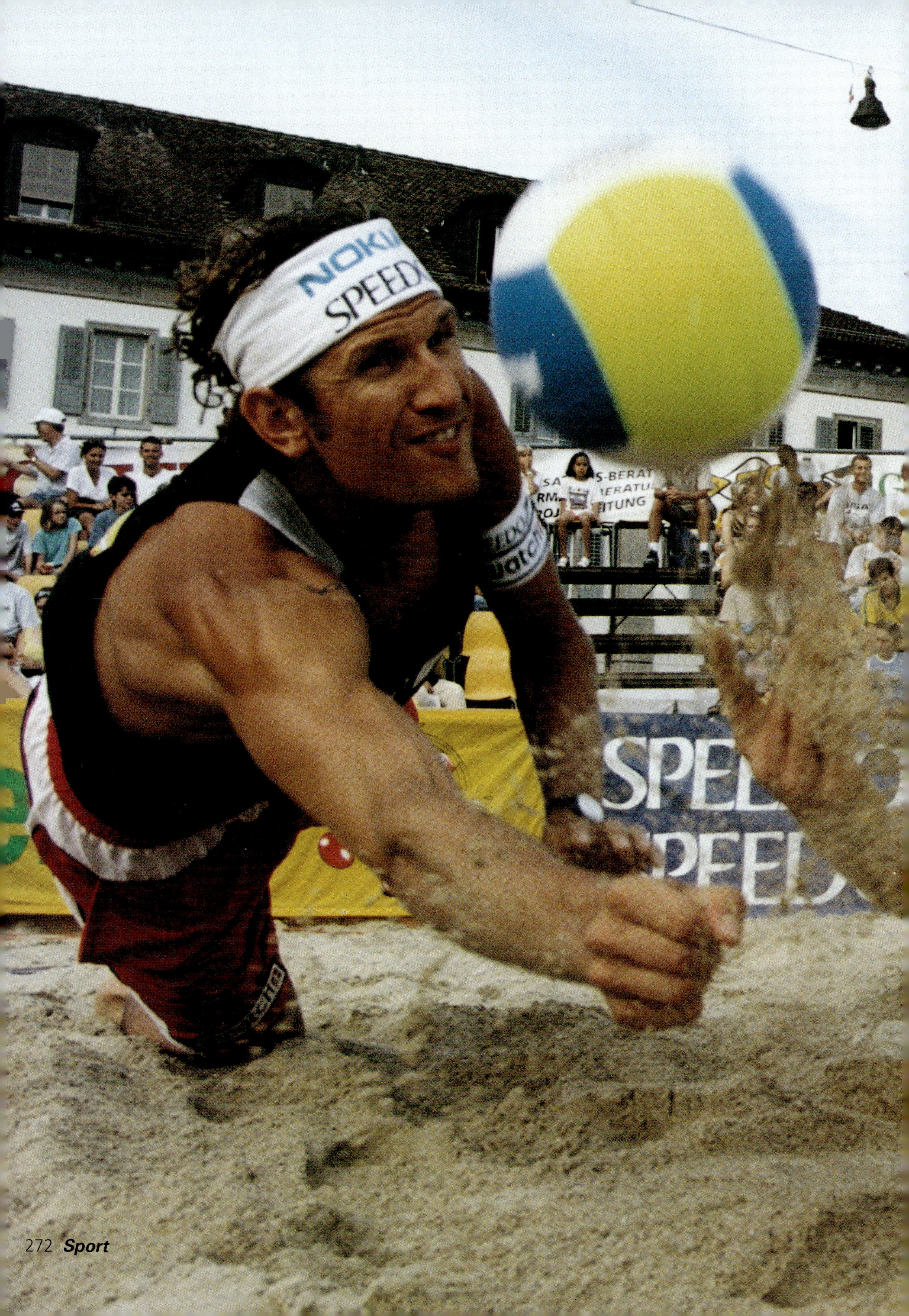

Bei den Beachvolleyball-Weltmeisterschaften in Marseille gelingt es einem Schweizer Team, die langjährige Dominanz der US-Amerikaner und der Brasilianer zu durchbre-

Silber im Sand

chen: Das Brüderpaar Paul und Martin Laciga (im Bild bei einem Show-Turnier in Rapperswil) gewinnt überraschend den Halbfinal gegen Guilherme/Para, die brasilianischen Weltmeister von 1997. Im Final müssen sich die Schweizer gegen die Brasilianer José Loiola und Emanuel Scheffer dann allerdings mit 8:15 geschlagen geben. Die Gebrüder Laciga gewinnen an der WM in Marseille neben der Silbermedaille und einem Preis- geld von 39 000 Dollar auch viel Anerkennung. So meint beispielsweise der Beachvolleyball-Pionier Sinjin Smith aus den USA: «Die beiden sind spielerisch heute wohl das interessanteste Team.»

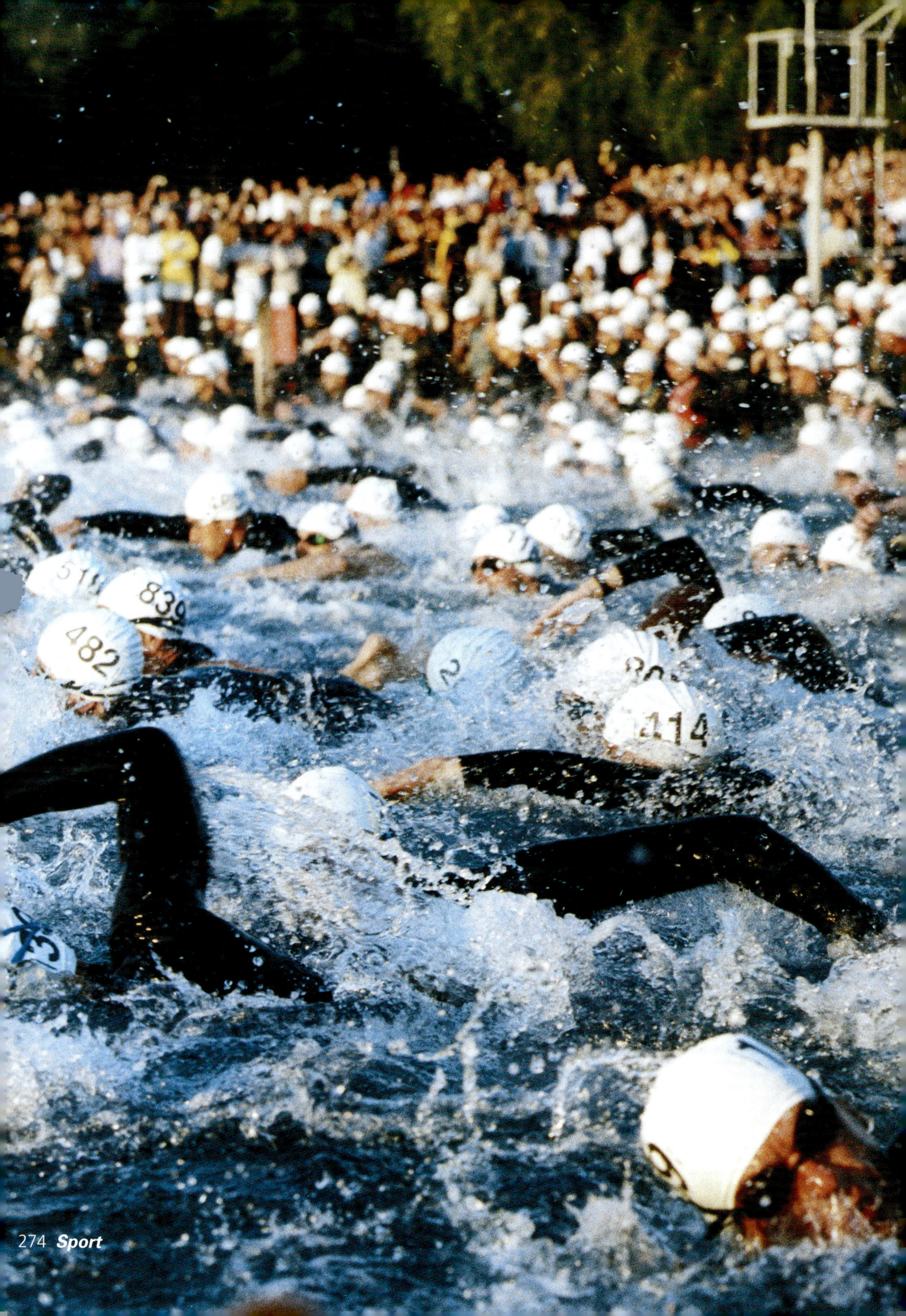

Rund 400 Sportlerinnen und Sportler feiern den 1. August auf eine ganz besondere Art: Am Zürcher Seebecken treffen sie sich zum «Ironman Switzerland». Der Triathlon –

Triathlon am Nationalfeiertag

bestehend aus 3,8 km Schwimmen, 180 km Rad fahren und 42,195 km Laufen – lockt Tausende von Zuschauerinnen und Zuschauern an die Wettkampfstrecke. Der erklärte Favorit des Ausdauer-Wettkampfs, der Schweizer Oliver Bernhard, wird auf den letzten Kilometern des Marathons von Peter Kropko überholt. Der Ungar beendet den «Ironman Switzerland» in 8:32:51 – gut drei Minuten vor Bernhard. Den Wettkampf der Frauen gewinnt die Schweizerin Dolorita Fuchs-Gerber in 9:46:42. Sie rettet sich völlig entkräftet ins Ziel und muss mit einer Glukose-Infusion aufgepäppelt werden.

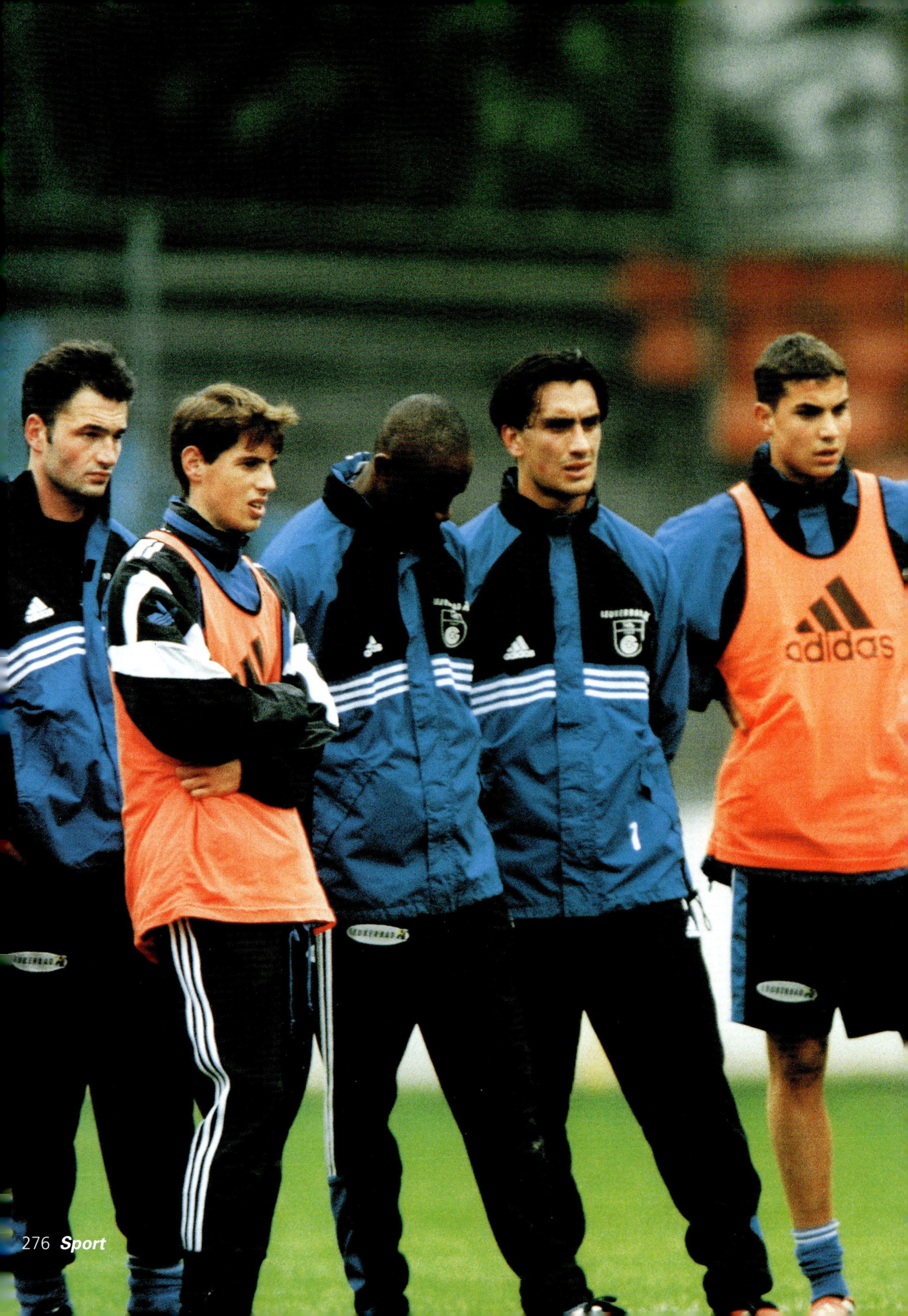
adidas

Die Grasshoppers schlittern im Frühling in eine tiefe Krise: Anfang April kündigt der langjährige Mäzen des Zürcher Traditionsvereins, Werner H. Spross, sein finanzielles Engagement

Neue Ära bei GC

auf. Kurze Zeit später sorgen gefälschte Unterschriften auf Transfervereinbarungen für Wirbel. Nach erfolglosen Verhandlungen mit einer US-Investorengruppe machen drei Schweizer Unternehmer dem finanziell schwer angeschlagenen Fussballverein ein Angebot: CS Verwaltungsratspräsident Rainer E. Gut, Roche-Präsident Fritz Gerber und der Textil- und Immobilienunternehmer Uli Albers wollen die Grasshopper Fussball AG für rund fünf Millionen Franken als Privatpersonen übernehmen. Der Deal geht nach kurzen Verhandlungen über die Bühne und bei GC beginnt eine neue Ära. Präsident Romano Spadaro wird durch den Anwalt Peter Widmer ersetzt, die Mannschaft durch den erfahrenen Internationalen Stéphane Chapuisat (im Bild ganz links) ergänzt. Im August holt sich GC den früheren Nati-Coach Roy Hodgson (rechts) als Trainer.

278 Sport

Elf Jahre und neun Tage lang hatten die 43,29 Sekunden von Harry «Butch» Reynolds allen Angriffen standgehalten. Aber am 26. August fällt der Weltrekord über 400 Meter: Im

Johnson am letzten Ziel

WM-Final von Sevilla legt Michael Johnson die Bahnrunde in 43,18 Sekunden zurück. Der 31-Jährige hatte seinen Rekordlauf bereits nach seinem überragenden Halbfinalsieg angekündigt, als er erklärte: «Ich habe mich noch nie so schnell gefühlt. Im Final wird der Weltrekord fallen.» Michael Johnson erringt mit dem Sieg in Sevilla seinen siebten Weltmeistertitel und erfüllt sich ein letztes grosses Ziel: Der schnelle Texaner ist der erste Mann, der zur gleichen Zeit die Weltrekorde über 200 und 400 Meter hält. Er hat ausserdem bereits drei olympische Goldmedaillen gewonnen und auch mit der 4x400-m-Staffel der USA verschiedene Weltrekorde aufgestellt. Den Weltmeistertitel über 400 Meter sichert sich Johnson bereits zum vierten Mal. Weltrekord und Titel tragen ihm eine Prämie von 160 000 Dollar ein.

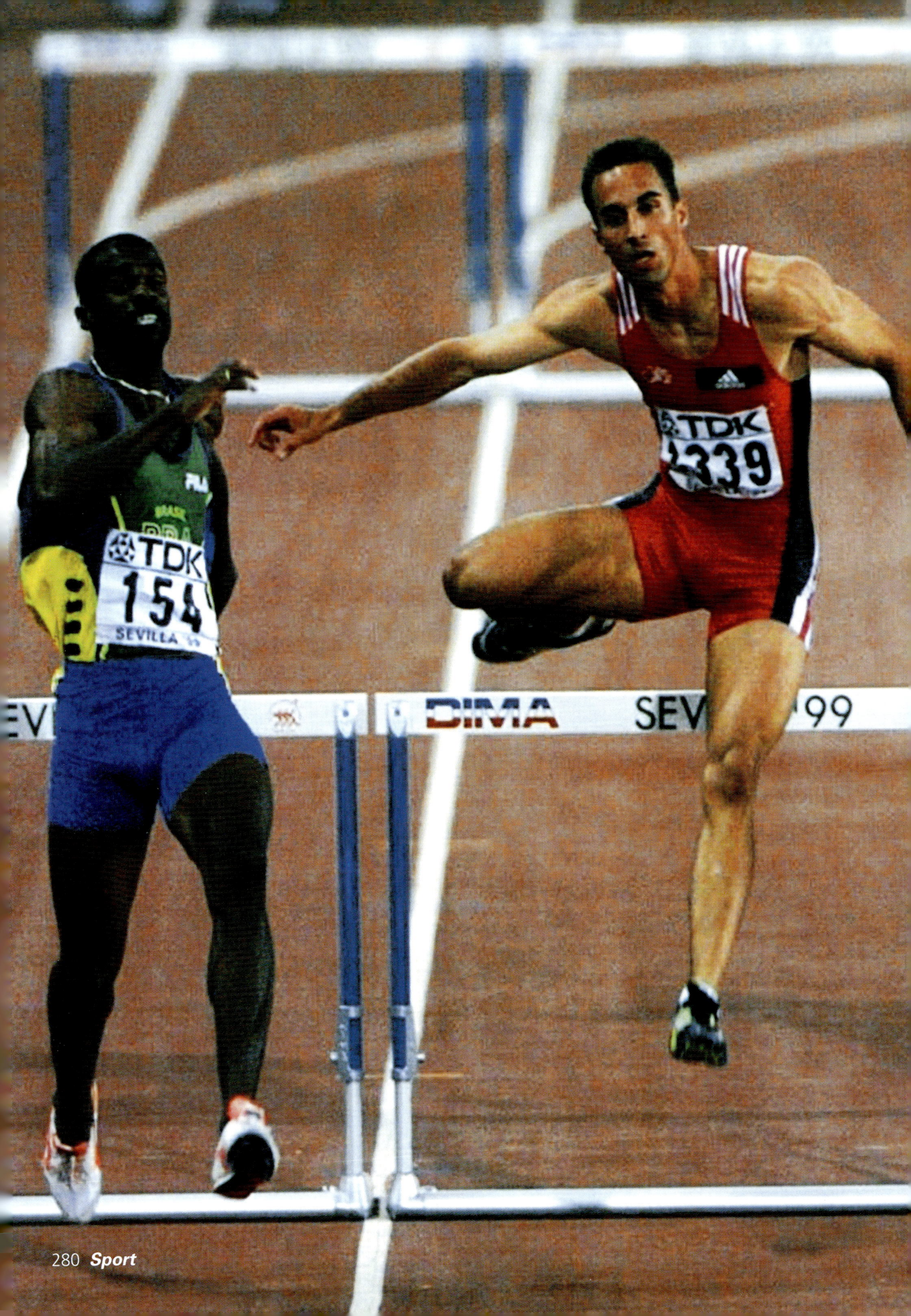
TDK
154
SEVILLA
TDK
339
DIMA

An den Leichtathletik-Weltmeisterschaften von Sevilla kommt es nach dem Final des 400-m-Hürdenlaufs zu einer bewegenden Szene: Der Schweizer Marcel Schelbert –

Schelbert schafft die Sensation

gemäss Anzeigetafel auf Platz 4 – gibt die ersten Interviews, schreit dann plötzlich auf und reisst jubelnd die Arme in die Höhe. Der Grund: Die Anzeige wird nach der Analyse des Zielfotos korrigiert und Schelbert (Mitte) ist jetzt sensationeller Dritter – zeitgleich mit dem Brasilianer Eronilde Nunes de Araujo (links). Gewonnen wird das Rennen vom Italiener Fabrizio Mori in der Jahresweltbestzeit von 47,72 Sekunden. Favorit und Titelverteidiger Stéphane Diagana aus Frankreich muss sich mit der Silbermedaille begnügen. Bronzemedaillengewinner Marcel Schelbert stellt mit 48,13 Sekunden auch gleich noch einen hochklassigen Schweizer Rekord auf.

Beim diesjährigen Unspunnen-Fest in Interlaken wird im Steinstossen ein neuer Rekord aufgestellt: Der Zweimetermann Roland Stählin aus Schwyz wuchtet den 83,5 Kilogramm

Umstrittener Unspunnen-Rekord

schweren Stein 3,72 Meter weit. Aus Platz- und Zeitgründen war das Steinstossen dieses Jahr erstmals nicht in der Arena der Schwinger, sondern auf dem Areal einer benachbarten Brauerei durchgeführt worden. Kritiker bemängeln im Anschluss an den Wettbewerb, dass sich der Rekordstoss wegen des unterschiedlichen Terrains nicht mit den Weiten früherer Unspunnen-Feste vergleichen lasse. Mit einer Überraschung endet der Unspunnen-Schwinget: Silvio Rüfenacht und Christian Vogel trennen sich im Schlussgang unentschieden und verschenken den Sieg an den amtierenden Schwingerkönig Jörg Abderhalden, der sich nicht für den Endkampf qualifiziert hatte.

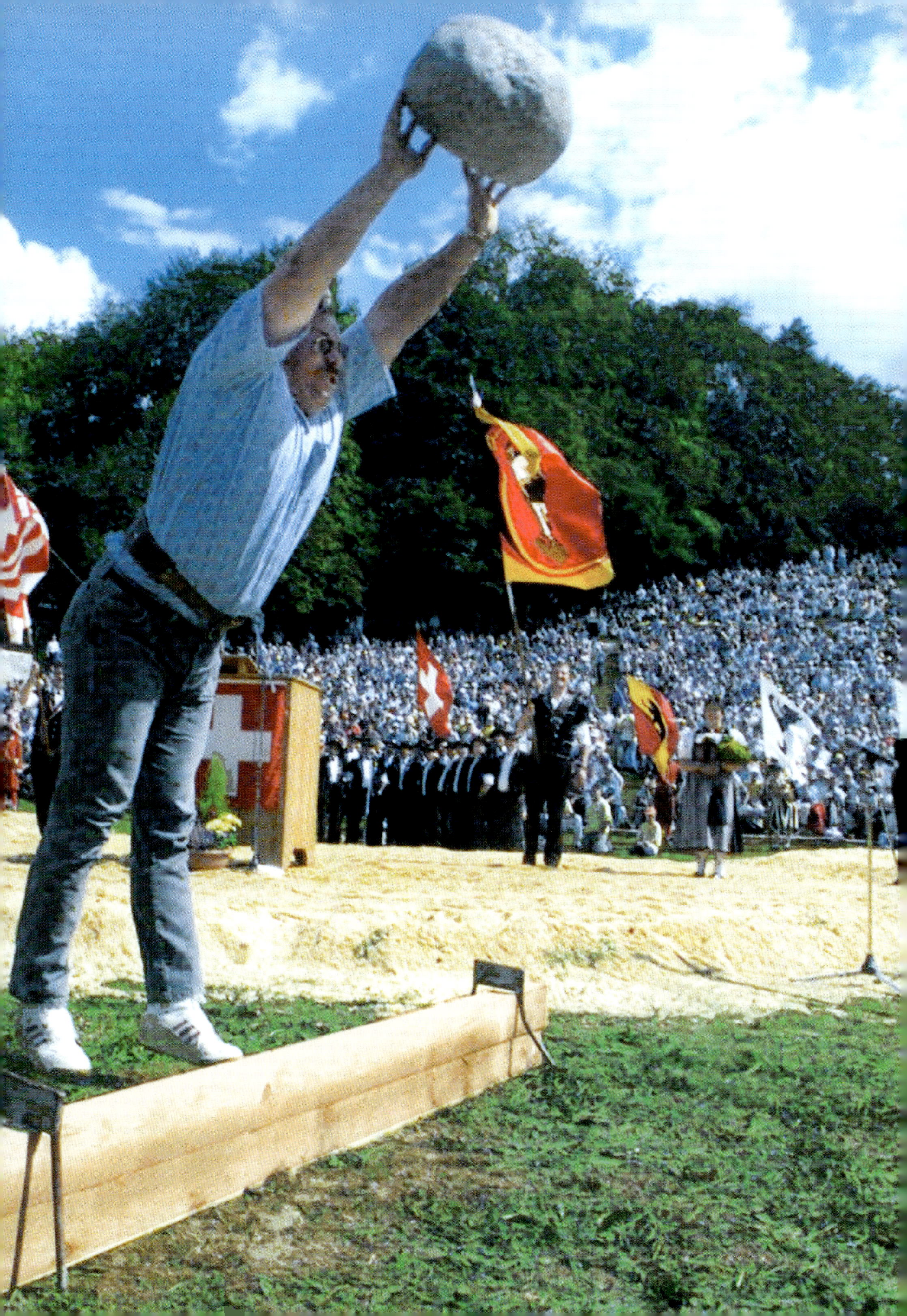

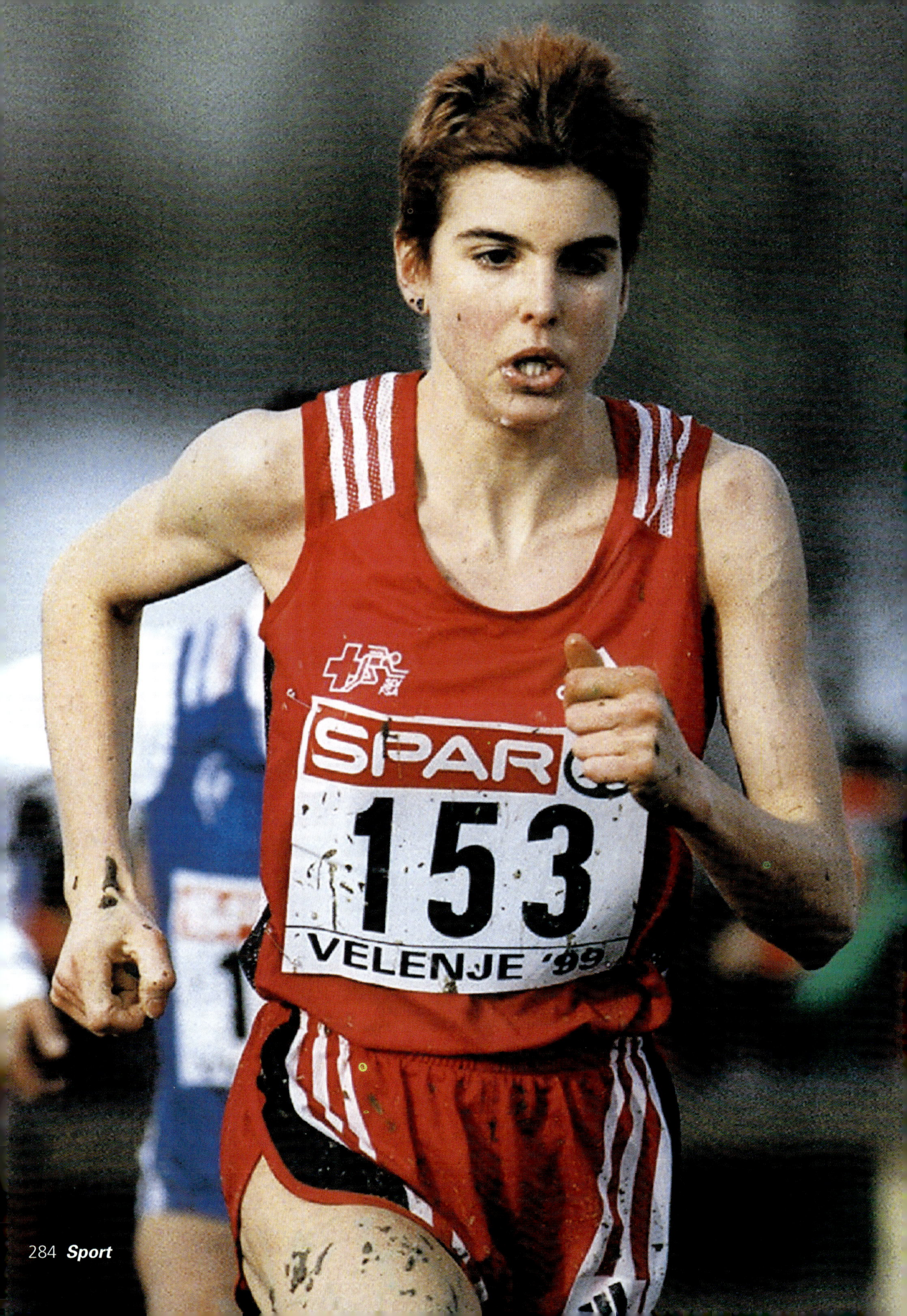
SPAR
153
VELENJE '99

Anfang Dezember wird Anita Weyermann überraschend zur Schweizer Sportlerin des Jahres 1999 gewählt (kleines Bild). Wenige Tage später beweist die 22-jährige Läuferin,

Im Sumpf zum Triumph

dass sie diesen Titel durchaus verdient: An der Cross-EM im slowenischen Velenje gewinnt Anita Weyermann mit klarem Vorsprung auf die Rumänin Constantina Dita die Goldmedaille. Der Sieg der schnellen Bernerin markiert den ersten Titelgewinn für die Schweiz an bisher 27 Welt- und sechs Europameisterschaften in der Cross-Disziplin. Die zweite Medaille für die Schweiz holt sich die 17-jährige Nicola Spirig mit ihrem zweiten Rang im Rennen der Juniorinnen.

Bildnachweis

Schutzumschlag

Keystone
K.H.Hug / SonntagsBlick
W.Bieri / Keystone
A.Müller
A.Boulat / Sipa Press
Sipa Press
M.Limina / Keystoen
Prestige

Monatsbilder

6/7	E.Ammon/AURA
8/9	H.Klaus/Keystone
10/11	P.Aviolat/Keystone
12/13	A.Boulat/Sipa Press
14/15	Keystone
16/17	N.d`Ydewalle/Gamma
18/19	A.Della Valle Keystone
20/21	Ajansi/Gamma
22/23	Rex
24/25	Ragonese/ANSA
26/27	D.Jacovides/Angeli
28/29	U. Flüeler/Keystone

Schweiz

30/31	F.Coffrini/Keystone
30/31	M.Stahl
30/31	R.Sprich
30/31	R.Yural/Keystone
30/31	A.M.Strobelt
30/31	A.Della Valle Keystone
30/31	R.Schläfli/ASL
32/33	F.Coffrini/Keystone
32/33	N.Le Cove/Gamma
34/35	R.Sprich/Keystone
34/35	A.Vogel
34/35	B.Piccard (2)
36/37	M.Rütschi/Keystone
38/39	P.Aviolat/Keystone
40/41	I.Stutz/Keystone
40/41	Engeler/Keystone
42/43	M.Stahl
44/45	M.Stahl
46/47	Curchod
48/49	M.Stahl (2)
50/51	J.Müller/Keystone
50/51	K.H.Hug/SonntagsBlick
52/53	S.Tischler/Keystone
54/55	B.Hädener
56/57	Keystone
56/57	Ph.Rossier/Blick
58/59	R.Sprich (2)
60/61	R.Schläfle/ASL (2)
62/63	RDB
64/65	F.Coffrini/Keystone

66/67	U.Bleil/Sygma
68/69	M.Gyger/Keystone
68/69	R.Bösch/Keystone (2)
70/71	D.Büttner
70/71	D.Büttner
72/73	M. Zaugg/Keystone
72/73	P. Lauth/Reuters
72/73	U. Flüeler/Keystone
72/73	M. Limina/Keystone

Ausland

74/75	O.Jobard/Sipa Press
74/75	Gamma
74/75	Gorovenko/Sipa Press
74/75	Gamma
74/75	J.Langevin/Sygma
74/75	M.Attar/Sygma
74/75	G.Livcoski/EPA
76/77	G.Giansanti/Sygma
76/77	M.Chanura/Rex
78/79	Audrja/Gamma
80/81	S.Gallup/Sipa Press
80/81	Sichov/Sipa Press
82/83	K.H.Hug/SonntagBlick
84/85	P.Tomslav/Sygma
84/85	Malanca/Sipa Press
86/87	A.Nedringhaus EPA
88/89	Gamma
90/91	Sipa Press
92/93	W.Attar/Sygma
94/95	O.Frank/Sygma
94/95	Pandis
96/97	Kreuzhuber/Sipa Press
96/97	G.Neri/Sygma
98/99	K.Moloney/Gamma
98/99	C.Campell/Sipa Press
100/101	P.Piel/Gamma
100/101	Sipa Press
102/103	Sipa Press
102/103	M.Stücklin/Keystone
104/105	Z.Köven/Sygma
104/105	W.Sulemann/Gamma
106/107	A.Nognes/Sipa Press
108/109	A.Orand/Gamma
110/111	Berooz/Sygma
112/113	AFP (2)
114/115	Sipa Press
116/117	I.Vimonen/Sygma
118/119	Cobris/Sygma
120/121	J.Pries/Sipa Press
120/121	U.S.Navy
122/123	J.Jacovides/Angeli (2)

Kultur

124/125	Sipa Press
124/125	Keystone

124/125	A.Della Valle Keystone
124/125	W.Bieri/Keystone
124/125	M.Stücklin
124/125	Gamma
124/125	W.Volz/DPA
126/127	N.Stauss (3)
128/129	Sipa Press
130/131	J.Müller/Keystone (2)
130/131	D.Martenet/L`Illustré
132/133	A.Della Valle Keystone (2)
134/135	Lucasfilm (3)
136/137	M.Stücklin
138/139	W.Volz/DPA
140/141	W.Bieri/Keystone
142/143	M.Stücklin
144/145	Gamma

Leute

146/147	K.Voser/Schwizer Illustrierte
146/147	J.Fizet/Angeli
146/147	St.Cardinale/Sygma
146/147	R.Edelmann/ Schweizer Illustrierte
146/147	M.Limina/Keystone
148/149	N.Jorgenson/Rex
148/149	W.Scarberry/Sygma
150/151	FSP/Gamma
150/151	C.Carrion/Sygma
152/153	B.Marti
154/155	K.Voser/Schweizer Illustrierte
156/157	B.Sorcelletti Gamma
156/157	Angeli
158/159	Sygma (2)
160/161	Prestige
162/163	Sygma (2)
164/165	A.Xiaohu/AP (2)
166/167	J.Fizet/Angeli
168/169	F.Darmigny/Sygma
170/171	P.Adao/Sygma
170/171	S.Tetrick/Sygma
172/173	R.Edelmann/ Schweizer Illustierte
174/175	Blick (2)

Tote

176/177	G.Rancian/Sygma
178/179	E.WollenbergerRDB
180/181	H.Le Cunf/RDB
182/183	Sichov/Sipa Press
184/185	RDB
184/185	RDB
184/185	RDB
184/185	RDB
184/185	F.Krug/action press
184/185	Sipa Press
184/185	RDB

Bildnachweis

84/185	Rex
84/185	R.Viollet/Gamma
84/185	M.Kupferschmit/Keystone
84/185	Schumann/Keystone
86/187	T.Meyer/action press
86/187	Imapress
86/187	J.Andanson/Sipa Press
86/187	Keystone
86/187	Ramirez/action press
86/187	U.Röhnert/RDB
86/187	amw
86/187	H.Tappe/RDB
86/187	B.Soland/Blick Sport
86/187	K.Reichenbach RDB
86/187	ASL

Technik, Wirtschaft, Wissenschaft

88/189	Gamma
88/189	B.Voser/Schweizer Illustrierte
88/189	V.Parys/Sygma
88/189	F.Hadj/Sipa Press
88/189	R.Ritler/Keystone
88/189	W.Bieri/Keystone
90/191	G.Merillon/Gamma
90/191	Meigneux/Sipa Press
92/193	P.Aventurier/Gamma
94/195	B.Voser/Schweizer Illustrierte (2)
96/197	H.Vergalt/EPA
96/197	Y.Loohe/AP
98/199	V.Parys/Sygma
200/201	M.Stücklin (2)
202/203	R.Doelly/Keystone
202/203	Ch.Ruckstuhl/Keystone
204/205	R.Suter/Keystone
204/205	RDB
206/207	J.Gay/US Navy
208/209	Prestige 2)
210/211	P.Lauth (2)
212/213	M.Limina/Keystone
212/213	Ch.Ruckstuhl/Keystone
214/214	R.Edelmann/ Schweizer Illustrierte
214/215	W.Bieri/Keystone

Umwelt

216/217	A.Zurfluh/Keystone
216/217	D.Preisig/Schweizer Illustrierte
216/217	Sipa Press
216/217	H.Schmitt
216/217	EPA
216/217	G.Rösli/Keystone
218/219	A.Balzerini/Keystone (2)
220/221	Sygma
220/221	R.Baha/AP

222/223	F.Coffrini/Keystone
222/223	Ph.Dutiot
222/223	J.M.Maitre
224/225	L.Lehmann/Keystone (2)
224/225	S.Tischler/Keystone
226/227	Colprent/Sygma
226/227	I.Uimonen/Sygma
226/227	D.Preisig/ Schweizer Illustrierte (2)
228/229	R.Sullivan/EPA
228/229	W.Lee/AP
230/231	J.Dixon/Sygma
230/231	St.Holmann/Sygma
232/233	T.Gronik/Sipa Press (2)
234/235	F.Coffrini/Keystone
234/235	R.Sprich
236/237	Sipa Press
238/239	Golcuk/Sipa Press
238/239	H.Schmitt
240/241	Rex
242/243	Saukei/Gamma
244/245	F.Villa/AP
244/245	M.Bernetti/EPA
6246/247	Sygma

Sport

248/249	A.Müller
248/249	F.Coffrini/Keystone
248/249	S.Tischler/Keystone
248/249	M.Probst/AP
248/249	A.Della Valle Keystone
248/249	EPA
248/249	B.Rondoff /Angeli
250/251	F.Calabro/AP
252/253	F.Peters/Bongarts (2)
254/255	A.Della Valle Keystone
256/257	J.B.Sieber/ARC
258/259	R.Schoepal/AP
260/261	M.Limina/Keystone
262/263	B.Rindoff/Angeli
262/263	Ribeiro/Gamma
264/265	Sygma
266/267	F.Coffrini/Keystone
266/267	J.Kurokawa/AP
268/269	S.Tischler/Keystone
270/271	Reuters
270/271	M.Nash/AP
272/273	A.Meier
274/275	P.Lauth
276/277	A.Meier
278/279	T.Kienzle/AP
280/281	Ch.Ruckstuhl/Keystone
282/283	L.Lehmenn/Keystone
284/285	J. Evzen/EPA
284/285	S.Bucher/Reuters
284/285	M.Schweizer/Keystone

Chronik

Die wichtigsten Ereignisse von Tag zu Tag
und die Sporttabellen des Jahres 1999

BUCH
DES JAHRES
1999

Januar

1.1. Der Ölpreis ist 1998 um rund 40 Prozent gesunken – auf den niedrigsten Durchschnittspreis seit 22 Jahren: Am Jahresende kostete der Barrel Öl (159 Liter) noch 10,53 Dollar.

2.1. Im Norden der kanadischen Provinz Québec wird eine Inuit-Siedlung von einer Lawine verschüttet. Neun Menschen kommen bei dem Unglück ums Leben.

3.1. Aus einer Düngemittelfabrik in der andalusischen Stadt Huelva fliessen nach einem Dammbruch 50 Millionen Liter ätzender Schlamm ins umliegende Sumpfland.

4.1. Im Mittleren Westen der USA und in Kanada kommen bei den heftigsten Schneestürmen seit über 30 Jahren 56 Menschen ums Leben.

5.1. US-Präsident Bill Clinton lockert das Handelsembargo gegen Kuba: Zum ersten Mal seit 37 Jahren dürfen US-Firmen wieder ausgewählte Güter für die Landwirtschaft sowie Lebensmittel nach Kuba exportieren.

6.1. Im Südosten des Kongo ermorden Rebellen im Dorf Makobola über 500 Menschen.

7.1. Im westafrikanischen Staat Sierra Leone einigen sich die Regierung und die Rebellen der «Revolutionären Vereinigten Front» auf eine Waffenruhe.

8.1. Die USA geben erstmals zu, unter dem Deckmantel der Uno im Irak spioniert zu haben. Im März 1998 hatte ein als Uno-Waffeninspektor getarnter Agent in Bagdad ein hoch sensibles elektronisches Abhörsystem installiert.

9.1. Gemäss der neusten Statistik des Bundesamtes für Flüchtlinge ist die Zahl der Asylsuchenden 1998 stark angestiegen: Im Vergleich zum Vorjahr gingen 72,2 Prozent mehr Gesuche ein. Das Total der Gesuche blieb mit 41 302 nur knapp unter dem Rekordwert von 1991.

10.1. In Kolumbien massakrieren rechtsextreme Todesschwadronen bei verschiedenen Überfällen in ländlichen Gebieten mehr als 100 Menschen.

11.1. Zwei der grössten Tabakkonzerne der Welt, BAT und Rothmans International, schliessen sich zusammen. Mit einer Jahresproduktion von 900 Milliarden Zigaretten wird der neue Konzern einen Sechstel des Weltmarkts beherrschen.

12.1. Amerikas Basketball-Superstar Michael Jordan zieht sich vom Spitzensport zurück. Der 35-jährige Spielmacher der Chicago Bulls führte sein Team zu sechs Meistertiteln und holte mit dem legendären Dream Team der USA zweimal olympisches Gold.

13.1. Flavio Cotti und Arnold Koller geben ihren Rücktritt auf Ende April bekannt. Die beiden Bundesräte waren vor zwölf Jahren gemeinsam in die Landesregierung gewählt worden.

14.1. Beim Absturz eines US-Tankflugzeugs in der Nähe des Nato-Stützpunkts Gelsenkirchen kommen alle vier Besatzungsmitglieder ums Leben.

15.1. Die Ehe des britischen Rockstars Mick Jagger und des US-Models Jerry Hall steht nach acht Jahren endgültig vor dem Aus: Nachdem bekannt geworden war, dass der 55-jährige Jagger ein brasilianisches Fotomodell geschwängert hat, reicht die 43-jährige Hall die Scheidung ein.

16.1. Ein Massaker im Kosovo erschüttert die Weltöffentlichkeit: In der Nähe der Ortschaft Rakac werden die Leichen von 45 albanischen Männern gefunden. Die Zivilisten waren offenbar aus nächster Nähe erschossen worden.

17.1. Die britische Vodafone übernimmt für 36 Milliarden Pfund das US-Unternehmen Air Touch. Durch die Fusion entsteht der grösste Mobilfunkkonzern der Welt.

18.1. In Zimbabwe wird der frühere Präsident Canaan Banana wegen Homosexualität zu zehn Jahren Haft verurteilt. Der 62-jährige Methodistenpriester war 1987 aus dem Amt geschieden.

19.1. Die britischen Konzerne GEC und British Aerospace kündigen eine Zusammenlegung ihrer Rüstungsaktivitäten an. Das neue Unternehmen namens New British Aerospace wird der drittgrösste Luftfahrt- und Rüstungskonzern der Welt sein.

20.1. In Dänemark fliegt die bisher grösste Bande von Raubkopierern für CD-ROMs auf. Die Bande hatte in den vergangenen Monaten mehr als 125 000 CD-ROMs mit Computerprogrammen im Wert von rund 325 Millionen Franken gefälscht.

21.1. Auf den indonesischen Molukken-Inseln fordern schwere Ausschreitungen zwischen Christen und Muslimen 24 Todesopfer.

22.1. Nach sechsmonatigen Verhandlungen besiegeln die Schweizer Banken, die jüdischen Sammelkläger in den USA und der World Jewish Congress eine Globallösung zur Beilegung des Konflikts um die namenlosen Konti aus der Zeit des Zweiten Weltkriegs: Die Banken bezahlen 1,25 Milliarden Dollar an die Opfer des Holocausts; die jüdischen Kläger lassen im Gegenzug alle Forderungen gegen Schweizer Unternehmen, die Nationalbank und die Eidgenossenschaft fallen.

23.1. Prinzessin Caroline von Monaco und Prinz Ernst August von Hannover geben einander in Monte Carlo das Jawort.

24.1. Bei einem schweren Busunglück kommen im österreichischen Bundesland Steiermark 18 Menschen ums Leben.

25.1. Gemäss der neusten Statistik des Bundesamts für Gesundheit starben 1998 in der Schweiz 83 Menschen an Aids. Die Zahl der Toten sank damit auf den tiefsten Stand seit zehn Jahren.

26.1. In Kolumbien fordert ein schweres Erdbeben fast 3000 Todesopfer. In den beiden Städten Armenia und Pereira werden durch den Erdstoss mit Stärke 6,0 auf der Richterskala Tausende von Häusern zerstört.

27.1. Der abtretende Novaritis-Chef Alex Krauer wird vom Verwaltungsrat der UBS zum Präsidenten der grössten Schweizer Bank gewählt.

28.1. Der US-Autohersteller Ford übernimmt die Automobilsparte des schwedischen Konzerns Volvo AB. Der Übernahmepreis liegt bei 6,45 Milliarden Dollar.

29.1. In der Bundesrepublik Deutschland folgen rund 220 000 Beschäftigte der Metallindustrie einem Aufruf der IG Metall und beteiligen sich an einem eintägigen Warnstreik. Damit wollen sie der Forderung nach 6,5 Prozent mehr Lohn Nachdruck verleihen.

30.1. Im Hoch-Ybrig-Gebiet kommen beim Absturz eines Helikopters alle vier Insassen ums Leben.

31.1. Marcel Strebel, der ehemalige Chef der rechtsextremen Patriotischen Front, wird vom Kantonsgericht Schwyz zu 24 Monaten Zuchthaus verurteilt. Er wurde für schuldig befunden, bei einer nächtlichen Schiesserei 1994 das Leben zweier Polizisten gefährdet zu haben.

Februar

1.2. Frankreichs grösste Geschäftsbank, die Société Générale, und die hauptsächlich im Investmentbereich tätige Paribas kündigen die Zusammenlegung ihrer Aktivitäten an. Der Börsenwert des neuen Unternehmens namens SG Paribas wird auf 195 Milliarden Francs geschätzt.

2.2. In Uruguay verhaftet die Polizei einen ägyptischen Terroristen, welcher der Beteiligung am Luxor-Massaker vom November 1997 verdächtigt wird. Islamische Fundamentalisten hatten damals 58 Menschen – darunter 35 Schweizer – kaltblütig niedergeschossen.

3.2. In Venezuela wird der ehemalige Putschist Hugo Chávez als Präsident vereidigt. In seiner Rede zum Amtsantritt verspricht Chávez seinen Landsleuten eine neue Verfassung und einen kompromisslosen Kampf gegen die Korruption.

4.2. An der Weltdopingkonferenz in Lausanne beschliesst das Internationale Olympische Komitee die Schaffung einer unabhängigen Antidopingagentur.

5.2. In deutschen Flugzeugen wird der Betrieb von Mobiltelefonen aus Gründen der Flugsicherheit verboten. Wer sein Handy künftig dennoch einschaltet, muss mit hohen Bussen oder einer Gefängnisstrafe rechnen.

6.2. In Italien knackt ein anonymer Einzelspieler den für europäische Verhältnisse bisher grössten Lotto-Jackpot: Mit einem Einsatz von umgerechnet neun Franken gewinnt der Mann rund 68 Millionen Franken.

7.2. Bei den eidgenössischen Abstimmungen befürwortet die Mehrheit der Stimmberechtigten das neue Raumplanungsgesetz und die Abschaffung der Kantonsklausel bei Bundesratswahlen.

8.2. Neun Monate nach dem Tötungsdelikt in der Schweizergarde schliesst der Vatikan die entsprechende Akte. Gemäss dem Schlussbericht hat der Walliser Gardist Cédric Tornay am 4. Mai 1998 den frisch gekürten Luzerner Kommandanten Alois Estermann und dessen Frau Gladys in einem «Anfall von Wahnsinn» erschossen und sich dann selbst gerichtet.

9.2. In der Nähe des französischen Winterkurorts Chamonix fordert ein Lawinenunglück zwölf Todesopfer. Zwei Lawinen hatten am späten Nachmittag elf Chalets unter sich begraben.

10.2. Die italienische Regierung verabschiedet ein Dekret, das 250 000 illegal ins Land eingereisten Immigranten bei der Erfüllung gewisser Kriterien zu einer Aufenthaltsbewilligung verhelfen soll.

11.2. In Syrien wird Hafez al-Assad erneut zum Präsidenten erkoren – zum fünften Mal und mit über 99 Prozent der abgegebenen Stimmen.

12.2. Der ehemalige Nestlé-Direktor Andreas Hänggi wird in Guatemala in einem Appellationsverfahren vom Vorwurf des Drogenschmuggels freigesprochen. Die Strafen gegen Hänggis Sohn Nicolas und den Bündner Silvio Giovanoli werden auf drei beziehungsweise fünf Jahre abgeschwächt.

13.2. Im sizilianischen Caltanisetta werden sieben Mafiabosse wegen der Ermordung von Staatsanwalt Paolo Borsellino und fünf seiner Leibwächter im Jahre 1992 verurteilt. Die Paten – darunter Totò Riina, langjähriger Boss der Cosa Nostra – erhalten lebenslängliche Gefängnisstrafen.

14.2. In der norditalienischen Wirtschaftsmetropole Mailand demonstrieren über 100 000 Personen gegen die Ausgrenzung und Kriminalisierung von Flüchtlingen. Zur Kundgebung aufgerufen hatten die Gewerkschaften.

15.2. Die CS Group baut ihre Position im amerikanischen Vermögensverwaltungsgeschäft aus: Für 923 Millionen Franken übernimmt die Schweizer Grossbank den in New York domizilierten Assetmanager Warburg Pincus.

16.2. In der usbekischen Hauptstadt Taschkent werden bei der Explosion mehrerer Autobomben vor dem Regierungsgebäude 13 Menschen getötet und über 120 verletzt.

17.2. Das Internationale Olympische Komitee widerruft sein Gesuch um Erlass der Mehrwertsteuer. Im vergangenen September hatte der Bundesrat das IOK bis zur definitiven Beschlussfassung durch National- und Ständerat vorübergehend von der Mehrwertsteuer befreit.

18.2. In der Kleinstadt Bethel im US-Bundesstaat Maine wird der grösste Schneemann aller Zeiten vollendet: «Angus, König der Berge» misst stolze 34 Meter.

19.2. Bei einem Zugunglück im deutschen Immenstadt werden zwei Personen getötet und über 30 Passagiere zum Teil schwer verletzt. Der mit 150 Passagieren besetzter Intercity war bei einer Weiche aus den Schienen gesprungen und auf das Gegengleis gekippt.

20.2. Nach heftigen Regenfällen kommt es auf der Autobahn A9 bei Belmont VD zu einer Massenkarambolage: Über 50 Fahrzeuge krachen ineinander. Schwer verletzt wird glücklicherweise niemand.

21.2. In Bagdad kommen bei gewaltsamen Demonstrationen irakischer Schiiten mindestens 100 Personen ums Leben. Grund für die Protestaktion war die Ermordung des schiitischen Grossajatollahs Sadiq al-Sader.

22.2. Die Rentenanstalt übernimmt für 2,4 Milliarden Franken die Banca del Gottardo. Mit der Akquisition kann die Rentenanstalt den Umfang der verwalteten Vermögen um 30 auf 140 Milliarden Franken ausbauen.

23.2. Der deutsche Volkswagen-Konzern hat 1998 den grössten Gewinn seit Bestehen des Unternehmens eingefahren: Der Jahresüberschuss beträgt 2,24 Milliarden DM, was einer Steigerung von 65 Prozent entspricht.

24.2. Beim Absturz eines Passagierflugzeugs in China werden alle 61 Insassen getötet. Die Maschine des Typs Tupolew 154 war aus ungeklärten Ursachen beim Anflug auf den Flughafen Wenzhou explodiert.

25.2. Auf dem Cristoforo-Colombo-Flughafen von Genua rutscht ein Flugzeug des Typs Dornier 328 über die Landebahn hinaus ins Meer. Vier der 31 Insassen kommen bei dem Unglück ums Leben.

26.2. In Italien hebt die Polizei eine Fälscherwerkstatt der Mafia aus und stellt gefälschte Euros im Wert von mehreren Millionen Franken sicher.

27.2. Im Osten Deutschlands demonstrieren Tausende von Rechtsextremen gegen die geplante Einführung der doppelten Staatsbürgerschaft. Bei Schlägereien mit der Polizei und mit linken Gegendemonstranten werden zahlreiche Personen verletzt.

28.2. In Nigeria wird der 62-jährige Ex-General Olusegun Obasanjo zum Staatspräsidenten gewählt. Damit erhält das Land nach 15 Jahren Militärherrschaft wieder eine zivile Regierung.

März

1.3. Bei den schwersten Luftangriffen seit Dezember 1998 werfen US-Kampfflugzeuge 30 Bomben über dem Nordirak ab und zerstören Informationsanlagen und Luftabwehrstellungen.

2.3. Die Entführung eines Airbus der Air France geht auf dem Pariser Flughafen Roissy-Charles de Gaulle unblutig zu Ende: Der italienische Luftpirat stellt sich kurz nach der Landung der Polizei.

3.3. Die Deutschen sind weltweite Spitzenreiter beim Brotverzehr: 1998 lag der Pro-Kopf-Verbrauch gemäss der neusten Statistik bei 84,5 Kilogramm.

4.3. Der US-Militärpilot, der 1998 mit seinem Kampfjet im Tiefflug das Kabel einer Seilbahn im oberitalienischen Cavalese durchtrennt hatte, wird nach knapp einmonatigem Verfahren freigesprochen. Bei dem Unglück waren 20 Skitouristen ums Leben gekommen.

5.3. Der Ständerat genehmigt den ersten Rahmenkredit nach dem neuen Agrarrecht. In den kommenden vier Jahren werden die Schweizer Bauern demnach mit jährlich 3,5 Milliarden Franken unterstützt.

6.3. Gemäss einem Bericht der New York Times hat China Mitte der 80er Jahre geheime Informationen aus dem US-Forschungslabor von Los Alamos gestohlen. Dank diesem Material konnte China kleinere Atomsprengköpfe entwickeln und sein nukleares Arsenal modernisieren.

7.3. In Kambodscha kann der berüchtigte Militärchef der Roten Khmer, Ta Mok, verhaftet werden. Der letzte noch flüchtige Anführer der kommunistischen Rebellenbewegung trug wegen seiner Grausamkeit den Beinamen «Schlächter».

8.3. Bei den Präsidentschaftswahlen in El Salvador setzt sich der Kandidat der regierenden Arena-Allianz durch: Der 39-jährige Francisco Flores gewinnt über 51 Prozent der abgegebenen Stimmen.

9.3. Das US-Wirtschaftsmagazin Forbes veröffentlicht die Rangliste mit den Spitzenverdienern des Jahres 1998. Auf dem 1. Rang platziert sich der TV-Komödiant Jerry Seinfeld mit einem Jahreseinkommen von 242 Mio. Dollar. Die am besten verdienende Schweizerin Martina Hingis landet mit 10,1 Mio. Dollar auf Rang 82.

10.3. In Österreich wird der Bombenleger Franz Fuchs zu lebenslanger Haft verurteilt. Der rechtsextreme Eigenbrötler hatte zwischen 1993 und 1997 mehrere Attentate verübt, bei denen vier Menschen getötet und 15 zum Teil schwer verletzt wurden.

11.3. Die Vereinigte Bundesversammlung wählt Ruth Metzler und Joseph Deiss in die Landesregierung.

12.3. Polen, Tschechien und Ungarn werden feierlich in die Nato aufgenommen. Das nordatlantische Verteidigungsbündnis umfasst damit neu 19 Staaten.

13.3. US-Astronomen beobachten bei der Suche nach Asteroiden durch Zufall die Explosion eines Sterns, eine so genannte Supernova. Das kosmische Feuerwerk setzt die Energie von 100 Milliarden Sonnen frei.

14.3. In Istanbul kommen bei einem Brandanschlag auf ein Warenhaus 13 Menschen ums Leben.

15.3. Ein verheerender Grossbrand in einem Slum der indischen Hauptstadt Dehli fordert 35 Menschenleben. Tausende sind nach der Feuersbrunst obdachlos.

16.3. Die Bibel ist und bleibt das meistverkaufte Buch der Welt: Gemäss der neusten Statistik wurden allein 1998 rund 585 Millionen Exemplare der Heiligen Schrift abgesetzt.

17.3. Der Grenzkrieg zwischen Äthiopien und Eritrea eskaliert weiter: Bei einer Schlacht 100 Kilometer südlich der eritreischen Hauptstadt Asmara werden auf beiden Seiten Tausende von Soldaten getötet oder verwundet.

18.3. In Ecuador wird Expräsident Fabian Alarcon festgenommen. Dem einstigen Staatsoberhaupt wird vorgeworfen, er habe während seiner Amtszeit 1997 mehr als 1000 Berater angestellt, die nie irgendwelche Arbeit leisteten.

19.3. Bei einem Bombenanschlag im Nordkaukasus kommen über 60 Menschen ums Leben. In Wladikawkas, der Hauptstadt der russischen Teilrepublik Nordossetien, war auf dem Zentralmarkt eine Autobombe explodiert.

20.3. Der Schweizer Ballonfahrer Bertrand Piccard und sein britischer Kopilot Brian Jones umrunden als erste Menschen in einem Heissluftballon die Erde: Mit der Überquerung des 9. westlichen Längengrads um 10.54 MEZ ist die Umrundung 19 Tage nach dem Start in Chateau d'Œx perfekt.

21.3. Ungeachtet der Proteste von Tierschützern beginnt in Kanada die Robbenjagd. Das kanadische Fischereiministerium hat dieses Jahr 275 000 Sattelrobben zum Abschuss freigegeben.

22.3. Gemäss einer neuen Studie britischer Wissenschaftler macht Schlafmangel dumm: Für jede Stunde unter acht Stunden Schlaf pro Nacht verliert der Durchschnittsmensch mittelfristig bis zu einem Punkt seines Intelligenzquotienten.

23.3. Der schweizerisch-schwedische ABB-Konzern und die französische Alstom legen ihre Stromerzeugung zusammen. Damit entsteht der grösste Kraftwerkbau-Gigant der Welt – mit 54 000 Beschäftigten und einem Umsatz von jährlich rund 11 Milliarden Dollar.

24.3. In Kenia fordert ein Zugunglück am Rand des Tsavo-Nationalparks über 50 Todesopfer.

25.3. An Floridas Golfküste will die Polizei künftig Frauen bestrafen, die in der Öffentlichkeit «mehr als 75 Prozent ihrer Brüste oder mehr als zwei Drittel ihrer Pobacken» zeigen. Allzu freizügigen Badenixen drohen Geldstrafen von 500 Dollar oder 60 Tage Gefängnis.

26.3. Beim Bahnhof Neuenburg überfallen vier bewaffnete Männer einen Panzerwagen der Post. Die Täter entkommen mit mehreren Hunderttausend Franken.

27.3. Die Inuit in Kanada werden in die Selbständigkeit entlassen: Im neuen Homeland Nunavut, das von den bisherigen Nordwest-Territorien abgetrennt wird, werden sich 27 200 nordamerikanische Ureinwohner künftig selbst verwalten.

28.3. In Los Angeles kommt erstmals ein Kind zur Welt, dessen Mutter mit dem Samen eines Toten befruchtet worden war: Das Sperma des 1997 verstorbenen Bruce Vernoff war wenige Stunden nach dessen Tod für 15 Monate eingefroren worden. Im vergangenen Sommer dann hatte sich Vernoffs Witwe damit befruchten lassen.

29.3. In Paraguay dankt Präsident Raúl Cubas nur sieben Monate nach seinem Amtsantritt ab. In der Hauptstadt Asunción hatten vor dem Rücktritt Zehntausende während Tagen gegen das Regime protestiert.

30.3. Im indischen Bundesstaat Uttar Pradesh fordert ein schweres Erdbeben über 100 Todesopfer. Tausende von Menschen sind nach dem Erdstoss obdachlos.

31.3. In der Schweiz wird das Tollwut-Impfobligatorium für hier lebende Hunde aufgehoben.

April

1.4. In den USA heisst das zuständige Bezirksgericht den zwischen den Schweizer Banken und den Holocaust-Sammelklägern geschlossenen Vergleich gut.

2.4. Nordkorea beginnt mit der Zwangsumsiedlung von mehr als zwei Millionen Menschen: Städter werden aufs Land geschickt, wo sie der brachliegenden Landwirtschaft zum Aufschwung verhelfen sollen.

3.4. Beim Absturz eines Helikopters in Tadschikistan kommen 18 Menschen ums Leben – darunter ranghohe russische Militärs.

4.4. Die geplante Schnellbahn Swissmetro zwischen St. Gallen und Genf kann nicht gebaut werden: Der Bund will für das «technisch unausgereifte», milliardenteure Projekt einer U-Bahn quer durch die Schweiz kein Geld lockermachen.

5.4. Im US-Bundesstaat New Jersey wird der mutmassliche Urheber des Computervirus «Melissa» festgenommen. Das Virus, das sich über E-Mails weiterverbreitet, hatte seit Ende März Hunderttausende von Computern in aller Welt infiziert und zahlreiche E-Mail-Systeme zum Absturz gebracht.

6.4. Die Uno erlaubt in Namibia, Zimbabwe und Botswana die Versteigerung von über 50 Tonnen Elfenbein. Das seit über zehn Jahren gültige allgemeine Handelsverbot für das «weisse Gold» war für die drei Auktionen eigens gelockert worden.

7.4. Ein israelisches Paar stellt einen neuen Weltrekord im Dauerküssen auf. Nach dem 30 Stunden und 45 Minuten dauernden Kuss müssen Droro Orpas und Carmit Zubera allerdings wegen «allgemeiner Erschöpfung» ins Spital eingeliefert werden.

8.4. Der Bundesrat stimmt dem Vorschlag der staatspolitischen Kommission zu, bei den eidgenössischen Wahlen von 2003 und 2007 für die Nationalratslisten einen Frauenanteil von mindestens einem Drittel vorzuschreiben.

9.4. Der Präsident von Niger kommt bei einem Putschversuch ums Leben. Am Flughafen der Hauptstadt Niamey wird Ibrahim Barre Mainassara von Soldaten aus einem Hinterhalt erschossen.

10.4. Auf den zu Indonesien gehörenden Molukken kommen bei blutigen Zusammenstössen zwischen Christen und Muslimen über 150 Menschen ums Leben.

11.4. Ein Jahr nach der Unterzeichnung des Friedensabkommens für Nordirland lehnt die Irisch-Republikanische Armee eine Übergabe ihrer Waffen weiterhin ab. Ein IRA-Sprecher weist «jegliche Pläne für eine Entwaffnung» kategorisch zurück.

12.4. In Wuppertal werden beim Absturz der Schwebebahn in der Innenstadt fünf Menschen getötet und Dutzende verletzt.

13.4. Der als «Dr. Death» bekannte US-Arzt und Sterbehelfer Jack Kevorkian wird in Michigan zu einer zehnjährigen Gefängnisstrafe verurteilt. Der 70-Jährige hatte 1998 einen unheilbar kranken Patienten vor laufender Kamera mit einer Giftinjektion getötet.

14.4. US-Astronomen entdecken in der Distanz von 14 Milliarden Lichtjahren ein Sternensystem. Die Galaxie «A», die sich mit annähernder Lichtgeschwindigkeit von der Erde wegbewegt, ist das am weitesten entfernte Sternensystem, das je gefunden wurde.

15.4. In Pakistan wird die Oppositionsführerin und frühere Ministerpräsidentin Benazir Bhutto der Korruption für schuldig befunden und in Abwesenheit zu fünf Jahren Haft verurteilt.

16.4. Vor der Küste Namibias entdecken deutsche Forscher Bakterien, die mit blossem Auge erkennbar sind. Die «namibischen Schwefelperlen» (Thiomargarita namibiensis) sind fast hundertmal grösser als die bisherigen Rekordhalter bei den Bakterien.

17.4. Im Süden Londons explodiert auf einem Markt eine Splitterbombe. Das Attentat, zu dem sich rechtsextremistische Kreise bekennen, fordert über 50 Verletzte.

18.4. Schweizerinnen und Schweizer wollen ein neues Grundgesetz: Knapp 60 Prozent der Stimmbürger nehmen die Totalrevision der Bundesverfassung an.

19.4. Der Bundesrat lässt die Waffenexporte in Nato-Staaten, welche an den Luftangriffen auf Jugoslawien beteiligt sind, stoppen.

20.4. Die SBB kündigen eine Kürzung der wöchentlichen Arbeitszeit von heute 41 auf 39 Stunden an. Mit dieser Massnahme wollen die Bundesbahnen 500 Stellen sichern.

21.4. Die Europäische Union setzt ihre Sanktionen gegen Libyen aus. Zuvor hatte Libyens Revolutionsführer Moamar Kathafi die Auslieferung der beiden Hauptverdächtigen des Bombenanschlags auf ein US-Verkehrsflugzeug vom Dezember 1988 verfügt.

22.4. Auf Jamaica macht die Regierung eine Steuererhöhung nach blutigen Protesten rückgängig. Die mehrtägigen Demonstrationen hatten über ein Dutzend Todesopfer gefordert.

23.4. Die Staats- und Regierungschefs der 19 Nato-Staaten feiern den 50. Geburtstag der westlichen Verteidigungsallianz mit einem Festakt und der feierlichen Unterzeichnung der «Erklärung von Washington». Gemäss dem Strategiepapier definiert sich die Nato künftig als «Stabilitäts- und Sicherheitsallianz für Europa und den euroatlantischen Raum».

24.4. Der deutsche Altbundeskanzler Helmut Kohl wird vom East-West-Institute in New York mit dem Titel «Staatsmann des Jahrzehnts» geehrt. Ausgezeichnet wird Kohl für seine Verdienste um Europa und das transatlantische Bündnis.

25.4. In Australien werden mehr als 1,5 Millionen Hühner notgeschlachtet. Die Tiere waren von der hochansteckenden Newcastle-Krankheit befallen, die bei Vögeln schwere Krämpfe auslöst.

26.4. In London wird Jill Dando, eine der beliebtesten Fernsehmoderatorinnen Grossbritanniens, in ihrem Haus erschossen. Die 37-Jährige hatte bei der BBC unter anderem «Crimewatch UK» – eine populäre Sendung über Verbrechen – moderiert.

27.4. Das Königreich Bhutan im Himalaja führt offiziell das Fernsehen ein. Bis anhin war der Empfang von TV-Sendungen und der Besitz von Fernsehgeräten verboten gewesen.

28.4. Chinas Bergarbeiter leben besonders gefährlich: Gemäss der neusten Statistik der Wirtschafts- und Handelskommission starben im vergangenen Jahr in den chinesischen Bergwerken fast 15 000 Kumpel.

29.4. Das Divisionsgericht 2 in Lausanne verurteilt den 35-jährigen Ruander Fulgence Niyontez wegen Kriegsverbrechen zu einer lebenslangen Zuchthausstrafe. Damit wird in Europa erstmals ein Verantwortlicher des ruandischen Bürgerkriegs von 1994 für seine Taten zur Rechenschaft gezogen.

30.4. In der Schweiz soll die aktive Sterbehilfe für «unheilbar kranke und unerträglich leidende Personen im Endstadium» legalisiert werden. Für eine entsprechende Änderung des Strafgesetzbuchs spricht sich eine Arbeitsgruppe des Justizdepartements aus.

Mai

1.5. In London kommen bei einem Anschlag auf eine Schwulenbar drei Menschen ums Leben. Zu der Tat bekennt sich eine neofaschistische Gruppe mit dem Namen «Die weissen Wölfe».

2.5. Der Walliser Kantonspolizei gelingt es, einen international tätigen Drogenring aufzudecken: Die Dealer hatten in Europa Hunderte von Kilogramm Kokain verkauft.

3.5. In Panama gewinnt Mireya Moscoso die Präsidentschaftswahlen. Die 52-Jährige ist die Witwe von Arnulfo Arias, der dreimal Präsident Panamas war.

4.5. Innerhalb weniger Stunden fegen 76 Tornados über den Mittleren Westen der USA. Die schlimmste Zusammenballung von Wirbelstürmen in der US-Geschichte fordert über 50 Todesopfer und mehr als 650 Verletzte.

5.5. In Indien sterben als Folge einer Hitzewelle mit Temperaturen bis zu 47 Grad über 200 Menschen.

6.5. In den Bündner Primarschulen kann künftig auch das als einheitliche Schriftsprache konzipierte Rumantsch Grischun unterrichtet werden. Ein entsprechender Antrag wird vom Regierungsrat gebilligt.

7.5. Gemäss der neusten Erhebung des Bundesamtes für Strassen kosten die Staus in der Schweiz jedes Jahr 1,2 Milliarden Franken. Insgesamt verplempern die Autofahrer hierzulande jedes Jahr 33,6 Millionen Stunden im Stau.

8.5. Der Pilot des Unglücksjets von Cavalese wird von einem US-Militärgericht der Justizbehinderung und Verschwörung für schuldig befunden. Im Februar 1998 hatte Hauptmann Richard Ashby im Tiefflug die Trosse einer Seilbahn durchschnitten, worauf 20 Menschen in den Tod stürzten. Er und sein Navigator hatten nach dem Unglück ein privates Videoband mit Flugaufnahmen vernichtet. Vom Vorwurf der fahrlässigen Tötung war der Pilot im März freigesprochen worden.

9.5. In Bangladesch kommen bei einem Schiffsunglück über 200 Menschen ums Leben. Eine überladene Fähre war in einem Sturm 120 Kilometer südlich der Hauptstadt Dhaka gekentert.

10.5. Nach dem Absturz eines Kleinflugzeugs im Südpazifik können sich fünf Überlebende nach sechs Stunden an Land retten. Sechs Personen kommen bei dem Unglück ums Leben.

11.5. Einen Tag vor der Eröffnung des Filmfestivals von Cannes wird im Zentrum der Stadt eine Tasche mit einem Sprengsatz gefunden. Nach Angaben der Polizei ging die Bombe nur deshalb nicht hoch, weil das Zündsystem versagt hatte.

12.5. Gemäss der neusten Statistik der Weltgesundheitsorganisation starben 1998 rund 4 Millionen Menschen an den Folgen des Nikotinkonsums.

13.5. Italien hat einen neuen Präsidenten: Der 79-jährige Carlo Azeglio Ciampi, bisher Schatz- und Budgetminister, wird im ersten Wahlgang gewählt.

14.5. Ein brasilianisches Immobilienunternehmen kündigt den Bau des höchsten Wolkenkratzers der Welt an: In São Paulo will die Firma Brasilinvest ein 494 Meter hohes Geschäftshaus erstellen.

15.5. In Russland scheitert ein von den Kommunisten initiiertes Amtsenthebungsverfahren gegen Präsident Boris Jelzin kläglich: Keiner der fünf Anklagepunkte erreicht im Parlament eine Mehrheit.

16.5. Die Regierung von Kuwait stimmt der Einführung des Wahlrechts für Frauen zu. Bei den Parlamentswahlen von 2003 dürfen Frauen damit erstmals stimmen und für einen Abgeordnetensitz kandidieren.

17.5. Bei den Parlamentswahlen in Israel kommt es zu einem deutlichen Linksrutsch. Der Chef der Arbeiterpartei, der ehemalige General Ehud Barak, löst Benjamin Netanyahu als Ministerpräsident ab.

18.5. Ein Amokläufer aus Deutschland, der in den vergangenen Tagen im deutsch-französischen Grenzgebiet fünf Menschen erschossen hatte, richtet sich in einem Hotel in Luxemburg selbst.

19.5. In der grössten Akquisition der Firmengeschichte übernimmt die SAir Group die US-Cateringgruppe Dobbs. Damit verfügt SAir im Bereich der Flugverpflegung über einen Marktanteil von weltweit 25 Prozent.

20.5. Der Basler Pharmakonzern Roche muss in den USA wegen verbotener Preisabsprachen ein Bussgeld in der Höhe von 500 Millionen Dollar bezahlen.

21.5. Robbie Knievel, der Sohn des legendären Stuntmans Evel Knievel, überfliegt im US-Bundesstaat Arizona mit einem Motorrad den Grand Canyon. Mit einer Sprungweite von 68,4 Metern stellt Knievel junior ausserdem einen neuen Weltrekord auf.

22.5. Der Reiseverkehr über Pfingsten sorgt am Gotthard für einen neuen Rekordstau: Die Kolonne in Richtung Süden misst zeitweise über 28 Kilometer und die Reisenden müssen bis zu fünf Stunden im Stau verharren.

23.5. An der Südwestküste von Pakistan fordert ein Wirbelsturm über 200 Todesopfer. Nach der Zerstörung von mehreren Hundert Dörfern sind Zehntausende obdachlos.

24.5. In Deutschland wählt die Bundesversammlung den 68-jährigen Johannes Rau zum neuen Bundespräsidenten. Der ehemalige Ministerpräsident von Nordrhein-Westfalen ist in 50 Jahren Bundesrepublik erst der zweite Sozialdemokrat im höchsten deutschen Staatsamt.

25.5. Mike Tyson wird vorzeitig aus dem Gefängnis entlassen. Der 32-jährige Ex-Boxweltmeister musste eine Strafe wegen Körperverletzung absitzen, nachdem er im August 1998 nach einem Autounfall zwei Männer attackiert hatte.

26.5. Manchester United gewinnt in Barcelona den Final der Champions League gegen Bayern München mit 2:1. Nach einem frühen Tor der Bayern schafft Sheringham für United in der 91. Minute (!) den Ausgleich und Solskjaer schiesst zwei Minuten später das Siegestor.

27.5. Das Uno-Tribunal in Den Haag erlässt gegen den jugoslawischen Präsidenten Slobodan Milosevic Haftbefehl wegen Verbrechen gegen die Menschlichkeit und Verstössen gegen das internationale Kriegsrecht.

28.5. Die 19 Jahre alte Mpule Kwelagobe aus Botswana wird auf der Karibikinsel Trinidad zur neuen Miss Universe gekrönt.

29.5. Im österreichischen Tauerntunnel fordert eine Brandkatastrophe neun Todesopfer und über 50 Verletzte.

30.5. In der Slowakei gewinnt der deutschstämmige Rudolf Schuster die Präsidentschaftswahlen.

31.5. In Warschau fordert eine Massenpanik nach einem Musikfestival 54 Menschenleben und über 300 Verletzte.

Juni

1.6. Am Ministertreffen der Europäischen Freihandelszone (Efta) wird der Schweizer Botschafter William Rossier zum neuen Generalsekretär der Organisation ernannt.

2.6. In Paris legt ein Streik sämtliche Metro- und Buslinien lahm. Die Angestellten der Verkehrsbetriebe reagieren mit der Arbeitsniederlegung auf den Tod eines Sicherheitsbeamten, der angeblich von Schwarzhändlern zusammengeschlagen worden war. Später stellt sich indessen heraus, dass der Kontrolleur an einem Schlaganfall gestorben war.

3.6. In Südafrika verpasst der regierende Afrikanische Nationalkongress (ANC) bei den Parlamentswahlen die angestrebte Zweidrittelsmehrheit um einen Sitz.

4.6. Das englische Magazin Eurobusiness veröffentlicht eine Vermögensliste europäischer Adelshäuser. Auf Rang 1 steht mit 8,4 Milliarden Franken das Haus Liechtenstein, gefolgt von Luxemburg (7,7 Milliarden Franken) und der britischen Königsfamilie (6,8 Milliarden Franken).

5.6. In der Kathedrale Vaduz geben sich Prinzessin Tatjana von und zu Liechtenstein und der deutsche Geschäftsmann Philipp von Lattdorff das Jawort.

6.6. In Algerien schwört die islamische Heilsarmee (AIS), der bewaffnete Flügel der verbotenen islamischen Heilsfront (FIS), der Gewalt ab und unterstellt sich der Autorität des Staates.

7.6. Als eines der letzten Länder Europas unternimmt die Schweiz erste Schritte in Richtung eines freien Strommarktes: Gemäss dem Vorschlag des Bundesrats soll die Liberalisierung bis 2007 schrittweise vonstatten gehen.

8.6. In der Nähe der brasilianischen Stadt São José dos Campos fliehen 345 Häftlinge aus einem Gefängnis. Trotz eines Grosseinsatzes von mehreren Hundert Polizisten können nur knapp 80 der Geflohenen wieder eingefangen werden.

9.6. Gemäss einer Studie der Universität von Texas hat die Internet-Industrie in den USA 1998 einen Rekordumsatz von 301 Milliarden Dollar erzielt und 1,2 Millionen Arbeitsplätze geschaffen.

10.6. Der Uno-Sicherheitsrat stimmt der Kosovo-Resolution zu, die einen vollständigen Abzug jugoslawischer Truppen und Sicherheitskräfte aus dem Kosovo innerhalb von elf Tagen verlangt.

11.6. Ein Computervirus namens «WormExplore.zip» setzt die Computersysteme internationaler Konzerne wie Boeing, Microsoft oder General Electric für mehrere Stunden ausser Betrieb.

12.6. Die Kfor-Truppen beginnen mit ihrem Einmarsch in den Kosovo. An der mazedonischen Grenze werden die ersten Kontingente von albanischen Flüchtlingen frenetisch bejubelt.

13.6. Bei den eidgenössischen Abstimmungen wird die Mutterschaftsversicherung mit einem Neinstimmenanteil von 61 Prozent verworfen. Ja sagt der Souverän zu den Asylvorlagen und zur Vorlage über die ärztlich verordnete Heroinabgabe.

14.6. Gemäss der neusten Statistik des Bundesamtes für Wirtschaft und Arbeit waren in der Schweiz Ende Mai 98 598 Personen als arbeitslos registriert. Die Arbeitslosenquote betrug 2,7 Prozent und lag damit auf dem tiefsten Stand seit August 1992.

15.6. Bei den Wahlen für das Europaparlament müssen die linken Parteien Verluste hinnehmen: Die Sozialdemokraten verlieren 34 ihrer Mandate und fallen hinter die Europäische Volkspartei (EVP) zurück, die mit 225 Sitzen neu die grösste Fraktion stellt.

16.6. Bei einem Erdbeben in der Nähe der mexikanischen Stadt Pueblo werden mehrere Tausend Häuser zerstört. Der Erdstoss mit Stärke 6,7 auf der Richterskala fordert 18 Todesopfer und mehrere Hundert Verletzte.

17.6. Am Weltwirtschaftsgipfel in Köln einigen sich die Staats- und Regierungschefs der sieben grössten Industrienationen darauf, den 41 ärmsten Ländern 40 Prozent der Schulden zu erlassen.

18.6. Das Internationale Olympische Komitee vergibt die Winterspiele 2006 an Turin. Grosse Verliererin ist die Walliser Hauptstadt Sion, die im Vorfeld der Entscheidung als eigentliche Favoritin gegolten hatte.

19.6. Auf Schloss Windsor geben sich Prinz Edward und Sophie Rhys-Jones das Jawort.

20.6. Der irakische Präsident Saddam Hussein ist laut einer aktuellen Erhebung des US-Magazin Forbes einer der reichsten Männer der Welt. Aufgrund der von ihm kontrollierten irakischen Ölreserven bringe es der Diktator auf ein Vermögen von fast zehn Milliarden Franken.

21.6. In Luxemburg unterschreiben die Aussenminister der EU und die Bundesräte Pascal Couchepin und Joseph Deiss die bilateralen Verträge zwischen der Schweiz und der Europäischen Union.

22.6. Die Swissair kündigt an, ihr Management mit jenem der langjährigen Partner-Airline Sabena zu verschmelzen und einen wesentlichen Teil der Aufgaben nach Belgien zu verlagern.

23.6. Zwei Wochen nach dem Ende des Kriegs im Kosovo legt der Bundesrat seine diesbezügliche Politik neu fest: Um die Rückkehr der Kosovo-Flüchtlinge in ihre Heimat zu fördern, will die Landesregierung eine 160 Mann starke Friedenstruppe und über 400 Millionen Franken einsetzen.

24.6. Auf dem Hallwilersee wird das weltweit erste Passagierschiff mit Solarantrieb in Betrieb genommen. Die «Sun Force 1» bietet zwölf Personen Platz und kann bis zu vier Stunden nonstop unterwegs sein.

25.6. In den Kantonen St. Gallen und Thurgau erlassen die Behörden ein Badeverbot für den Bodensee. Das Verbot hatte sich aufgedrängt, nachdem Salmonellen und Kolibakterien in hoher Konzentration gefunden worden waren.

26.6. Chinas Volkskongress verwirft ein Urteil des höchsten Gerichts in Hongkong, wonach 1,7 Millionen Chinesen ein Aufenthaltsrecht in der Sonderverwaltungsregion hätten.

27.6. Am Wirtschaftsforum in Crans Montana kündigt Algeriens Präsident Abdelaziz Bouteflika an, er werde «Tausende amnestieren, die sich in den letzten Jahren als Handlanger von Terroristengruppen strafbar gemacht haben».

28.6. Vor der Südwestküste Englands entdecken Archäologen das Wrack eines vor über 300 Jahren gesunkenen Schiffs. Die «President» war 1684 mit Rohdiamanten und Perlen an Bord untergegangen.

29.6. In der Türkei wird PKK-Chef Abdullah Öcalan wegen Verrats und Separatismus zum Tode verurteilt. Wie in der Türkei bei schweren Strafen üblich, wird das Urteil automatisch an ein Appelationsgericht weitergeleitet.

30.6. Auf dem Flughafen Zürich-Kloten kommt es wegen einer Computerpanne bei der Flugsicherung zu massiven Verspätungen und zahlreichen annullierten Flügen.

Juli

1.7. In Nordirland erklärt sich die IRA zu einer vollständigen Selbstentwaffnung innerhalb eines Jahres bereit. Während der britische Premier Tony Blair von einem historischen Umbruch spricht, geben sich die protestantischen Unionisten skeptisch.

2.7. US-Präsident Bill Clinton ernennt den Bankier Richard Fredericks zum neuen Botschafter für die Schweiz und Liechtenstein. Der 54-Jährige tritt die Nachfolge von Madeleine Kunin an, welche die Schweiz Mitte August verlassen wird.

3.7. Der Ferienbeginn in 14 Schweizer Kantonen führt zum erwarteten Chaos im Reiseverkehr: Vor dem Gotthardtunnel stauen sich die Autos zeitweise auf mehr als 12 Kilometern. Mit rund 70 000 Passagieren wird am Flughafen Zürich-Kloten ein neuer Rekord verzeichnet. Wegen überlasteter Flugstrassen verspäten sich zahlreiche Flüge.

4.7. Am Nationalfeiertag der USA läuft in Chicago ein Rassist Amok: Der 21-jährige Nathaniel Smith tötet zwei Menschen und verletzt sieben weitere zum Teil schwer, bevor er sich selber erschiesst. Alle Opfer sind Angehörige von Minderheiten.

5.7. In der nordirischen Stadt Portadown stoppt die Polizei den geplanten Marsch des protestantischen Oranier-Ordens durch ein katholisches Viertel. In den Vorjahren war es wegen des umstrittenen Marsches immer wieder zu schweren Ausschreitungen gekommen.

6.7. Im Schweizer Mittelland und in der Westschweiz richten heftige Hagelgewitter Schäden in Millionenhöhe an. Bei Mühleberg BE werden mehrere Schafe von hühnereiergrossen Hagelklumpen erschlagen.

7.7. Die Bürgerkriegsparteien im Kongo einigen sich auf den Entwurf eines Friedensabkommens. Der Vertrag sieht eine gemeinsame Militärkommission, eine einheitliche Armee und einen nationalen Dialog über die Zukunft des Landes vor.

8.7. Der gescheiterte Financier Werner K. Rey wird vom Wirtschaftsgericht des Kantons Bern wegen versuchten Betrugs und mehrfacher Urkundenfälschung zu vier Jahren Zuchthaus verurteilt.

9.7. Das Schweizer Telekommunikationsunternehmen Swisscom beteiligt sich zu 58 Prozent am deutschen Mobilfunkanbieter Debitel. Die Kosten der Akquisition belaufen sich auf 2,64 Milliarden Franken.

10.7. Der US-Autokonzern General Motors wird zu 4,9 Milliarden Dollar Schadenersatz an sechs Opfer eines Autounfalls verurteilt. Es ist dies der höchste Schadenersatz, der jemals gegen ein US-Unternehmen verhängt wurde. Die Insassen eines Chevrolet Malibu hatten schwere Verbrennungen erlitten, nachdem ihr Auto bei einem Auffahrunfall in Flammen aufgegangen war.

11.7. Sieben Wochen nach Beginn der indischen Angriffe auf pro-pakistanische Rebellen in Kaschmir einigen sich Indien und Pakistan auf eine Waffenruhe.

12.7. Aus dem japanischen Atomkraftwerk Tsuruga treten rund 72 Tonnen radioaktiv verseuchtes Wasser aus.

13.7. In der neusten Hitparade der internationalen Wettbewerbsfähigkeit macht die Schweiz gegenüber dem Vorjahr zwei Plätze gut und stösst auf den 6. Rang vor. Das wettbewerbsfähigste Land ist gemäss dem Global Competitiveness Report wie im Vorjahr Singapur.

14.7. In der Schweiz erteilt die Interkantonale Kontrollstelle für Heilmittel die Zulassung für die umstrittene Abtreibungspille RU 486.

15.7. China droht Taiwan mit einem militärischen Eingreifen, falls sich die abtrünnige Insel für unabhängig erklären sollte. Die scharfe Rhetorik ist eine Reaktion auf Äusserungen des taiwanischen Präsidenten Lee Teng-hui, welcher China und Taiwan als «gleichberechtigte Staaten» bezeichnet hatte.

16.7. In Russland vernichten die schwersten Waldbrände seit Jahrzehnten rund 320 000 Hektar Wald.

17.7. Im Dreiländereck zwischen Österreich, Liechtenstein und der Schweiz wird ein Schweizer Grenzwächter von einem Deutschen erschossen. Der Angreifer kommt bei dem Schusswechsel ebenfalls um. Im Auto des Täters findet die Polizei Waffen und Munition.

18.7. Bei einem Angriff von US-Kampfflugzeugen auf Ziele im Süden Iraks werden 14 Personen getötet.

19.7. Im Zihlkanal zwischen Bieler- und Neuenburgersee kentert ein Frachtschiff, das Aushubmaterial zur Baustelle der Expo.01 in Cornaux NE hätte bringen sollen. Der Wasserweg bleibt für mehrere Tage gesperrt.

20.7. Die französische Nationalversammlung beschliesst eine umfassende Renovierung von Schloss Versailles. Die einstige Residenz des Sonnenkönigs Louis XIV. soll mit einem Aufwand von umgerechnet rund 700 Millionen Franken saniert werden.

21.7. In der Türkei wird ein weiteres führendes Mitglied der kurdischen Arbeiterpartei festgenommen: Cevat Soysal soll für die Terroranschläge der PKK in türkischen Städten verantwortlich sein.

22.7. Mehrere Dutzend Teilnehmer des Europäischen Vegetarierkongresses in Widnau SG müssen nach Lebensmittelvergiftungen in Spitalpflege gebracht werden. Die Vegetarier hatten am Lunchbuffet offenbar rohe Bohnen gegessen.

23.7. In Japan wird ein hochrangiges Mitglied der Aum-Sekte, die 1995 den Giftgasanschlag auf die Tokioter U-Bahn verübt hatte, wegen mehrfachen Mordversuchs zu 18 Jahren Gefängnis verurteilt.

24.7. Der britische Popstar Phil Collins heiratet in Lausanne die Schweizerin Orianne Cevey.

25.7. Der US-Radprofi Lance Armstrong gewinnt die Tour de France mit 7:37 Minuten Vorsprung auf den Schweizer Alex Zülle.

26.7. Beim Jubiläums-Festival «Woodstock 99» kommt es zu schweren Ausschreitungen: Randalierende Besucher legen zahlreiche Brände und plündern Verkaufswagen. Das dreitägige Open-Air war von rund 225 000 Fans besucht worden.

27.7. Bei einem Bombenanschlag im pakistanischen Teil von Kashmir werden acht Menschen getötet und 35 zum Teil schwer verletzt.

28.7. Beim weltweit bisher schwersten Canyoning-Unglück werden im Berner Oberland 21 Menschen in den Tod gerissen.

29.7. Nach monatelanger Verzögerung gibt der Internationale Währungsfonds die erste Tranche eines Kredits von 4,5 Milliarden Dollar an Russland frei. Die Auszahlung weiterer Gelder wird von der Einhaltung strikter reformpolitischer Auflagen abhängig gemacht.

30.7. Die beiden Fluggesellschaften KLM und Alitalia kündigen die Zusammenlegung ihres Managements an. Durch den Merger entsteht Europas grösste Fluggesellschaft.

31.7. In Atlanta erschiesst ein verzweifelter Börsenhändler zwölf Menschen, bevor er sich selbst richtet.

August

1.8. Die US-Raumsonde Lunar Prospector schlägt nach Angaben der Nasa planmässig in der Nähe des Südpols des Mondes auf. Ziel der letzten Mondmission des Jahrtausends ist das Auffinden von Wasser auf dem Erdtrabanten.

2.8. Marokkos neuer König Mohammed VI. verkündet in einer ersten Rede an die Nation die Begnadigung von über 45 000 Häftlingen. 8000 Gefangene sollen umgehend entlassen werden.

3.8. In Indien kommen beim schwersten Zugunglück in der Geschichte des Landes mindestens 285 Menschen ums Leben. Über 300 Personen werden zum Teil schwer verletzt.

4.8. In Südkorea fordern schwere Unwetter mehrere Hundert Todesopfer.

5.8. Der Nato-Rat wählt den 53-jährigen Schotten George Robertson einstimmig zum neuen Generalsekretär des Militärbündnisses.

6.8. Die Schweizer Bundesanwältin Carla Del Ponte wird vom Sicherheitsrat der Vereinten Nationen zur neuen Chefanklägerin der Uno gegen Kriegsverbrecher ernannt.

7.8. In Zürich nehmen schätzungsweise 600 000 Menschen an der Street Parade teil. Die zweitgrösste Technoveranstaltung der Welt findet zum achten Mal statt.

8.8. Dänische Wissenschaftler entdecken auf einer grönländischen Insel einen «rasenden» Gletscher. Das Eisfeld legt pro Tag bis zu 30 Meter zurück – mehr als ein normaler Gletscher in einem Jahr.

9.8. Russlands Präsident Jelzin entlässt überraschend den erst vor drei Monaten eingesetzten Premierminister Sergei Stepaschin und löst die Regierung auf.

10.8. In Sierra Leone lassen die Rebellen alle ihre Geiseln frei. In den vergangenen Wochen waren im westafrikanischen Staat mehr als 200 Zivilisten entführt worden, darunter auch zahlreiche Kinder.

11.8. Der Bundesrat hebt die so genannte «kollektive vorläufige Aufnahme» von Flüchtlingen aus dem Kosovo auf. Rund 65 000 Menschen müssen demnach bis spätestens Mai 2000 in ihre Heimat zurückkehren.

12.8. Die Eidgenossenschaft scheint ihre Finanzen langsam in den Griff zu bekommen: Laut dem neusten Bericht von Finanzminister Kaspar Villiger ist in drei Jahren zum ersten Mal seit 1989 ein ausgeglichenes Budget absehbar.

13.8. Im US-Bundesstaat Kansas wird die Evolutionslehre von Charles Darwin aus dem Lehrplan öffentlicher Schulen gestrichen. Treibende Kraft hinter dem Entscheid des zuständigen Erziehungsrats sind christlich-fundamentalistische Gruppen.

14.8. In der nordirischen Stadt Belfast kommt es bei Protestantenmärschen zu den schwersten Auseinandersetzungen dieses Jahres: Über 20 Polizisten und mehrere Demonstranten werden verletzt.

15.8. Oberhalb von Grindelwald bricht nach tagelangem Warten die Zunge des Gutzgletschers ab: Rund 30 000 Kubikmeter Eis donnern auf unbewohntes Gebiet.

16.8. Das russische Parlament, die Duma, bestätigt den von Präsident Jelzin vorgeschlagenen Wladimir Putin im ersten Wahlgang als neuen Premierminister.

17.8. Der Westen der Türkei wird von einem Erdbeben mit Stärke 7,8 erschüttert. Das schlimmste Beben seit 30 Jahren fordert fast 20 000 Menschenleben und Zehntausende von Verletzten.

18.8. Der neue Präsident des Stadtstaates Singapur heisst S. R. Nathan. Weil der von der Regierung aufgestellte Kandidat als einziger seine Nominierungspapiere einreichen durfte, entfällt die auf den 28. August angesetzte Volkswahl.

19.8. Im chinesischen Forschungszentrum für Pandazucht bringt ein Pandaweibchen nach einer künstlichen Befruchtung erstmals Drillinge zur Welt.

20.8. Die 15 Coop-Genossenschaften und die Zentrale Coop Schweiz in Basel fusionieren zu einer einzigen Genossenschaft. Die Umstrukturierung des zweitgrössten Detailhändlers der Schweiz soll am 1. Januar 2001 abgeschlossen sein.

21.8. Im Norden der spanischen Hauptstadt Madrid kämpfen über 500 Feuerwehrleute während fast 24 Stunden gegen einen verheerenden Waldbrand. Rund 10 000 Menschen müssen vorübergehend evakuiert werden. Das Feuer vernichtet über 500 Hektaren Pinienwald.

22.8. Bei der Bruchlandung einer MD-11 der taiwanischen China Airlines auf dem Flughafen von Hongkong werden drei Insassen getötet und über 200 zum Teil schwer verletzt.

23.8. In Grossbritannien vermissen Taubenzüchter Tausende von Brieftauben. Die Vögel waren während der Sonnenfinsternis vom 11. August unterwegs und hatten sich auf dem Rückflug zu ihren Schlägen offenbar verirrt.

24.8. Im Ärmelkanal kollidiert ein Kreuzfahrtschiff mit 2400 Passagieren an Bord mitten in der Nacht mit einem Frachter. 24 Menschen werden bei dem Unglück verletzt.

25.8. Die kurdische Arbeiterpartei PKK beginnt mit ihrem Abzug aus der Türkei. Die Freiheitskämpfer fordern die türkische Regierung auf, ebenfalls «Anstrengungen für den von beiden Seiten gewünschten Frieden zu unternehmen».

26.8. Der Winterthurer Industriekonzern Sulzer kündigt den Abbau von weltweit 2000 Stellen an. In der Schweiz sollen über 1000 Stellen gestrichen werden.

27.8. Die letzte Besatzung der russischen Raumstation Mir (Frieden) kehrt planmässig zur Erde zurück. Mir hat damit nach 13 Jahren und über 1600 Pannen endgültig ausgedient. Im Frühling 2000 soll die Raumstation über dem Pazifik gezielt zum Absturz gebracht werden.

28.8. In Lugano wird die 21-jährige Anita Buri aus Berg TG zur Miss Schweiz 1999/2000 gewählt.

29.8. Die US-Beteiligungsfirma Texas Pacific Group erwirbt von der Oerlikon-Bührle Holding sämtliche Aktien des Schweizer Traditionsunternehmens Bally. Der Kaufpreis beträgt rund 250 Millionen Franken.

30.8. Das Schweizer Unternehmen Keramik Laufen wird für 420 Millionen Franken von der spanischen Roca-Gruppe übernommen. Durch die Fusion entsteht der weltweit zweitgrösste Hersteller von Sanitärprodukten mit einem Umsatz von 2,2 Milliarden Franken.

31.8. In der Schweiz ist der Verbrauch von Trinkwasser seit Anfang der 80er Jahre deutlich zurückgegangen: Gemäss der neusten Statistik liegt der Gesamtverbrauch heute bei 407 Litern pro Person und Tag – das sind mehr als 100 Liter weniger als 1981.

September

1.9. Der Nationalrat beschliesst die Gleichberechtigung der Geschlechter im Namensrecht. Die Ehe hat demnach künftig keinen zwingenden Einfluss mehr auf den Namen.

2.9. Die Deutsche Regina Odeh ist neue Weltmeisterin im «Pfahlsitzen»: Die 26-jährige Arztgehilfin lebte seit dem 24. Mai – also 103 Tage und Nächte – auf einem Pfahl mit einer 30 mal 60 Zentimeter grossen Sitzfläche.

3.9. Die italienische Regierung verabschiedet einstimmig einen Gesetzesentwurf für die schrittweise Abschaffung der Wehrpflicht. Demnach soll die heutige Armee bis 2006 in ein Heer von Freiwilligen und Berufssoldaten umgewandelt werden.

4.9. Die Schweiz gewinnt zum fünften Mal in Serie den Grand Prix der Volksmusik: Mit ihrem Schunkellied «Einmal so, einmal so» sichert sich die 21-jährige Berner Sängerin Monique im deutschen Erfurt die meisten Punkte.

5.9. In der Schweiz geht der erste private Fernsehsender mit Vollprogramm auf Sendung: TV 3, ein Joint Venture der TA-Media AG und der SBS Broadcasting, bietet dem Publikum neben Spielfilmen und Serien täglich rund drei Stunden Eigenproduktionen.

6.9. Im Konflikt mit den korsischen Nationalisten erteilt die französische Regierung jeglichen Forderungen nach Autonomie eine klare Absage.

7.9. In Athen fordert ein Erdbeben mit Stärke 5,9 auf der Richterskala über 100 Todesopfer. Mehr als 600 Nachbeben versetzen die Bevölkerung in Panik.

8.9. Die Fussball-Europameisterschaft 2000 findet ohne die Schweiz statt: Die Nationalmannschaft scheidet trotz eines 2:0-Siegs gegen Weissrussland im letzten Spiel der Qualifikationsrunde aus.

9.9. Gemäss der neusten Statistik sind in der Schweiz 1998 rund 453 000 Tiere für Tierversuche eingesetzt worden. Das sind fast acht Prozent weniger als im Vorjahr.

10.9. In Grossbritannien bringt eine Frau gesunde Drillinge zur Welt – darunter ein Baby, das in der Bauchhöhle herangewachsen war. Die behandelnden Ärzte sprechen von einem «Wunder».

11.9. In London wird die 87-jährige Melita Norwood als dienstälteste Agentin des ehemaligen sowjetischen Geheimdienstes enttarnt. Unter dem Decknamen «Hola» hatte sie seit Ende der 30er Jahre Rüstungsprojekte ausspioniert.

12.9. Laut dem neusten Bericht der Uno-Aidskommission sind heute rund 25 Millionen Afrikaner HIV-positiv oder bereits an Aids erkrankt. In gewissen Ländern – etwa Botswana, Namibia, Swasiland oder Zimbabwe – seien bis zu 25 Prozent der erwachsenen Bevölkerung HIV-positiv.

13.9. Der Schweizer Uhrenhersteller Tag-Heuer wird für 1,2 Milliarden an den französischen Luxusgüterkonzern Louis Vuitton Moët Hennesy verkauft.

14.9. Der Oerlikon-Bührle-Konzern trennt sich von seinem einstigen Herzstück, dem Rüstungsgeschäft: Die Oerlikon Contraves Defence wird rückwirkend an die in Düsseldorf beheimatete Rheinmetall verkauft.

15.9. In den USA löst der Hurrikan «Floyd» die grösste Evakuierung in Friedenszeiten aus: An der Ostküste zwischen Florida und North Carolina bringen sich über drei Millionen Menschen vor dem Wirbelsturm in Sicherheit.

16.9. Microsoft-Chef Bill Gates – mit einem Vermögen von fast 100 Milliarden Dollar der mit Abstand reichste Mensch der Welt – will für die schulische Förderung benachteiligter Minderheiten eine Milliarde Dollar spenden: Gates' «Millennium Scholars Program» soll während 20 Jahren jährlich 1000 talentierten Jugendlichen den Universitätsbesuch ermöglichen.

17.9. In Algerien sprechen sich 98,6 Prozent der Stimmberechtigten für das Gesetz zur «nationalen Eintracht» aus. Die Vorlage von Präsident Abdelaziz Bouteflika sieht vor, mit einer Teilamnestie für islamische Fundamentalisten das Land zu befrieden.

18.9. Unter dem Motto «Ja wir wollen – gleiche Leibe, gleiche Rechte» demonstrieren auf dem Berner Bundesplatz rund 6000 Personen für die rechtliche Anerkennung gleichgeschlechtlicher Paare.

19.9. In Sri Lanka überfallen mutmassliche tamilische Rebellen drei Dörfer der singhalesischen Bevölkerungsmehrheit und töten 61 Bewohner.

20.9. In Taiwan fordert ein Erdbeben mit Stärke 7,6 auf der Richterskala mindestens 1700 Todesopfer.

21.9. In Strassburg wird der Spanier Alvaro Gil-Robles zum ersten Europaratskommissar für Menschenrechte gewählt.

22.9. In St. Gallen fährt ein Mann in einem Lieferwagen mit mehreren gefüllten Benzinkanistern frontal in die Eingangshalle des Rathauses. Der ehemalige Einwohner der Stadt hatte offenbar versucht, sich umzubringen. Er bleibt unverletzt und kann festgenommen werden.

23.9. Die US-Weltraumbehörde Nasa verliert nach eigenen Angaben den Kontakt zu ihrer Mars-Klimasonde. Der «Mars Climate Orbiter» hat den Planeten offenbar in zu niedriger Höhe angeflogen und ist abgestürzt.

24.9. Italiens ehemaliger Premierminister Giulio Andreotti soll keinen Mord in Auftrag gegeben haben: Der siebenmalige Ministerpräsident und 21fache Minister wird in Perugia vom Vorwurf freigesprochen, die Ermordung des Journalisten Mino Pecorelli im Jahre 1979 angeordnet zu haben.

25.9. Die Schweizer Wirtschaft kommt in Schwung: Gemäss der neusten Prognose der Konjunkturforschung Basel darf für die nächsten fünf Jahre mit einem Wirtschaftswachstum von durchschnittlich mindestens zwei Prozent gerechnet werden.

26.9. Bei der ersten direkten Präsidentschaftswahl im Jemen wird der bisherige Amtsinhaber Ali Abdullah Saleh mit überwältigender Mehrheit bestätigt.

27.9. In Ägypten wird Präsident Hosni Mubarak erwartungsgemäss mit hoher Mehrheit wiedergewählt. Der 71-Jährige wird damit eine vierte sechsjährige Amtszeit in Angriff nehmen.

28.9. Elf Jahre nach dem Ende des irakisch-iranischen Kriegs entlässt Iran 276 irakische Kriegsgefangene in die Freiheit.

29.9. In Japan ereignet sich in einer atomaren Forschungsanlage der schlimmste Nuklearunfall in der Geschichte des Landes: Arbeiter hatten offenbar zuviel Uranpulver in einen Tank gepumpt und so versehentlich eine atomare Kettenreaktion ausgelöst. 21 Personen werden verstrahlt und die Radioaktivität in der Anlage steigt zeitweise um das 15 000fache über den Normalwert.

30.9. Der diesjährige Nobelpreis für Literatur geht an den deutschen Schriftsteller Günter Grass. Die Schwedische Akademie der Wissenschaften würdigt den 71-Jährigen, «weil er in munter schwarzen Fabeln das vergessene Gesicht der Geschichte gezeichnet hat».

Oktober

1.10. Die Volksrepublik China feiert den 50. Jahrestag der Revolution: Höhepunkt der 20 Milliarden Franken teuren Feierlichkeiten ist eine Parade mit 500 000 Soldaten auf dem Tiananmen-Platz in der Hauptstadt Peking.

2.10. Die Gotthardautobahn A2 wird am Morgen während rund einer halben Stunde lahmgelegt: Mit einem illegalen Rockkonzert protestiert ein lokales Aktionskomitee gegen den «Lastwagenterror».

3.10. In Österreich enden die Parlamentswahlen mit Verlusten der Sozialdemokraten und starken Gewinnen der Freiheitlichen Partei (FPÖ). Die nationalistisch orientierte FPÖ von Jörg Haider ist neu die zweitstärkste Partei im Parlament.

4.10. Bei der neusten Studie zur «Lesekompetenz bei Alltagstexten» schneiden die Deutschschweizer ganz schlecht ab: Unter 13 Ländern und Landesteilen, die bei diesem Erwachsenentest mitmachten, landet die Deutschschweiz auf dem zweitletzten Rang.

5.10. Der US-Telecomriese MCI WorldCom übernimmt für 129 Milliarden Dollar seinen Konkurrenten Sprint. Das durch die grösste Fusion der Wirtschaftsgeschichte entstehende Unternehmen wird 32 Prozent des Ferngesprächmarktes in den USA beherrschen.

6.10. Nach jahrelangem Hin und Her einigen sich National- und Ständerat über die Höhe der Energieabgabe: Auf Erdöl, Gas, Kohle und Uran soll ab 2001 eine Abgabe von 0,3 Rappen pro Kilowattstunde erhoben werden.

7.10. Der Nationalrat will das Korruptionsstrafrecht massiv verschärfen: Künftig soll nicht mehr nur die Bestechung von schweizerischen Beamten strafrechtlich verfolgt werden, sondern auch die Bestechung fremder Amtsträger.

8.10. National- und Ständerat stimmen den bilateralen Verträgen zwischen der Schweiz und der Europäischen Union mit grosser Mehrheit zu.

9.10. Mexiko wird von den schlimmsten Überschwemmungen seit Jahrzehnten heimgesucht: In Teziutlan werden über 200 Menschen von einer Schlammlawine begraben.

10.10. An der Weltmeisterschaft der Radprofis fährt der Schweizer Markus Zberg auf den zweiten Rang. Überraschender Weltmeister wird der spanische Aussenseiter Oscar Freire.

11.10. Der Deutsche Günter Blobel erhält den diesjährigen Nobelpreis für Medizin. Der 63-jährige Wissenschafter hatte als Erster entdeckt, wie sich Eiweisse in den menschlichen Zellen orientieren.

12.10. Der sechsmilliardste Erdenbürger heisst Adnan Nevic. Das Baby, dem diese Ehre symbolisch zuteil wird, erblickt kurz nach Mitternacht in Sarajevo das Licht der Welt.

13.10. Im Güterbahnhof Lausanne laufen rund 600 Liter verdünnte Salzsäure aus. Der Feuerwehr gelingt es, die Säure am Boden zu binden und die Entstehung einer Giftwolke zu verhindern.

14.10. In der weltweiten Kontrolle der Atomwaffen kommt es zu einem ernsten Rückschlag: In den USA weigert sich der Senat, das von Präsident Bill Clinton 1996 unterzeichnete Atomteststopp-Abkommen zu ratifizieren.

15.10. Der Friedensnobelpreis 1999 geht an die internationale Hilfsorganisation «Médecins Sans Frontières».

16.10. Gemäss dem Welthungerbericht der Uno-Organisation für Ernährung und Landwirtschaft leiden weltweit rund 790 Millionen Menschen Hunger – davon 36 Millionen in den Industriestaaten.

17.10. Der Süden des US-Bundesstaats Kalifornien wird von einem starken Beben erschüttert. Obwohl der Erdstoss auf der Richterskala Stärke 7,0 erreicht, werden keine grösseren Schäden gemeldet.

18.10. Ostindien wird von einem Wirbelsturm mit Windgeschwindigkeiten von bis zu 260 Stundenkilometern heimgesucht. Im Staat Orissa fordert der Zyklon Tausende von Todesopfern und macht fast eine Million Menschen obdachlos.

19.10. Die Entführung eines Passagierflugzeugs der EgyptAir kann auf dem Hamburger Flughafen unblutig beendet werden.

20.10. Bundeskanzler François Couchepin kündigt seinen Rücktritt per Ende Jahr an. Der freisinnige Walliser war 1991 als Nachfolger des Sozialdemokraten Walter Buser gewählt worden.

21.10. In Indonesien wird der gemässigte Muslimführer Abdurrahman Wahid zum Präsidenten gewählt. Die populäre Oppositionsführerin Megawati Sukarnoputri wird zur Vizepräsidentin ernannt.

22.10. Der französische Nazi-Kollaborateur Maurice Papon wird in Gstaad verhaftet und nach Frankreich ausgeschafft. Der 89-Jährige war 1998 wegen Beihilfe zu Verbrechen gegen die Menschlichkeit zu zehn Jahren Gefängnis verurteilt, aufgrund einer Beschwerde aber nie in Haft gesetzt worden.

23.10. Bei zwei Feuern an so genannten «Styropor-Partys» in Oberösterreich erleiden über 90 Menschen Brandverletzungen und Rauchvergiftungen. Auf der Tanzfläche liegende Kunststoffkügelchen hatten sich vermutlich durch brennende Zigaretten entzündet.

24.10. Bei den Parlamentswahlen in der Schweiz kommt es zu den massivsten Verschiebungen seit 80 Jahren: Die SVP kann ihre Vertretung im Nationalrat um 50 Prozent steigern und überholt mit 44 Sitzen die FDP (43 Sitze) als zweitstärkste Partei.

25.10. Argentiniens neuer Präsident heisst Fernando de la Rúa. Der 62-jährige Kandidat des Oppositionsbündnisses gewinnt die Wahlen mit grossem Vorsprung auf den Kandidaten der bisher regierenden Peronisten.

26.10. Der Norden Neuseelands wird von einem Erdbeben mit Stärke 6,3 auf der Richterskala erschüttert. Weil das Epizentrum in einer abgelegenen Gegend liegt, kommen keine Personen zu Schaden.

27.10. Gemäss einer neuen Studie der US-Gesellschaft Roper Reports Worldwide sind die Venezolanerinnen und Venezolaner die eitelsten Menschen der Welt. Am wenigsten Gedanken über ihr Erscheinungsbild machen sich die Tschechinnen und Tschechen.

28.10. In Armenien stürmen Terroristen das Parlament in Jerewan und töten acht führende Politiker, darunter Ministerpräsident Wasgen Sarkisjan. Nach mehrstündigen Verhandlungen ergeben sich die Attentäter den Sicherheitskräften.

29.10. Friedrich Nyffenegger wird vom Bundesstrafgericht zu sechs Monaten Gefängnis bedingt verurteilt. Im Zusammenhang mit den «Diamant»-Feiern von 1989 hatte sich der ehemalige Generaloberst des mehrfachen Betrugs schuldig gemacht.

30.10. In Kolumbien wird die schlimmste Verbrechensserie in der Geschichte des Landes aufgeklärt: Der 42-jährige Luis Alfredo Garavito Cubillos gesteht, 140 Kinder misshandelt und ermordet zu haben.

31.10. Vor der Ostküste der USA stürzt eine Boeing 767 der EgyptAir ab. Alle 217 Menschen an Bord kommen beim Crash ums Leben.

November

1.11. In Georgien kann die Bürgerunion von Präsident Eduard Schewardnadse die Parlamentswahlen für sich entscheiden.

2.11. Tamilische Rebellen und die Armee liefern sich im Norden von Sri Lanka die schwersten Gefechte seit Monaten. Die Kämpfe fordern auf beiden Seiten weit über 200 Todesopfer und Hunderte von Verletzten.

3.11. Die Zürcher Posträuber werden zu Strafen zwischen 21 Monaten und fünfeinhalb Jahren Zuchthaus verurteilt. Die sechsköpfige Bande hatte 1997 bei einem dreisten Überfall auf die Fraumünsterpost rund 53 Millionen Franken erbeutet.

4.11. Das US-Verteidigungsministerium kündigt den Abzug der letzten nuklearen Sprengköpfe aus Europa an. Zurzeit sind noch in Deutschland, Belgien, den Niederlanden, Grossbritannien, Italien, Griechenland und in der Türkei Atomwaffen stationiert.

5.11. Die italienische Regierung verabschiedet einen Gesetzesentwurf, wonach «Zucht, Import und Verkauf von potentiell gefährlichen Hunden» künftig verboten werden sollen.

6.11. Im Kartellprozess gegen den US-Softwaregiganten Microsoft kommt es zu einer Vorentscheidung: Das zuständige Gericht befindet, dass das Unternehmen «eine Monopolstellung einnimmt, und den Verbrauchern damit schadet».

7.11. Königin Elizabeth II. bleibt offiziell das Staatsoberhaupt Australiens: Die Einführung der Republik mit einem vom Parlament gewählten Präsidenten wird von 55 Prozent der Stimmberechtigten abgelehnt.

8.11. Der Bundesgerichtshof in Leipzig bestätigt die Urteile der Vorinstanz gegen drei frühere Mitglieder des SED-Politbüros wegen Totschlags an DDR-Flüchtlingen: Der ehemalige Staats- und Parteichef der DDR, Egon Krenz, wird wegen des Schiessbefehls an der Mauer zu sechseinhalb Jahren Gefängnis verurteilt.

9.11. Das Essener Schwurgericht verurteilt vier deutsche Hooligans zu Freiheitsstrafen zwischen dreieinhalb und zehn Jahren. Die Angeklagten hatten am Rande der Fussball-WM 1998 in Frankreich den Gendarmen Daniel Nivel zusammengeschlagen und lebensgefährlich verletzt.

10.11. In der Demokratischen Republik Kongo wird das im Juli unterzeichnete Friedensabkommen gebrochen: Regierungstruppen verüben mehrere Angriffe auf Stellungen von Rebellen.

11.11. Der Einsturz eines Mietshauses in der süditalienischen Stadt Foggia fordert über 60 Todesopfer. Der sechsstöckige Palazzo war mitten in der Nacht wie ein Kartenhaus zusammengefallen.

12.11. Der zum Daimler-Chrysler-Konzern gehörende Eisenbahnbauer Adtranz kündigt die Stilllegung von weltweit sechs Werken an. In der Schweiz betroffen sind die Standorte Zürich-Oerlikon und Pratteln, wo insgesamt 710 Stellen verloren gehen.

13.11. Im Süden Frankreichs fordern schwere Unwetter 27 Todesopfer. Im Departement Aude gehen innerhalb von 24 Stunden 550 Liter Regen pro Quadratmeter nieder. Normalerweise werden in der Region 600 Liter Regen pro Jahr gemessen.

14.11. In der Ukraine gewinnt der bisherige Amtsinhaber Leonid Kutschma die Präsidentschaftswahlen.

15.11. China und die USA einigen sich auf ein Abkommen, das dem asiatischen Land den Weg in die Welthandelsorganisation öffnet. Kernpunkt des Vertragswerks ist eine Senkung der chinesischen Zölle sowie die Aufhebung der bisherigen Exportsubventionen.

16.11. Die neue Besitzerin des Schuhkonzerns Bally, die US-Finanzgesellschaft Texas Pacific Group, kündigt den Abbau von rund 20 Prozent der Arbeitsplätze an. In Europa werden 100 von 210 Verkaufsstellen geschlossen – davon 18 in der Schweiz.

17.11. Der Bundesrat will die Krankenkassenprämien auch in Zukunft nicht nach Einkommen abstufen. Ein entsprechender Vorschlag des Gesundheitsdepartementes von Bundesrätin Ruth Dreifuss wird abgelehnt.

18.11. Die Swissair geht eine enge Partnerschaft mit American Airlines ein. Der bisherige US-Partner Delta hatte den Kooperationsvertrag mit der Schweizer Fluggesellschaft im Oktober gekündigt.

19.11. Bundesrat Moritz Leuenberger eröffnet in Klosters-Selfranga den Bahntunnel und die «Rollende Strasse» durch die Vereina. Das 19 Kilometer lange und 800 Millionen teure Bauwerk verkürzt die Reisezeit von Zürich ins Engadin von über fünf auf knapp drei Stunden.

20.11. Die britischen Medien küren per Publikumsumfrage den grössten Engländer aller Zeiten. Angeführt wird die Rangliste vom Dichter William Shakespeare – vor dem Naturwissenschaftler Isaac Newton und dem Kriegspremier Winston Churchill.

21.11. China schiesst erstmals eine unbemannte Rakete ins Weltall. Die auf den Namen «Shenzou» (Götterschiff) getaufte Kapsel umkreist die Erde 14 Mal und landet planmässig in der Inneren Mongolei.

22.11. In Algerien wird Abdelkader Hachani, einer der führenden Köpfe der Islamischen Heilsfront, ermordet. Hachani hatte sich in den vergangenen Jahren für eine Waffenniederlegung stark gemacht.

23.11. Gemäss der neusten Statistik der EU-Drogenbeobachtungsstelle ist der Konsum illegaler Drogen in Europa erneut zurückgegangen. Die am häufigsten konsumierte Droge ist mit Abstand Cannabis: Jeder neunte EU-Bürger hat dieses Rauschgift schon ausprobiert.

24.11. In der indonesischen Hauptstadt Jakarta stürmen rund 2500 Demonstranten das Parlament und fordern die Unabhängigkeit für die Provinz Aceh.

25.11. Das französische Kassationsgericht bestätigt ein Urteil gegen den Rechtsextremisten Jean-Marie Le Pen, das ihn wegen Körperverletzung ein Jahr von der Politik ausschliesst.

26.11. Bei einem Schiffsunglück vor der norwegischen Küste kommen 19 Menschen ums Leben. Die Fähre «Sleipner» war bei der Stadt Haugesund auf Grund gelaufen und kurze Zeit darauf gesunken.

27.11. In Neuseeland löst eine Mitte-links-Koalition die reformorientierte Regierung der National-Partei ab. Neue Ministerpräsidentin wird Labour-Chefin Helen Clark.

28.11. Die baskische Separatistenorganisation ETA kündigt ihre Waffenruhe nach 14 Monaten überraschend auf. Die «Reaktivierung des bewaffneten Kampfes» wird mit der enttäuschenden politischen Entwicklung im Baskenland begründet.

29.11. Auf der A3 bei Tuggen SZ kommt es zu einer Massenkollision mit 77 Fahrzeugen. Zehn Personen werden bei der Karambolage zum Teil schwer verletzt.

30.11. In Uruguay wird der 72-jährige Advokat und Journalist Jorge Batlle zum neuen Präsidenten gewählt.

Dezember

1.12. Vor der Welthandelskonferenz in Seattle kommt es zu gewalttätigen Protesten: Tausende von Demonstranten liefern sich Strassenschlachten mit der Polizei und verzögern den Beginn der Tagung mit Blockaden um mehrere Stunden.

2.12. Nach 25 Jahren der direkten Verwaltung überträgt Grossbritannien der Provinz Nordirland das Recht auf Selbstverwaltung. Gleichzeitig wird der Anspruch auf das Territorium Nordirlands aus der Verfassung der irischen Republik gestrichen

3.12. Der Euro fällt zum ersten Mal seit seinem Start am 1. Januar unter die Marke von einem Dollar. Währungsexperten machen für den rund 15-prozentigen Sinkflug des Euro die starke US-Wirtschaft und politische Fehler in Europa verantwortlich.

4.12. Der Landesring der Unabhängigen löst sich nach 63-jähriger Tätigkeit auf. Die einst grösste Nichtregierungspartei hatte bei den eidgenössischen Wahlen vom Oktober nur noch ein einziges Mandat gewonnen.

5.12. In London wird die 20-jährige Zoologiestudentin Yukta Mookhey zur Miss World 1999/2000 gewählt. Miss Schweiz Anita Burri hatte es nicht in den Final geschafft.

6.12. Die Schweizerische Rückversicherungsgesellschaft Swiss Re übernimmt für 1,15 Milliarden Franken die kalifornische Underwriters Re Group.

7.12. Die Nasa gibt den «Mars Polar Lander» definitiv auf. Die 260 Millionen Dollar teure Sonde, die Ende November auf dem Mars hätte landen sollen, ist vermutlich in der Atmosphäre des Roten Planeten verglüht.

8.12. Mit 50 Jahren Verspätung will die Schweiz der Uno-Konvention zur Verhütung und Bestrafung von Völkermord beitreten. Die entsprechende Vorlage wird vom Nationalrat einstimmig angenommen.

9.12. Das US-Softwareunternehmen Microsoft und der schwedische Telefonhersteller Ericsson vereinbaren eine Allianz für das mobile Internet. Die neue Technologie, welche die Nutzung von Internet-Diensten mit Mobiltelephonen erlaubt, soll in fünf Jahren weltweit 400 Millionen Anwender haben.

10.12. Der Bericht der Bergier-Kommission zur Flüchtlingspolitik der Schweiz während der Nazizeit kommt zu einem harten Urteil. Laut dem internationalen Expertenteam habe die Schweiz zu wenig für die Flüchtlinge getan und insbesondere den Juden Hindernisse in den Weg gestellt.

11.12. Beim Absturz eines Passagierflugzeugs kommen auf den Azoren alle 35 Insassen ums Leben.

12.12. An ihrem Gipfeltreffen in Helsinki gewähren die Staats- und Regierungschefs der EU der Türkei den Kandidatenstatus. Damit hat die Türkei die gleichen Beitrittschancen wie die bereits anerkannten zwölf Bewerber aus Mittel-, Ost und Südeuropa.

13.12. Die Cablecom wird ins Ausland verkauft: Der britische Konzern NTL erwirbt den grössten Schweizer Kabelnetzbetreiber für 5,8 Milliarden Franken.

14.12. Mit einer Zeremonie an der Schleuse Miraflores wird die Übergabe des Panamakanals an die Regierung von Panama gefeiert. Die Kanalzone hatte seit Beginn des Jahrhunderts unter der Hoheit der USA gestanden.

15.12. Annemarie Huber-Hotz wird von der Vereinigten Bundesversammlung zur Bundeskanzlerin gewählt. Die 51-jährige Freisinnige ist die erste Frau in diesem Amt.

16.12. In Rumänien wird der parteilose Mugur Isarescu neuer Ministerpräsident. Der einstige Präsident der Nationalbank löst Radu Vasile ab, der auf Druck des Parlaments zurückgetreten war.

17.12. Der ehemalige deutsche Bundeskanzler Helmut Kohl gibt in einem Fernsehinterview zu, zwischen 1993 und 1998 schätzungsweise 1,5 bis 2 Millionen Mark für die CDU gesammelt und an der Buchhaltung seiner Partei vorbeigeschleust zu haben.

18.12. In Venezuela kommen bei den schwersten Unwettern seit Jahrzehnten vermutlich mehr als 10 000 Menschen ums Leben. Tagelange Regenfälle hatten zahlreiche Schlammlawinen und Erdrutsche ausgelöst.

19.12. Bei den russischen Parlamentswahlen können die Kommunisten ihre Position als stärkste Partei verteidigen. Zweitstärkste Gruppierung wird die Liste «Einheit» von Katastrophenschutz-Minister Sergej Schoigu.

20.12. Eine internationale Fachjury wählt in Las Vegas den 1908 eingeführten Ford T zum «Auto des Jahrhunderts». Auf den Plätzen zwei und drei landen der Mini Cooper und der Citroën DS.

21.12. In Japan stirbt einer der drei Arbeiter, die Anfang Oktober beim schweren Atomunfall in der Nuklearanlage von Tokaimura verstrahlt worden waren.

22.12. Bei den Präsidentschaftswahlen in Sri Lanka wird Chandrika Kumaratunga in ihrem Amt bestätigt. Die Präsidentin war am Vorabend der Wahl nur knapp einem Bombenattentat entgangen.

23.12. In Italien ist die 57. Regierung seit dem Zweiten Weltkrieg im Amt. Angeführt wird sie wiederum von Ministerpräsident Massimo D'Alema. Dieser war vor knapp einer Woche zurückgetreten, um seine Koalition «auf eine solidere Basis zu stellen».

24.12. Papst Johannes Paul II. öffnet im Petersdom die Heilige Pforte und führt mit dieser symbolischen Geste die Christenheit ins dritte Jahrtausend.

25.12. Zwei Wochen nach einem Tankerunglück vor der französischen Atlantikküste erreicht ein über 100 Kilometer breiter Ölteppich Strände und Küstenabschnitte in der Bretagne.

26.12. In der Schweiz fordert der schwerste Wintersturm seit Jahrzehnten 14 Todesopfer. Nach ersten Schätzungen richtet der Orkan «Lothar» Schäden in der Höhe von über einer Milliarde Franken an.

27.12. Auf den ostindonesischen Molukkeninseln werden bei schweren Zusammenstössen zwischen Christen und Muslimen mindestens 60 Menschen getötet.

28.12. Im Tirol kommen bei zwei Lawinenniedergängen zwölf Tourenfahrer ums Leben.

29.12. Auf dem Kreuzfahrtschiff «Tropicana» bricht vor den Bahamas im Maschinenraum Feuer aus. Das Schiff mit 2600 Passagieren an Bord treibt während zehn Stunden führerlos im Meer, bevor es nach Nassau geschleppt werden kann.

30.12. Ex-Beatle George Harrison wird in seinem Haus von einem geistig verwirrten Mann überfallen und mit einem Messerstich im Brustkorb verletzt. Harrison kann den Eindringling überwältigen und bis zum Eintreffen der Polizei festhalten.

31.12. Russlands Präsident Boris Jelzin tritt nach achtjähriger Regierungszeit überraschend zurück. Premierminister Wladimir Putin wird gemäss Verfassung bis zu den vorgezogenen Präsidentschaftswahlen im März 2000 amtierendes Staatsoberhaupt.

Sporttabellen

Ski Weltcup

Abfahrt Männer
1. Lasse Kjus (No)	760
2. Andreas Schifferer (Oe)	438
3. Werner Franz (Oe)	427
13. Didier Cuche (Sz)	196
17. Bruno Kernen (Sz)	153
24. Franco Cavegn (Sz)	86
25. Markus Herrmann (Sz)	77
29. Jürg Grünenfelder (Sz)	59
30. Ambrosi Hoffmann (Sz)	57
40. Paul Accola (Sz)	27
46. Silvano Beltrametti (Sz)	20
48. William Besse (Sz)	14
51. Steve Locher (Sz)	12

Super-G Männer
1. Hermann Maier (Oe)	516
2. Stephan Eberharter (Oe)	330
3. Andreas Schifferer (Oe)	262
10. Paul Accola (Sz) und Steve Locher (Sz)	je 157
13. Didier Cuche (Sz)	123
29. Didier Defago (Sz)	31
30. Bruno Kernen (Sz)	30
33. Franco Cavegn (Sz)	24
43. Jürg Grünenfelder (Sz)	8

Riesenslalom Männer
1. Michael von Grünigen (Sz)	**483**
2. Stefan Eberharter (Oe)	410
3. Hermann Maier (Oe)	371
10. Steve Locher (Sz)	217
13. Paul Accola (Sz)	182
30. Didier Cuche (Sz)	36
35. Tobias Grünenfelder (Sz)	25
40. Didier Plaschy (Sz)	20
51. Urs Kälin (Sz)	5

Slalom Männer
1. Thomas Stangassinger (Oe)	566
2. Jure Kosir (Sln)	415
3. Finn Christian Jagge (No)	386
8. Didier Plaschy (Sz)	232
9. Michael von Grünigen (Sz)	222
19. Marco Casanova (Sz)	136
26. Paul Accola (Sz)	65
46. Andrea Zinsli (Sz)	13
55. Urs Imboden (Sz)	7

Gesamt Männer
1. Lasse Kjus (No)	1465
2. Kjetil André Aamodt (No)	1442
3. Hermann Maier (Oe)	1307
4. Stephan Eberharter (Oe)	1079
5. Hans Knauss (Oe)	913
6. Andreas Schifferer (Oe)	901
8. Michael von Grünigen (Sz)	705
13. Paul Accola (Sz)	491
15. Didier Cuche (Sz)	436
16. Steve Locher (Sz)	386
29. Didier Plaschy (Sz)	252
33. Bruno Kernen (Sz)	223
47. Markus Herrmann (Sz)	141
48. Marco Casanova (Sz)	136
54. Franco Cavegn (Sz)	110
56. Jürg Grünenfelder (Sz)	107
73. Ambrosi Hoffmann (Sz)	57
93. Didier Defago (Sz)	31
98. Tobias Grünenfelder (Sz)	25
109. Silvano Beltrametti (Sz)	20
113. William Besse (Sz)	14
116. Andrea Zinsli (Sz)	13
131. Urs Imboden (Sz)	7
139. Urs Kälin (Sz)	5

Abfahrt Frauen
1. Renate Götschl (Oe)	610
2. Alexandra Meissnitzer (Oe)	468
3. Michaela Dorfmeister (Oe)	454
9. Corinne Rey-Bellet (Sz)	251
17. Sylviane Berthod (Sz)	146
27. Catherine Borghi (Sz)	63
32. Nadia Styger (Sz)	35
35. Céline Dätwyler (Sz)	21
43. Marlies Oester (Sz)	8
44. Monika Tschirky (Sz)	7
46. Jeanette Collenberg (Sz)	6

Super-G Frauen
1. Alexandra Meissnitzer (Oe)	459
2. Michaela Dorfmeister (Oe)	373
3. Martina Ertl (De)	340
7. Corinne Rey-Bellet (Sz)	272
9. Sylviane Berthod (Sz)	232
29. Catherine Borghi (Sz)	55
40. Monika Tschirky (Sz)	23
54. Céline Dätwyler (Sz) und Nadia Styger (Sz)	je 1

Riesenslalom Frauen
1. Alexandra Meissnitzer (Oe)	652
2. Anita Wachter (Oe)	636
3. Andrine Flemmen (No)	518
4. Sonja Nef (Sz)	353
11. Corinne Rey-Bellet (Sz)	197
15. Karin Roten (Sz)	144
26. Sylviane Berthod (Sz)	60
37. Lilian Kummer (Sz)	24
45. Catherine Borghi (Sz)	11
60. Corina Hossmann (Sz)	2

Slalom Frauen
1. Sabine Egger (Oe)	425
2. Pernilla Wiberg (Sd)	415
3. Anja Pärson (Sd)	388
8. Karin Roten (Sz)	242
21. Sonja Nef (Sz)	101
33. Corina Grünenfelder (Sz)	32
38. Marlies Oester (Sz)	24
50. Tamara Müller (Sz)	9

Gesamt Frauen
1. Alexandra Meissnitzer (Oe)	1672
2. Hilde Gerg (De)	1179
3. Renate Götschl (Oe)	1035
4. Martina Ertl (De)	987
5. Pernilla Wiberg (Sd)	924
9. Michaela Dorfmeister (Oe)	920
10. Corinne Rey-Bellet (Sz)	720
15. Sonja Nef (Sz)	454
16. Sylviane Berthod (Sz)	438
21. Karin Roten (Sz)	386
47. Catherine Borghi (Sz)	194
74. Nadia Styger (Sz)	36
78. Corina Grünenfelder (Sz) und Marlies Oester (Sz)	je 32
84. Monika Tschirky (Sz)	30
89. Lilian Kummer (Sz)	24
90. Céline Dätwyler (Sz)	22
110. Tamara Müller (Sz)	9
115. Jeanette Collenberg (Sz)	6
120. Corina Hossmann (Sz)	2

Nationen
1. Oesterreich	13566
2. Norwegen	6228
3. Schweiz	**5544**

Ski Schweizer Meisterschaften Alpin

		Gold	Silber	Bronze
Männer	Abfahrt	Paul Accola (Davos)	Didier Cuche (Le Péquier)	Rolf von Weissenfluh (Innertkirchen)
	Super-G	Paul Accola (Davos)	Jürg Grünenfelder (Elm)	Marco Büchel (Balzers/Lie)
	Riesenslalom	Didier Plaschy (Varen VS)	Michael von Grünigen (Schönried)	Paul Accola (Davos)
	Slalom	Didier Plaschy (Varen VS)	Marco Casanova (Obersaxen GR)	Paul Accola (Davos)
	Kombination	Paul Accola (Davos)	Marco Büchel (Balzers/Lie)	Markus Herrmann (Gstaad)
Frauen	Abfahrt	Sylviane Berthod (Salins)	Nadia Styger (Sattel)	Fränzi Aufdenblatten (Zermatt)
	Super-G	Nadia Styger (Sattel)	Sylviane Berthod (Salins)	Ruth Kündig (Schwyz)
	Riesenslalom	Birgit Heeb (Mauren/Lie)	Karin Roten (Leukerbad)	Lilian Kummer (Riederalp)
	Slalom	Lilian Kummer (Riederalp)	Marlies Oester (Adelboden)	Corina Hossmann (Parpan)
	Kombination	Marlies Oester (Adelboden)	Sylviane Berthod (Nendaz)	Tamara Schädler (Malbun/Lie)

Ski Weltmeisterschaft in Vail und Beaver Creek (USA)

Abfahrt Männer
1. Hermann Maier (Oe)
2. Lasse Kjus (No)
3. Kjetil-André Aamodt (No)
7. Bruno Kernen (Sz)
14. Didier Cuche (Sz)
15. Jürg Grünenfelder (Sz)
16. Paul Accola (Sz)

Super-G Männer
1. Hermann Maier (Oe) und Lasse Kjus (No)
3. Hans Knauss (Oe)
5. Paul Accola (Sz)
7. Steve Locher (Sz)
8. Didier Cuche (Sz)
17. Bruno Kernen (Sz)

Riesenslalom Männer
1. Lasse Kjus (No)
2. Marco Büchel (Lie)
3. **Steve Locher (Sz)**
4. Paul Accola (Sz)
7. Michael von Grünigen (Sz)
20. Tobias Grünenfelder (Sz)

Slalom Männer
1. Kalle Palander (Fi)
2. Lasse Kjus (No)
3. Christian Mayer (Oe)
9. Paul Accola (Sz)
12. Michael von Grünigen (Sz)
13. Marco Casanova (Sz)

Kombination Herren
1. Kjetil-André Aamodt (No)
2. Lasse Kjus (No)
3. **Paul Accola (Sz)**
5. Bruno Kernen (Sz)

Abfahrt Frauen
1. Renate Götschl (Oe)
2. Michaela Dorfmeister (Oe)
3. Stefanie Schuster (Oe)
13. Sylviane Berthod (Sz)
17. Corinne Rey-Bellet (Sz)

Super-G Frauen
1. Alexandra Meissnitzer (Oe)
2. Renate Götschl (Oe)
3. Michaela Dorfmeister (Oe)
7. Sylviane Berthod (Sz)
8. Corinne Rey-Bellet (Sz)

Riesenslalom Frauen
1. Alexandra Meissnitzer (Oe)
2. Andrine Flemmen (No)
3. Anita Wachter (Oe)
6. Corinne Rey-Bellet (Sz)
11. Sonja Nef (Sz)
17. Lilian Kummer (Sz)
19. Karin Roten (Sz)

Slalom Frauen
1. Zali Steggall (Au)
2. Pernilla Wiberg (Sd)
3. Trine Bakke (No)
11. Karin Roten (Sz)
21. Lilian Kummer (Sz)
27. Corina Grünenfelder (Sz)

Kombination Frauen
1. Pernilla Wiberg (Sd)
2. Renate Götschl (Oe)
3. Florence Masnada (Fr)
8. Corinne Rey-Bellet (Sz)

Bob Europameisterschaft in Winterberg

	Gold	Silber	Bronze
Zweierbob	Reto Götschi/Guido Acklin (Sz 1) 112,91 **7. Ivo Rüegg/Stefan Bamert (Sz 3) 1,62**	Christian Reich/Urs Aeberhard (Sz 2) 0,58	Sepp Dostthaler/Olaf Hampel (De 2) 0,6
Viererbob	Langen/Zimmermann/Platzer/Rühr (De 1) 108,83 **6. Götschi/Anderhub/Acklin/Grand (Sz 2) 1,12** **7. Reich/Bruno Aeberhard/Urs Aeberhard/Quiblier (Sz 3) 1,14**	Rohner/Nüssli/Hefti/Schaufelberger (Sz 1) 0,65	Stampfer/Buck/Arnold/Schützenau (Oe 1) und Czudaj/Voss/Lehmann/Embach (De 2) je 0,76

Bob Weltmeisterschaft in Cortina d'Ampezzo

	Gold	Silber	Bronze
Zweierbob	Günther Huber/Enrico Costa (Sz 1), ab 2. Lauf Ubaldo Ranzi (It 1) 213 **4. Reto Götschi/Guido Acklin (Sz 1) 0,49** **7. Christian Reich/Urs Aeberhard (Sz 2) 1,55**	Christoph Langen/Markus Zimmermann (De 1) 0,18	Bruno Mingeon/Emmanuel Hostache (Fr 1) 0,49
Viererbob	Mingeon/Hostache/Le Chanony/Robert (Fr 1) 210,68 **4. Götschi/Anderhub/Acklin/Grand (Sz 2) 1,39**	Rohner/Nüssli/Hefti/Schaufelberger (Sz 1) 1,22	Lüders/LeBlanc/Matt Hindle/Ben Hindle (Can 1) 1,36

Sporttabellen

Eishockey
A-Weltmeisterschaft 1999 in Norwegen

Vorrunde Gruppe A
1. Kanada *   3   3   0   0   12: 6   6
2. Slowakei *   3   2   0   1   17: 9   4
3. Norwegen **   3   1   0   2   9:14   2
4. Italien +   3   0   0   3   8:17   0

Vorrunde Gruppe B
Resultate der Schweiz: Lettland 5:3,
Schweden 1:6, Frankreich 6:8
1. Schweden *   3   3   0   0   14: 5   6
2. Schweiz *   3   2   0   1   12: 9   4
3. Lettland **   3   1   0   2   14:14   2
4. Frankreich +   3   0   0   3   6:18   0

Vorrunde Gruppe C
1. Tschechien *   3   3   0   0   23: 5   6
2. USA *   3   2   1   0   15: 7   4
3. Oesterreich **   3   1   2   0   6:14   2
4. Japan +   3   0   0   3   5:23   0

Vorrunde Gruppe D
1. Finnland *   3   2   1   0   7: 2   5
2. Russland *   3   1   2   0   6: 3   4
3. Weissrussland **   3   1   1   1   9: 7   3
4. Ukraine +   3   0   0   3   3:13   0

* = für die Zwischenrunde qualifiziert
** = in der Qualifikationsrunde
\+ = bestreiten die A-WM-Qualifikationsturniere

Zwischenrunde
Gruppe 1
Resultate der Schweiz:
Kanada 2:8, Finnland 1:5, USA 0:3
1. Finnland *   3   3   0   0   13: 6   6
2. Kanada *   3   2   0   1   14: 7   4
3. USA   3   1   0   2   7: 8   2
4. Schweiz   3   0   0   3   3:16   0

Gruppe 2
1. Tschechien *   3   2   0   1   11: 8   4
2. Schweden *   3   2   0   1   6: 4   4
3. Russland   3   1   1   1   9: 7   3
4. Slowakei   3   0   1   2   5:12   1

* = für die Halbfinals qualifiziert

Halbfinals
Finnland – Schweden   3:1 und 1:2/
                               Verlängerung 1:0
Tschechien – Kanada   1:2 und 6:4/
                               Verlängerung 0:0/
                               Penalties 4:3

Spiel um Rang 3
Schweden – Kanada   3:2

Finalspiel
Tschechien – Finnland   3:1 und 1:4/
                                Verlängerung 1:0

Qualifikationsrunde
1. Weissrussland *   3   3   0   0   7: 3   6
2. Oesterreich *   3   2   0   1   10: 5   4
3. Lettland **   3   1   0   2   10: 8   2
4. Norwegen **   3   0   0   3   1:12   0

* = für die A-WM 2000 qualifiziert
** = bestreiten die A-WM-Qualifikationsturniere

Eishockey
Schweizer Meisterschaft

Nationalliga A
Tabelle nach der Qualifikation
1. Ambri*   45   33   5   7   188:104   71
2. ZSC Lions *   45   27   7   11   170:155   61
3. Lugano *   45   25   5   13   155:114   59
4. Bern *   45   22   5   1   8   162:157   49
5. Zug *   45   20   6   19   157:130   46
6. Davos *   45   19   7   19   166:156   45
7. Kloten   45   12   13   20   134:145   37
8. Rapperswil-Jona *   45   15   5   25   128:177   35
9. Fribourg-Gottéron **   45   13   3   29   112:165   29
10. Langnau **   45   7   4   34   112:221   18

* = für die Playoff-Viertelfinals qualifiziert
** = Teilnehmer an der Abstiegsrunde

Playoffs

Viertelfinals (best of seven)
Ambri – Rapperswil   4:1 Siege (5:2, 4:1, 7:0, 2:4, 6:2)
ZSC Lions – Kloten   3:4 Siege (3:1, 1:5, 2:2 n.V.
                          2:3 Pen., 5:3, 2:1, 5:8, 1:3)
Bern – Zug   2:4 Siege (3:2, 1:5, 4:3 n.V.
                          1:4, 2:5, 3:4 n.V.)
Lugano – Davos   4:2 Siege (4:3 n.V. 2:2 n.V.
                          1:3 Pen., 6:0, 6:5, 3:4, 4:3)

Halbfinals (best of seven)
Ambri – Kloten   4:1 Siege (3:1, 5:0, 2:3 n.V.
                          1:1 n.V./2:0 Pen., 3:1)
Lugano – Zug   4:1 Siege (7:6 n.V., 2:0, 3:1,
                          2:3 n.V., 6:1

Finals (best of seven)
Ambri – Lugano   1:4 Siege (2:2 n.V./0:3 Pen.,
                          5:3, 2:3 n.V., 0:4, 1:3)

Abstieg-Playoffs (best of seven)
Fribourg – Langnau   4:0 Siege (6:4, 8:3, 2:1 n.V., 8:4)

Fribourg bleibt in der Nationalliga A,
Langnau bestreitet die Auf-/Abstiegs-Playoffs

Nationalliga B
Tabelle nach der Qualifikation
1. Chur *   40   27   5   8   163:105   59
2. La Chaux-de-Fonds*   40   28   2   10   182:110   58
3. Olten *   40   21   2   17   146:131   44
4. Biel *   40   20   4   16   170:159   44
5. Lausanne *   40   19   4   17   132:129   42
6. Herisau *   40   18   2   20   152:157   38
7. Sierre   40   16   5   19   149:161   37
8. Grasshopper-Club*   40   17   3   20   133:156   37
9. Thurgau **   40   13   7   20   137:156   33
10. Genf-Servette **   40   11   4   25   140:173   26
11. Martigny **   40   10   2   28   128:205   22

* = Teilnehmer an den Playoffs
** = Teilnehmer an der Abstiegsrunde

Aufstiegs-Playoffs

Viertelfinals (best of five)
Chur – Grasshopper   3:0 Siege (7:2, 3:2, 4:1)
La Chaux-de-Fonds – Sierre   3:0 Siege (9:2, 7:2, 6:1)
Olten – Herisau   3:0 Siege (4:0, 3:1, 9:2)
Biel – Lausanne   3:1 Siege (6:5, 0:3, 5:4
                                    n.V., 3:2)

Halbfinals (best of five)
Chur – Biel   3:1 Siege (7:0, 2:2
                                    n.V./1:2 Pen., 8:6, 4:3)
La Chaux-de-Fonds – Olten   3:2 Siege (4:5 n.V., 4:2,
                                    5:0, 5:6, 4:1)

Finals (best of five)
Chur – La Chaux-de-Fonds   3:1 Siege
                                    (5:3, 3:2, 3:4, 4:1)

Chur für die Auf-/Abstiegs-Playoffs qualifiziert

Auf-/Abstiegs-Playoff
Chur – Langnau   3:4 Siege
                   (4:3, 5:7, 3:5, 4:6, 5:3, 3:2, 2:7)

NLB-Abstiegsrunde
Martigny und Herisau steigen freiwillig in die 1. Liga ab. Deshalb wurde die Abstiegsrunde nach zwei Spielen abgebrochen und nicht gewertet.

Aufsteiger in die NLB: Visp

\+ = Der SC Luzern hätte sportlich den Klassenerhalt geschafft, wurde aber aus finanziellen Gründen aufgelöst
* = Servette bleibt in der Nationalliga B
** = Bülach steigt in die 1. Liga ab

Aufsteiger in die NLB: Siders

Weltcup Nordisch

Langlauf Männer

1.	Björn Dählie (No)	885
2.	Michail Botwinow (Oe)	685
3.	Mika Myllylä (Fi)	573
46.	Wilhelm Aschwanden (Sz)	54
84.	Beat Koch (Sz)	12
93.	Patrick Rölli (Sz)	7
103.	Reto Burgermeister (Sz)	3
106.	Patrick Mächler (Sz)	2

Langlauf Frauen

1.	Bente Martinsen (No)	(4 Siege)	768
2.	Stefania Belmondo (It)	(2 Siege)	768
3.	Nina Gawriljuk (Russ)		705
15.	Brigitte Albrecht (Sz)		252
30.	Sylvia Honegger (Sz)		69
42.	Andrea Huber (Sz)		33
71.	Natascia Leonardi (Sz) und Andrea Senteler (Sz)		je 7

Nationenwertung (Männer und Frauen)

1.	Norwegen	7971
2.	Russland	6948
3.	Italien	4709
9.	Schweiz	1694

Nordische Kombination Einzel

1.	Bjarte Engen Vik (No)	2035
2.	Hannu Manninen (Fi)	1667
3.	Ladislav Rygl (Tsch)	1140
14.	Andreas Hartmann (Sz)	629
19.	Marco Zarucchi (Sz)	512
43.	Urs Kunz (Sz)	231
51.	Lucas Vonlanthen (Sz)	77

Nordische Kombination Nationenwertung

1.	Norwegen	5358
2.	Finnland	4291
3.	Japan	2673
8.	Schweiz	1534

Springen

1.	Martin Schmitt (De)	1753
2.	Janne Ahonen (Fi)	1695
3.	Noriaki Kasai (Jap)	1598
36.	Bruno Reuteler (Sz)	144
42.	Sylvain Freiholz (Sz)	78
53.	Marco Steinauer (Sz)	39
69.	Andreas Küttel (Sz)	18
71.	Rico Parpan (Sz)	12

Nationenwertung

1.	Japan	6201
2.	Deutschland	4394
3.	Oesterreich	3586
9.	Schweiz	291

Weltmeisterschaft Nordisch in Ramsau und Bischofshofen (Oe)

10 km klassischer Stil Männer

1. Mika Myllylä (Fi)
2. Alois Stadlober (Oe)
3. Odd Björn Hjelmeset (No)
36. Beat Koch (Sz)
40. Wilhelm Aschwanden (Sz)
47. Reto Burgermeister (Sz)
68. Patrick Mächler (Sz)

15 km freier Stil Männer (Verfolgungsrennen)

1. Thomas Alsgaard (No)
2. Mika Myllylä (Fi)
3. Fulvio Valbusa (It)
31. Wilhelm Aschwanden (Sz)
32. Reto Burgermeister (Sz)
37. Beat Koch (Sz)
44. Patrick Mächler (Sz)

30 km freier Stil Männer

1. Mika Myllylä (Fi)
2. Thomas Alsgaard (No)
3. Björn Dählie (No)
24. Patrick Rölli (Sz)
35. Gion Andrea Bundi (Sz)
49. Patrick Mächler (Sz)
51. Wilhelm Aschwanden (Sz)

50 km freier Stil Männer

1. Mika Myllylä (Fi)
2. Andrus Veerpalu (Est)
3. Michail Botwinow (Oe)
22. Beat Koch (Sz)
29. Patrick Mächler (Sz)
31. Patrick Rölli (Sz)

Staffel 4x10 km Männer (2x klassischer, 2x freier Stil)

1. Oesterreich (Gandler/Stadlober/Botwinow/Hoffmann)
2. Norwegen (Bjervig/Jevne/Dählie/Alsgaard)
3. Italien (di Centa/Valbusa/Maj/Fauner)
9. Schweiz (Aschwanden/Koch/Mächler/Rölli)

5 km klassischer Stil Frauen

1. Bente Martinsen (No)
2. Olga Danilowa (Russ)
3. Katerina Neumannova (Tsch)
17. Andrea Huber (Sz)
21. Brigitte Albrecht (Sz)
30. Sylvia Honegger (Sz)
61. Andrea Senteler (Sz)

10 km freier Stil Frauen (Verfolgungsrennen)

1. Stefania Belmondo (It)
2. Nina Gawriljuk (Russ)
3. Irina Taranenko (Ukr)
14. Brigitte Albrecht (Sz)
23. Sylvia Honegger (Sz)
40. Andrea Senteler (Sz)

15 km freier Stil Frauen

1. Stefania Belmondo (It)
2. Kristina Smigun (Est)
3. Maria Theurl (Oe)
11. Brigitte Albrecht (Sz)
28. Natascia Leonardi (Sz)
30. Andrea Senteler (Sz)

30 km freier Stil Frauen

1. Larissa Latsutina (Russ)
2. Olga Danilowa (Russ)
3. Kristina Smigun (Est)
15. Brigitte Albrecht (Sz)
25. Andrea Senteler (Sz)
27. Natascia Leonardi (Sz)

Staffel 4x5 km Frauen (2x klassischer, 2x freier Stil)

1. Russland (Danilowa/Latsutina/Reszowa/Gawriljuk)
2. Italien (Valbusa/Paruzzi/Confortola/Belmondo)
3. Deutschland (Bauer/Roth/Sachenbacher/Wille)
5. Schweiz (Honegger/Huber/Albrecht/Leonardi)

Sporttabellen

Ski Schweizer Meisterschaften Nordisch

Männer
- 10 km klassischer Stil — Wilhelm Aschwanden (Marbach)
- 15 km freier Stil (Verfolgungsstart) — Wilhelm Aschwanden (Marbach)
- 30 km freier Stil — Beat Koch (Marbach)
- 50 km freier Stil — Stefan Kunz (Triesenberg/Lie)
- Staffel 3x10 km (gemischt) — SC Marbach
- Skispringen — Sylvain Freiholz (Le Sentier)
- Nordische Kombination — Ivan Rieder (Kandersteg)

Frauen
- 5 km klassischer Stil — Sylvia Honegger (Gibswil)
- 10 km freier Stil (Verfolgungsstart) — Brigitte Albrecht (Lax)
- 15 km freier Stil — Sylvia Honegger (Gibswil)
- 30 km freier Stil — Andrea Senteler (Klosters)
- Staffel 3x5 km (gemischt) — Alpina St. Moritz

Fussball

Schweizer Meisterschaft

Nationalliga A, Qualifikation

1. Servette *	22	12	8	2	38:24	44
2. Grasshoppers *	22	11	5	63	7:25	38
3. Zürich *	22	10	8	4	33:21	38
4. Lausanne *	22	10	8	4	36:33	38
5. Neuchâtel Xamax*	22	7	11	4	30:23	32
6. Basel *	22	8	4	10	21:34	28
7. Luzern *	22	6	9	7	26:25	27
8. St. Gallen *	22	7	6	9	31:31	27
9. Sion **	22	5	8	9	22:36	23
10. Lugano **	22	5	7	10	35:43	22
11. Young Boys **	22	4	7	11	33:34	19
12. Aarau **	22	3	7	12	28:41	16

* für die Finalrunde qualifiziert
** bestreiten die Auf-/Abstiegsrunde

Finalrunde

1. Servette	14	7	3	4	19:14	46 (22)
2. Grasshoppers	14	8	3	3	31:11	46 (19)
3. Lausanne	14	8	2	4	28:20	45 (19)
4. Zürich	14	7	2	5	24:15	42 (19)
5. Basel	14	5	4	5	18:19	33 (14)
6. Neuchâtel Xamax	14	2	6	6	12:27	28 (16)
7. Luzern	14	4	2	8	13:27	28 (14)
8. St. Gallen	14	2	4	8	13:25	24 (14)

In Klammern halbierte Punktzahl aus der Qualifikation
Bei Punktgleichheit entscheidet der Rang in der Qualifikation

Meister: Servette
UEFA-Cup: Lausanne (Cupsieger), Grasshoppers und Zürich

Nationalliga B, Qualifikation

1. Wil *	22	12	7	3	45:27	43
2. Delémont *	22	12	4	6	43:27	40
3. Etoile Carouge *	22	11	7	4	29:19	40
4. Yverdon *	22	11	4	7	33:28	37
5. Schaffhausen **	22	10	5	7	36:31	35
6. Kriens **	22	9	7	6	30:29	34
7. Locarno **	22	8	4	10	21:26	28
8. Thun **	22	6	7	9	28:33	25
9. Nyon **	22	4	10	8	33:36	22
10. Baden **	22	6	4	12	3:1:36	22
11. Solothurn **	22	4	6	12	27:40	18
12. Chiasso **	22	2	9	11	14:38	15

* bestreiten die Auf-/Abstiegsrunde
** Bestreiten die Abstiegsrunde

Auf-/Abstiegsrunde

1. Lugano *	14	9	2	3	19:10	29
2. Delémont **	14	7	2	5	23:20	23
3. Yverdon **	14	6	3	5	22:17	21
4. Aarau **	14	6	2	6	24:24	20
5. Sion ++	14	6	1	7	16:17	19
6. Young Boys ++	14	5	2	7	25:31	17
7. Wil +	14	5	1	8	26:30	16
8. Etoile Carouge +	14	4	3	7	18:24	15

* verbleiben in der Nationalliga A
** steigen in die Nationalliga A auf
\+ verbleiben in der Nationalliga B
++ steigen in die Nationalliga B ab

Abstiegsrunde NLB/1. Liga

1. Baden	14	7	4	3	25:18	36 (11)
2. Kriens	14	5	3	6	19:18	35 (17)
3. Thun	14	6	4	4	30:20	35 (13)
4. Nyon	14	7	3	4	29:22	35 (11)
5. Schaffhausen	14	4	2	8	15:25	32 (18)
6. Solothurn	14	5	6	3	20:19	30 (9)
7. Locarno	14	3	3	8	14:29	26 (14)
8. Chiasso	14	3	7	4	14:15	24 (8)

In Klammern halbierte Punkte aus der Qualifikation.
Bei Punktgleichheit entscheidet der Rang in der Qualifikation.
Locarno und Chiasso steigen in die 1. Liga ab

Schweizer Cup
Final in Bern: Lausanne – Grasshoppers 2

Europacup der Meister
Final in Barcelona:
Manchester United – Bayern München 2

Europacup der Cupsieger
Final in Birmingham: Lazio Roma – Real Mallorca 2

UEFA-Cup
Final in Moskau: AC Parma – Olympique Marseille 3:0

Automobil

Formel-1-WM

1. Mika Häkkinen (Fi)	McLaren-Mercedes	76 P.
2. Eddie Irvine (Gb)	Ferrari	74 P.
3. Heinz-Harald Frentzen (De)	Jordan-Mugen Honda	54 P.
4. David Coulthard (Gb)	McLaren-Mercedes	48 P.
5. Michael Schumacher (De)	Ferrari	44 P.
6. Ralf Schumacher (De)	Williams-Supertec	35 P.
7. Rubens Barrichello (Br)	Stewart-Ford	21 P.
8. Johnny Herbert (Gb)	Stewart-Ford	15 P.
9. Giancarlo Fisichella (It)	Benetton-Supertec	13 P.
10. Mika Salo (Fi)	Ferrari	10 P.
11. Jarno Trulli (It)	Prost-Peugeot	7 P.
12. Damon Hill (Gb)	Jordan-Mugen Honda	7 P.
13. Alexander Wurz (Oe)	Benetton-Supertec	3 P.
14. Pedro Diniz (Br)	Sauber-Petronas	3 P.
15. Olivier Panis (Fr)	Prost-Peugeot	2 P.
16. Jean Alesi (Fr)	Sauber-Petronas	2 P.
17. Pedro de la Rosa (Sp)	Arrows	1 P.
18. Marc Gené (Sp)	Minardi-Ford	1 P.

Konstrukteure

1. Ferrari	128 P.
2. McLaren-Mercedes	124 P.
3. Jordan-Mugen Honda	61 P.
4. Stewart-Ford	36 P.
5. Williams-Supertec	35 P.
6. Benetton-Supertec	16 P.
7. Prost-Peugeot	9 P.
8. Sauber-Petronas	5 P.
9. Arrows	1 P.
10. Minardi-Ford	1 P.

Duathlon

Langdistanz-WM in Zofingen

(8,5 km Laufen/150 km Rad/30 km Laufen)

Männer
1. **Olivier Bernhard (Sz)** **6:32:05**
2. **Daniel Keller (Sz)** **6:40:49**
3. Felix Martinez (Sp) 6:44:10
4. Philippe Braems (Be) 6:48:59
5. **Stefan Riesen (Sz)** **6:49:08**
6. Brian Barkhouse (Ka) 6:52:17
14. **Christian Wenk (Sz)** **7:02:20**
17. **Stefan Brechbühl (Sz** **7:04:50**
20. **Konrad von Allmen (Sz)** **7:12:47**

Frauen
1. Debbie Nelson (Neus) 7:35:58
2. Alena Peterkova (Tsch) 7:54:14
3. **Ariane Gutknecht (Sz)** **7:55:38**
4. Kerstin Mejdrech (De) 8:02:49
5. Fiona Lothian (Gb) 8:06:44
6. Hilde Wellens (Be)
   und Hilde Sijmons (Be) je 8:12:05
13. **Beatrice Egger (Sz)** **8:51:05**

Mannschaften Männer
1. **Schweiz** **20:02:03**
2. Deutschland 20:49:36
3. Frankreich 20:56:40

Mannschaften Frauen
Kein Teamwettbewerb, weil kein Land drei Athletinnen ins Ziel brachte

Triathlon

Ironman, Switzerland
(3,8 km Schwimmen, 180 km Rad, 42,195 km Laufen)

Männer
1. Peter Kropko (Un) 8:32:51
2. **Olivier Bernhard (Sz)** **8:35:52**
3. Rolf Lauterbach (De) 8:48:16
4. Normann Stadler (De) 8:50:04
5. Alexander Taubert (De) 8:55:43
6. Guido Gosselink (Ho) 8:57:07
7. Christian-Mary Bovy (Fr) 9:02:33
8. Florian Balluais (Fr) 9:10:01
9. Harald Feierabend (De) 9:16:35
10. Hieya Miyazuka (Jap) 9:17:57

Frauen
1. **Dolorita Fuchs-Gerber (Sz)** **9:46:42**
2. Tara-Lee Marshall (Neus) 9:52:17
3. Louise Davoren (Au) 9:57:03
4. Alison Hayden (USA) 10:12:11
5. **Karin Schuch (Sz)** **10:14:01**
6. Silvia Vaupel (De) 10:33:25

Ironman, Hawaii
(3,5 km Schwimmen, 180 km Rad, 42,195 km Laufen)

Männer
1. Luc van Lierde (Be) 8:17:17
2. Peter Reid (Ka) 8:22:54
3. Timothy DeBoom (USA) 8:25:42
4. **Christoph Mauch (Sz)** **8:27:06**
5. **Olivier Bernhard (Sz)** **8:27:12**
6. Thomas Hellriegel (De) 8:28:49
7. Frank Heldorn (Ho) 8:36:34
8. Christopher Leigh (Au) 8:37:22
9. Christophe Buquet (Fr) 8:38:21
10. Peter Sandvang (DÄ) 8:39:20

Frauen
1. Lori Bowden (Ka) 9:13:05
2. Karen Smyers (USA) 9:20:40
3. Fernanda Keller (Br) 9:24:30
4. Susanne Nielsen (DÄ) 9:29:23
5. Beth Zinkand (USA) 9:34:31
6. Joanna Zeiger (USA) 9:36:39
7. Louise Davoren (Au) 9:38:49
8. Heather Fuhr (Ka) 9:40:39
9. Joanne King (Au) 9:40:49
10. Sian Welch (USA) 9:42:09

WM Olympische Distanz
in Huntersville (USA)
(1,5 km Schwimmen, 40 km Rad, 10 km Laufen)

Männer
1. Yann Millon (Fr) 1:44:48
2. Jürgen Dereere (Be) 1:45:23
3. Raul Llamazares (Sp) 1:45:29
4. Felix Martinez (Sp) 1:45:32
5. Huub Maas (Ho) 1:45:34
6. Christian Cazorla (Fr) 1:45:38
23. **Christoph Hubacher (Sz)** **1:47:39**
37. **Peter Wylenmann (Sz)** **1:48:47**
41. **Christian Wenk (Sz)** **1:49:14**
59. **Daniel Keller (Sz)** **1:57:36**

Frauen
1. Jackie Gallagher (Au) 1:56:18
2. Emma Carney (Au) 1:56:52
3. Fiona Lothian (Gb) 1:58:14
4. Alena Peterkkova (Tsch) 2:00:14
5. Christiane Soeder (De) 2:00:48
6. Fiona Docherty (Neus) 2:01:21
14. **Susannne Rufer (Sz)** **2:05:01**

Leichtathletik Schweizer Meisterschaften in Frauenfeld

1. Ränge Männer

Disziplin	Name	Ort	Leistung
100 m	Dave Dollé	Zürich	10,41
200 m	Thomas Griesser	St. Gallen	21,26
400 m	Mathias Rusterholz	Zürich	45,89
800 m	André Bucher	Beromünster	1:47,37
1500 m	Philippe Bandi	Zürich	3:52,21
5000 m	Mhedi Khelifi	Genf	14:36,63
10 000 m	Geoffrey Tanui	Zürich	29:01,03
Halbmarathon	Geoffrey Tanui	Zürich	1:04:16
Marathon	Bruno Heuberger	Wil SG	2:16:11
110 m Hürden	Ivan Bitzi	Horw	13,89
400 m Hürden	Marcel Schelbert	Zürich	48,84
3000 m Steeple	Christian Belz	Bern	8:51,20
Hoch	Martin Stauffer	Biel	2,23
Weit	Wolfgang Ebner	Zürich	7,49
Stab	Michel Gigandet	Bern	5,10
Drei	Ruben Kiefer	Basel	15,50
Kugel	Marc Sandmeier	Zürich	17,01
Diskus	Stanislav Kovar	Zug	53,88
Speer	Terry McHugh	Zürich	77,37
Hammer	Patric Suter	Zug	70,44
Zehnkampf	Rolf Schlöfli	Zürich	7946
4x100 m	TV Unterstrass Zürich		40,51
4x400 m	LC Zürich		3:07,93

1. Ränge Frauen

Disziplin	Name	Ort	Leistung
100 m	Mireille Donders	Bern	11,40
200 m	Mireille Donders	Bern	23,27
400 m	Corinne Simasotchi	Genf	52,53
800 m	Anita Brägger	Luzern	2:01,49
1500 m	Sabine Fischer	Rapperswil	4:26,29
5000 m	Sonja Knöpfli	Winterthur	16:25,01
10 000 m	Chantal Dällenbach	Freiburg	35:19,99
Halbmarathon	Chantal Dällenbach	Freiburg	1:14:17
Marathon	Bernadette Meier-Brändli	Uzwil	2:40:54
100 m Hürden	Nadia Waeber	Düdingen	13,42
400 m Hürden	Martina Stoop	Aarau	57,18
Hoch	Corinne Müller	Zürich	1,78
Weit	Emanuelle Devaud	Genf	6,34
Stab	Nadine Rohr	Bern	3,70
Drei	Dejana Cachot	Cortaillod	12,98
Kugel	Karin Hagmann	Wil	14,94
Diskus	Karin Hagmann	Wil	56,56
Speer	Claudia Sutter	Teufen	45,46
Hammer	Margrith Duss	Luzern	50,01
Siebenkampf	Nicole Kiser	Alpnach	5715
4x100 m	LC Zürich		45,64
4x400 m	LC Zürich		3:47,35

Sporttabellen

WM in Sevilla

Männer

100 m
1. Maurice Greene/USA 9,80
2. Bruny Surin/Ka 9,84
3. Dwain Chambers/Gb 9,97

200 m
1. Maurice Greene/USA 19,90
2. Claudinei da Silva/Br 20,00
3. Francis Obikwelu/Nig 20,11

400 m
1. Michael Johnson/USA 43,18
2. Sanderlei Claro Parrela/Br 44,29
3. Alejandro Cardenas/Mex 44,31
34. Mathias Rusterholz/Sz 46,43
(im Vorlauf ausgeschieden)

800 m
1. Wilson Kipketer/DÄ 1:43,30
2. Hezekiel Sepeng/SA 1:43,32
3. Djabir Saâd-Guerni/Alg 1:44,18
19. André Bucher/Sz 1:48,07
(im Halbfinal ausgeschieden)

1500 m
1. Hicham El Guerrouj/Mar 3:27,65
2. Noah Ngeny/Ken 3:28,73
3. Reyes Estevez/Sp 3:30,57

5000 m
1. Salah Hissou/Mar 12:58,13
2. Benjamin Limo/Ken 12:58,72
3. Mohammed Mourhit/Be 12:58,80

10 000 m
1. Haile Gebrselassie/Aeth 27:57,27
2. Paul Tergat/Ken 27:58,56
3. Assefa Mezgebu/Aeth 27:59,15

Marathon
1. Abel Anton/Sp 2:13:36
2. Vincenzo Modica/It 2:14:03
3. Nobuyuki Sato/Jap 2:14:07

110 m Hürden
1. Colin Jackson/Gb 13,04
2. Anier Garcia/Kuba 13,07
3. Robin Korving/Ho 13,20

400 m Hürden
1. Fabrizio Mori/It 47,72
2. Stéphane Diagana/Fr 48,12
3. Marcel Schelbert/Sz 48,13

3000 m Steeple
1. Christopher Kosgei/Ken 8:11,76
2. Wilson Boit Kipketer/Ken 8:12,09
3. Ali Ezzine/Mar 8:12,73
22. Christian Belz (Sz) 8:29,19
(im Vorlauf ausgeschieden)

Hochsprung
1. Wjatscheslaw Woronin/Russ 2,37
2. Mark Boswell/Ka 2,35
3. Martin Buss/De 2,32

Stabhochsprung
1. Maxim Tarassow/Russ 6,02
2. Dmitri Markow/Au 5,90
3. Alexander Averbuch/Isr 5,80

Weitsprung
1. Ivan Pedroso/Kuba 8,56
2. Yago Lamela/Sp 8,40
3. Gregor Cankar/Sln 8,36

Dreisprung
1. Charles Friedek/De 17,59
2. Rostislav Dimitrov/Bul 17,49
3. Jonathan Edwards/Gb 17,48

Kugelstossen
1. Cottrell J. Hunter/Ka 21,79
2. Oliver-Sven Buder/De 21,42
3. Alexander Bagatsch/Ukr 21,26

Diskuswerfen
1. Anthony Washington/USA 69,08
2. Jürgen Schult/De 68,18
3. Lars Riedel/De 68,09

Hammerwerfen
1. Karsten Kobs/De 80,24
2. Zsolt Nemeth/Un 79,05
3. Wladislaw Piskunow/Ukr 79,03

Speerwerfen
1. Aki Parviainen/Fi 89,52
2. Kostas Gatsioudis/Grie 89,18
3. Jan Zelezny/Tsch 87,67

Zehnkampf
1. Tomas Dvorak/Tsch 8744
2. Dean Macey/Gb 8556
3. Chris Huffins/Gb 8547

4x100 m
1. USA
(Drummond/Montgomery/Lewis/Greene) 37,59
2. Grossbritannien
(Gardener/Campbell/Devonsih/Chambers) 37,73
3. Nigeria
(Asonze/Obikwelu/Effiong/Aliu) 37,91

4x400 m
1. USA
(Davis/Pettigrew/Taylor/Johnson) 2:56,45
2. Polen
(Czubak/Mackowiak/Bocian/Haczek) 2:58,91
3. Jamaika
(McDonald/Haughton/McFarlane/Clarke) 2:59,34
10. Schweiz
(Clerc/Rusterholz/Rohr/Schelbert) 3:02,46
(im Vorlauf ausgeschieden)

20 km Gehen
1. Ilja Markow/Russ 1:23:34
2. Jefferson Perez/Ecu 1:24:19
3. Daniel Garcia/Mex 1:24:31

50 km Gehen
1. German Skurigin/Russ 3:44:23
2. Ivano Brugnetti/It 3:47:54
3. Nikolai Matjuchin/Russ 3:48:18

Frauen

100 m
1. Marion Jones/USA 10,70
2. Inger Miller/USA 10,79
3. Ekaterini Thanou/Grie 10,84

200 m
1. Inger Miller/USA 21,77
2. Beverley McDonald/Jam 22,22
3. Merlene Frazer/Jam und
Andrea Philipp/De je 22,26

400 m
1. Cathy Freeman/Au 49,67
2. Anja Rücker/De 49,74
3. Lorraine Graham/Jam 49,92

800 m
1. Ludmila Formanova/Tsch 1:56,68
2. Maria Mutola/Moz 1:56,72
3. Swetlana Masterkowa/Russ 1:56,93
24. Anita Brügger/Sz 2:01,89
(im Vorlauf ausgeschieden)

1500 m
1. Swetlana Masterkowa/Russ 3:59,53
2. Regina Jacobs/USA 4:00,35
3. Kutre Dulecha/Aeth 4:00,96
12. Anita Weyermann/Sz 4:17,86

5000 m
1. Gabriela Szabo/Rum 14:41,82
2. Zahra Ouaziz/Mar 14:43,15
3. Ayelech Worku/Aeth 14:44,22

10 000 m
1. Gete Wami/Aeth 30:24,56
2. Paula Radcliffe/Gb 30:27,13
3. Tegla Loroupe/Ken 30:32,03

Marathon
1. Song-Ok Jong/Nkor 2:26:59
2. Ari Ichihasi/Jap 2:27:02
3. Lidia Slavuteanu/Rum 2:27:41

100 m Hürden
1. Gail Devers/USA 12,37
2. Glory Alozie/Nig 12,44
3. Ludmila Engquist/Sd 12,47

400 m Hürden
1. Daimi Pernia/Kuba 52,89
2. Nezha Bidouane/Mar 52,90
3. Deon Hemmings/Jam 53,16

Hochsprung
1. Inga Babakowa/Ukr 1,99
2. Jelena Jelesina/Russ 1,99
3. Swetlana Lapina/Russ 1,99

Stabhochsprung
1. Stacy Dragila/USA 4,60
2. Anschela Balachonowa/Ukr 4,55
3. Tatjana Grigoriewa/Au 4,45

Weitsprung
1. Niurka Montalvo/Sp 7,06
2. Fiona May/It 6,94
3. Marion Jones/USA 6,83

Dreisprung
1. Paraskevi Tsiamita/Grie 14,88
2. Yamil Aldama/Kuba 14,61
3. Olga Vasdeki/Grie 14,61

Kugelstossen
1. Astrid Kumbernuss/De 19,85
2. Nadine Kleinert/De 19,61
3. Swetlana Kriweljowa/Russ 19,43

Diskuswerfen
1. Franka Dietzsch/De 68,14
2. Anstasia Kelesidou/Grie 66,05
3. Nicoleta Grasu/Rum 65,35

Hammerwerfen
1. Mihaela Melinte/Rum 75,20
2. Olga Kuzenkowa/Russ 72,56
3. Lisa Misipeka/Samoa 66,06

Speerwerfen
1. Mirela Manjani-Tzelili/Grie 67,09
2. Tatjana Schikolenko/Russ 66,37
3. Trine Solberg-Hattestad/No 66,06

WM Leichtathletik in Sevilla (Fortsetzung)

Siebenkampf
1. Eunice Barber/Fr — 6861
2. Denise Lewis/Gb — 6724
3. Ghada Shouaa/Syr — 6500

4x100 m
1. Bahamas (Fynes/Sturrup/Davis-Thompson/Ferguson) — 41,92
2. Frankreich (Girard/Hurtis/Benth/Arron) — 42,06
3. Jamaica (Bailey/Frazer/McDonald/Dowdie) — 42,15

4x400 m
1. Russland (Tschebikina/Gontscharenko/Kotljarowa/Nasarowa) — 3:21,98
2. USA (Reid/Malone-Wallace/Collins/Miles-Clark) — 3:22,09
3. Deutschland (Feller/Rohländer/Rücker/Breuer) — 3:22,43

10 km Gehen
1. Hongyu Liu/China — 1:30:50
2. Yan Wang/China — 1:30:52
3. Kerry Saxby-Junna/Au — 1:31:18

Motorrad-Strassen-WM

125 ccm (16 Rennen)
1. Emilio Alzamora (Sp) — Honda — 227 P.
2. Marco Melandri (It) — Honda — 226 P.
3. Masao Azuma (Jap) — Honda — 190 P.
4. Roberto Locatelli (It) — Aprilia — 173 P.
5. Noboru Ueda (Jap) — Honda — 171 P.
6. Gianluigi Scalvini (It) — Aprilia — 163 P.

500 ccm (16 Rennen)
1. Alex Crivillé (Sp) — Honda — 267 P.
2. Kenny Roberts (USA) — Suzuki — 220 P.
3. Tadayuki Okada (Jap) — Honda — 211 P.
4. Massimiliano Biaggi (It) — Yamaha — 194 P.
5. Sete Gibernau (Sp) — Honda — 165 P.
6. Norifume Abe (Jap) — Yamaha — 136 P.

250 ccm (16 Rennen)
1. Valentino Rossi (It) — Aprilia — 309 P.
2. Tohru Ukawa (Jap) — Honda — 261 P.
3. Loris Capirossi (It) — Honda — 209 P.
4. Shinya Nakano (Jap) — Yamaha — 207 P.
5. Stefano Perugini (It) — Honda — 151 P.
6. Ralf Waldmann (De) — Aprilia — 131 P.

Turnen Schweizer Meisterschaften in Nyon

		Gold		Silber		Bronze	
Männer	Mehrkampf	Dieter Rehm (Samstagern)	53,50	Felix Walker (Wetzikon)	53,00	Andreas Schweizer (Wetzikon)	52,65
	Boden	Raphael Matti (Bern)	9,05	Dieter Rehm (Samstagern)	9,00	Felix Walker (Wetzikon)	8,85
	Pferdpauschen	Martin Fuchs (Schaffhausen)	9,40	Thomas Zimmermann (Oe)	9,203.	Sven Müller (Niederhasli)	8,75
	Ringe	Sven Müller (Niederhasli)	9,40	Andreas Schweizer (Wetzikon)	9,30	Felix Walker (Wetzikon)	9,00
	Pferdsprung	Dieter Rehm (Samstagern)	9,25	Martin Fuchs (Schaffhausen)	8,825	Thomas Zimmermann (Oe)	8,80
	Barren	Andreas Schweizer (Wetzikon)	9,05	Duri Kunz (Bäretswil)	8,60	Dieter Rehm (Samstagern)	8,55
	Reck	Dieter Rehm (Samstagern)	9,30	Martin Fuchs (Schaffhausen) (schlechtere Ausgangsnote)	9,30	Thomas Zimmermann (Oe)	8,80
Frauen	Mehrkampf	Annik Salzmann (Kirchberg)	35,75	Alexandra Balz (Nyon)	34,85	Maude Stalder (Moutier)	34,175
	Pferdsprung	Alexandra Balz (Nyon)	8,762	Maude Stalder (Moutier)	8,575	Petra Maibach (Bern)	8,562
	Stufenbarren	Isabelle Camandona (Renens)	9,175	Annik Salzmann (Kirchberg)	8,925	Alexandra Balz (Nyon)	8,313
	Schwebebalken	Annick Salzmann (Kirchberg)	9,425	Isabelle Camandona (Renens)	9,175	Alexandra Balz (Nyon)	8,975
	Boden	Alexandra Balz (Nyon)	9,375	Annick Salzmann (Kirchberg)	9,287	Johanna Perriäre (Siders)	8,712

Turnen Weltmeisterschaften in Tianjin/China

		Gold		Silber		Bronze	
Männer	Mehrkampf	Nikolai Krukow (Russ)	57,485	Naoya Tsukahara (Jap)	57,337	Jordan Jovtschev (Bul)	57,212
	Pferdsprung	Li Xiaoping (China)	9,668	Ewgeni Sapronenko (Lett)	9,565	**Dieter Rehm (Sz)**	**9,468**
	Barren	Lee Joo-Hyung (Skor)	9,750	Alexej Bondarenko (Russ)	und	Naoya Tsukahara (Jap)	je 9,676
	Reck	Jesus Carballo (Sp)	9,762	Alexander Jelkow (Ka)	9,700	Yang Wei (China)	9,612
	Boden	Alexej Nemow (Russ)	9,787	Gervasio Deferr (Sp)	9,75	Xing Aowei (China)	9,737
	Pferdpauschen	Alexej Nemow (Russ)	9,775	Marius Urzica (Rum)	9,762	Nikolai Krukow (Russ)	9,750
	Ringe	Dong Zhen (China)	9,775	Szilveszter Csollany (Un)	9,737	Dimosthenis Tambakos (Grie)	9,712
	Mannschaften	China	230,395	Russland	228,145	Weissrussland	227,631
Frauen	Mehrkampf	Maria Olaru (Rum)	38,774	Viktoria Karpenko (Ukr)	38,705	Jelena Zamolodschikowa (Russ)	38,687
	Schwebebalken	Swetlana Chorkina (Russ)	9,837	Huang Mandan (China)	9,825	Ling Jie (China)	9,812
	Boden	Andrea Raducan (Rum)	9,837	Simona Amanar (Rum)	9,800	Swetlana Chorkina (Russ)	9,787
	Pferdsprung	Jelena Zamolodschikowa (Russ)	9,737	Simona Amanar (Rum)	9,631	Maria Olaru (Rum)	9,593
	Stufenbarren	Swetlana Chorkina (Russ)	9,837	Huang Mandan (China)	9,825	Ling Jie (China)	9,812
	Mannschaften	Rumänien	153,527	Russland	153,209	China	152,423

Sporttabellen

Radsport

Giro d'Italia
1. Ivan Gotti (It)	99:55:36
2. Paolo Savoldelli (It)	3:35
3. Gilberto Simoni (It)	3:36
4. Laurent Jalabert (Fr)	5:16
5. Roberto Heras (Sp)	7:47
6. Niklas Axelsson (Sd)	9:38
7. Sergej Gontschar (Ukr)	12:07
8. Daniele De Paoli (It)	14:20
9. Sebastian Clavero (Sp)	15:53
10. Roberto Sgambelluri (It)	17:31
11. Oscar Camenzind (Sz)	**17:39**

Tour de Suisse
1. Francesco Casagrande (It)	30:10:55
2. Laurent Jalabert (Fr)	1:04
3. Gilberto Simoni (It)	1:11
4. Laurent Dufaux (Sz)	1:16
5. Oscar Camenzind (Sz)	1:45
6. Sven Montgomery (Sz)	3:57
7. Roberto Sgambelluri (It)	4:21
8. Giuseppe Guerini (It)	4:21
9. Mikel Zarrabeitia (Sp)	4:29
10. Pawel Tonkow (Russ)	4:32

Tour de France
1. Lance Armstrong (USA)	91:32:16
2. Alex Zülle (Sz)	7:37
3. Fernando Escartin (Sp)	10:26
4. Laurent Dufaux (Sz)	14:43
5. Angel Casero (Sp)	15:11
6. Abraham Olano (Sp)	16:47
7. Daniele Nardello (It)	17:02
8. Richard Virenque (Fr)	17:28
9. Wladimir Belli (It)	17:37
10. Andrea Peron (It)	23:10

Spanien-Rundfahrt
1. Jan Ullrich (De)	89:52:03
2. Igor Gonzalez Caldeano (Sp)	4:15
3. Roberto Heras (Sp)	5:57
4. Pawel Tonkow (Russ)	7:53
5. José Maria Jiménez (Sp)	9:24
6. José Luis Rubiera (Sp)	10:13
7. Manuel Beltran (Sp)	11:20
8. Leonardo Piepoli (It)	13:13
9. Ivan Parra (Kol)	16:20
10. Santiago Blanco (Sp)	18:15

Mailand – San Remo (294 km)
1. Andrej Tschmil (Be)	6:52:37
2. Erik Zabel (De)	
3. Zbigniew Spruch (Pol)	
4. Stefano Garzelli (It)	
5. Lauri Aus (Est)	
6. Leon van Bon (Ho)	
7. Peter van Petegem (Be)	
8. Jo Planckaert (Be)	
9. George Hincapie (USA)	
10. Gabriele Balducci (It)	alle gleiche Zeit

Flandern-Rundfahrt (270 km)
1. Peter van Petegem (Be)	6:16:43
2. Frank Vandenbroucke (Be)	gleiche Zeit
3. Johan Museeuw (Be)	0:01
4. Michele Bartoli (It)	0:08
5. Zbigniew Spruch (Pol)	
6. Markus Zberg (Sz)	
7. Andrej Tschmil (Be)	
8. Tristan Hoffman (Ho)	
9. Denis Zanette (It)	
10. Lars Michaelsen (DÄ)	alle gleiche Zeit

Lüttich–Bastogne–Lüttich (264 km)
1. Frank Vandenbroucke (Be)	6:25:36
2. Michael Boogerd (Ho)	0:30
3. Maarten Den Bakker (Ho)	0:41
4. Michele Bartoli (It)	0:44
5. Paolo Bettini (It)	0:54
6. Niki Aebersold (Sz)	0:55
7. Markus Zberg (Sz)	gleiche Zeit
8. Oscar Camenzind (Sz)	0:56
9. Udo Bölts (De)	
10. Laurent Roux (Fr)	beide gleiche Zeit

Meisterschaft von Zürich (245,3 km)
1. Gregorz Gwiazdowski (Pol)	6:19:48
2. Sergio Barbero (It)	0:28
3. Andrej Tschmil (Be)	0:34
4. Paolo Bettini (It)	
5. Andrej Kiwiliew (Russ)	
6. Michael Boogerd (Ho)	
7. Davide Rebellin (It)	
8. Laurent Brochard (Fr)	
9. Mikel Zarrabeitia (Sp)	
10. Jörg Jaksche (De)	alle gleiche Zeit

Lombardei-Rundfahrt (262 km)
1. Mirko Celestino (It)	6:21:50
2. Danilo di Luca (It)	
3. Eddy Mazzoleni (It)	
4. Oscar Camenzind (Sz)	
5. Dimitri Konischew (Russ)	alle gleiche Zeit
6. Markus Zberg (Sz)	0:11
7. Marco Serpellini (It)	
8. Marco Velo (It)	
9. Paolo Bettini (It)	
10. Christophe Moreau (Fr)	alle gleiche Zeit

Weltcup 1999
1. Andrej Tschmil (Be)	299
2. Michael Boogerd (Ho)	238
3. Frank Vandenbroucke (Be)	214
4. Peter van Petegem (Be)	153
5. Markus Zberg (Sz)	146
6. Johan Museeuw (Be)	138
7. Paolo Bettini (It)	137
8. Zbigniew Spruch (Pol)	131
9. Leon van Bon (Ho)	123
10. Marc Wauters (Be)	107

Strassen-WM in Verona u. Treviso (It)

Elite (258 km)
1. Oscar Freire (Sp)	6:19:29
2. Markus Zberg (Sz)	**0:04**
3. Jean-Cyrill Robin (Fr)	

Espoirs (178,75 km)
1. Lorenzo Giordani (It)	4:22:36
2. Luca Paolini (It)	0:09
3. Matthias Kessler (De)	

Frauen 113,25 km
1. Edita Putschinskaite (Lit)	2:59:49
2. Anna Wilson (Au)	0:18
3. Diana Ziliute (Lit)	

Zeitfahren, Elite (50,6 km)
1. Jan Ullrich (De)	1:00:28
2. Michael Andersson (Sd)	0:14
3. Chris Boardman (Gb)	0:58

Zeitfahren, Espoirs (33,25 km)
1. José Ivan Gitierrez (Sp)	39:34
2. Michael Rogers (Au)	0:02
3. Jewgeni Petrow (Russ)	0:29

Zeitfahren, Frauen (25,85 km)
1. Leontien Zijlaard-van Moorsel (Ho)	32:31
2. Anna Wilson (Au)	0:04
3. Edita Putschinskaite (Lit)	0:31
keine Schweizerinnen am Start	

Bahn-WM in Berlin

Sprint Männer
1. Laurent Gané (Fr)
2. Jens Fiedler (De)
3. Florian Rousseau (Fr)

Keirin
1. Jens Fiedler (De)
2. Anthony Peden (Neus)
3. Frédéric Magné (Fr)

4000-m-Verfolgung, Einzel
1. Robert Bartko (De)
2. Jens Lehmann (De)
3. Alexej Markow (Russ)

Punktefahren, Männer
1. Bruno Risi (Sz)
2. Wasil Jakowlew (Ukr)
3. Ho-Sung Cho (Skor)

4000-m-Verfolgung, Mannschaften
1. Deutschland (Becke/Fulst/Bartko/Lehmann)
2. Frankreich (Bos/Ermenault/Moreau/Neuville)
3. Russland (Borisow/Gritsun/Markow/Karpiets)

1000-m-Zeitfahren
1. Arnaud Tournant (Fr)	1:02,231
2. Shane Kelly (Au)	1:02,436
3. Stefan Nimke (De)	1:03,110

Americaine (50 km)
1. Isaac Galvez/Juan Llaneras (Sp)
2. Jimmy Madsen/Jakob Piil (DÄ)
3. Andreas Kappes/Olaf Pollack (De)

Olympischer Sprint
1. Frankreich (Gané/Rousseau/Tournant)
2. England (Hoy/McLean/Queally)
3. Deutschland (Lausberg/Nimke/Pokorny)

Olympischer Sprint
1. Frankreich (Gané/Rousseau/Tournant)
2. England (Hoy/McLean/Queally)
3. Deutschland (Lausberg/Nimke/Pokorny)

3000-m-Verfolgung, Frauen
1. Marion Clignet (Fr)
2. Judith Arndt (De)
3. Rasa Mazeikyte (Lit)

Punktefahren, Frauen
1. Marion Clignet (Fr)
2. Judith Arndt (De)
3. Sarah Ulmer (Neus)

Sprint Frauen
1. Félicia Ballanger (Fr)
2. Michelle Ferris (Au)
3. Tanya Dubnicoff (Ka)

500 m-Zeitfahren
1. Félicia Ballanger (Fr)	34,477
2. Cuihua Wang (China)	34,869
3. Ulrike Weichelt (De)	35,166

Quer-WM in Middelfart

Open
1. Mario De Clercq (Be)	1:04:06
2. Erwin Vervecken (Be)	1:04
3. Henrik Djernis (Dä)	1:07

Espoirs
1. Sven Nijs (Be)	52:14
2. Bart Wellens (Be)	0:24
3. Peter Dlask (Tsch)	0:29

Reiten

Schweizer Meisterschaften in Müntschemier

1. Hansueli Sprunger (Lausen), El Padrino	4,67 P.	
2. Markus Fuchs (St. Josefen SG), Tinka's Boy	8,00 P.	
3. Steve Guerdat (Bassecourt), Cayetano	9,69 P.	
4. Willi Melliger (Neudorf), Calvaro	14,59 P.	
5. Lesley McNaught (Avenches), Doenhoff	14,66 P.	
6. Paul Freimüller (Humlikon), Himmerdor	16,48 P.	
7. Pius Schwizer (Rothenburg), Angelo	17,16 P.	
8. Beat Röthlisberger (Hasle-Rüegsau), Ulysse de Thurin	17,33 P.	
9. Paul Estermann (Hildisrieden), Graceland	20,08 P.	
10. Daniel Etter (Müntschemier), Henzo	24,13 P.	

EM Springreiten in Hickstead (GB)

Einzel
1. Alexandra Ledermann (Fr), Rochet M — 9,60 P.
2. **Markus Fuchs (Sz), Tinka's Boy** — **11,31 P.**
3. **Lesley McNaught (Sz), Dulf** — **12,29 P.**
4. Michel Robert (Fr), Auleto — 12,75 P.
5. Marcus Ehning (De), For Pleasure — 12,91 P.
6. Geoff Billington (Gb), It's Otto — 14,23 P.
7. **Beat Mündli (Sz), Pozitano** — **16,64 P.**
8. Jos Lansink (Ho), Carthago — 16,75 P.
9. Meredith Michaels-Beerbaum (De), Stella — 16,84 P.
10. Marion Hughes (Irl), Charlton — 17,17 P.
25. **Willi Melliger (Sz), Calvaro**
(Aufgabe vor GP-Final wegen Verletzung des Pferdes)

Mannschaften
1. Deutschland (Carsten-Otto Nagel/L'Eperon, Meredith Michaels-Beerbaum/Stella, Marcus Ehning/For Pleasure, Ludger Beerbaum/Champion du Lys) — 24,13
2. **Schweiz** **(Lesley McNaught/Dulf, Markus Fuchs/Tinka's Boy, Beat Mündli/Pozitano, Willi Melliger/Calvaro)** — **25,91**
3. Holland (Emile Hendrix/Finesse, Jeroen Dubbeldam/De Sjiem, Jan Tops/Montemorelos, Jos Lansink/Carthago) — 29,13
4. Grossbritannien — 29,56
5. Frankreich — 33,51
6. Schweden — 50,64

Tennis

Australian Open

Männer
Kafelnikow (Russ) s. Engqvist (Sd) 4:6, 6:0, 6:3, 7:6 (7:1)
Frauen
Hingis (Sz) s. Mauresmo (Fr) 6:2, 6:3
Männer-Doppel
Björkman/Rafter (Sd/Au) s.
Bhupathi/Paes (Ind) 6:3, 4:6, 6:4, 6:7 (10:12), 6:4
Frauen-Doppel
Hingis/Kurnikowa (Sz/Russ) s.
Davenport/Zwerewa (USA/WRuss) 7:5, 6:3
Mixed-Doppel
Adams/de Swardt (SA) s.
Mirnyi/Serena Williams (WRuss/USA) 6:4, 4:6, 7:6 (7:5)

French Open

Männer
Agassi (USA) s. Medwedew (Ukr) 1:6, 2:6, 6:4, 6:3, 6:4
Frauen
Graf (De) s **Hingis (Sz)** 4:6, 7:5, 6:2
Männer-Doppel
Bhupathi/Leander Paes (Ind) s.
Ivanisevic/Tarango (Kro/USA) 6:2, 7:5
Frauen-Doppel
Williams/Williams (USA) s.
Hingis/Kurnikowa (**Sz**/Russ) 6:3, 6:7 (2:7), 8:6
Mixed-Doppel
Norval/Srebotnik (SA/Sln) s.
Neiland/Leach (Lett/USA) 6:3, 3:6, 6:3

Wimbledon

Männer
Sampras (USA) s. Agassi (USA) 6:3, 6:4, 7:5
Frauen
Davenport (USA) s. Graf (De) 6:4, 7:5
Männer-Doppel
Bhupathi/Paes (Ind) s.
Haarhuis/Palmer (Ho/USA) 6:7 (10:12), 6:3, 6:4, 7:6 (7:4)
Frauen-Doppel
Davenport/Morariu (USA) s.
de Swardt/Tatarkowa (SA/Ukr) 6:4, 6:4
Mixed-Doppel
Paes/Ramond (Ind/USA) s.
Björkman/Kurnikowa (Sd/Russ) 6:4, 3:6, 6:3

US Open

Männer
Agassi (USA) s.
Martin (USA) 6:4, 6:7 (5:7), 6:7 (2:7), 6:3, 6:2
Frauen
Williams (USA) s. **Hingis (Sz)** 6:3, 7:6 (7:4)
Männer-Doppel
Lareau/O'Brien (Ka/USA) s.
Bhupathi/Paes (Ind) 7:6 (9:7), 6:4
Frauen-Doppel
Williams/Williams (USA) s.
Rubin/Testud (USA/Fr) 4:6, 6:1, 6:4
Mixed-Doppel
Sugiyama/Bhupathi (Jap/Ind) s.
Po/Johnson (USA) 6:4, 6:4

ATP-WM in Hannover

Sampras (USA) s. Agassi (USA) 6:1, 7:5, 6:4

Doppel-WM in Hartford

Lareau/O'Brien (Ka/USA) s.
Bhupathi/Paes (Ind) 6:3, 6:2, 6:2

Frauen-Masters in New York

Einzel
Davenport (USA) s. **Hingis (Sz)** 6:4, 6:2
Doppel
Hingis/Kurnikowa (**Sz**/Russ) s.
Neiland/Sanchez (Lett/Sp) 6:4, 6:4

Davis-Cup

Final in Nizza: Frankreich – Australien 2:3

Fed-Cup

Final in Stanford: USA – Russland 4:1

Gstaad

Einzel
Costa (Sp) s. Lapentti (Ecu) 7:6 (7:4), 6:3, 6:4
Doppel
Johnson/Suk (USA/Tsch) s.
Carbonell/Hood (Sp/Arg) 7:5, 7:6 (7:4)

Basel

Einzel
Kucera (Slk) s.
Henman (Gb) 6:4, 7:6 (12:10), 4:6, 4:6, 7:6 (7:2)
Doppel
Haygarth/Kitinow (SA/Maz) s.
Novak/Rikl (Tsch) 0:6, 6:4, 7:5

Kloten

Einzel
Williams (USA) s. **Hingis (Sz)** 6:3, 6:4
Doppel
Raymond/Stubbs (USA) s.
Tauziat/Zwerewa (Fr/WRuss) 6:2, 6:2

ATP-Weltrangliste (per 6.12.1999)

Männer
1. Andre Agassi (USA) — 5048
2. Jewgeni Kafelnikow (Russ) — 3465
3. Pete Sampras (USA) — 3024
4. Thomas Enqvist (Sd) — 2606
5. Gustavo Kuerten (Br) — 2601
6. Nicolas Kiefer (De) — 2447
7. Todd Martin (USA) — 2408
8. Nicolas Lapentti (Ecu) — 2284
9. Marcelo Rios (Chile) — 2245
10. Richard Krajicek (Ho) — 2095
Ferner:
39. **Marc Rosset (Sz)** — 979
64. **Roger Federer (Sz)** — 749
92. **George Bastl (Sz)** — 518

WTA-Rangliste (per 6.12.1999)

1. **Martina Hingis (Sz)** — **6261**
2. Lindsay Davenport (USA) — 4628
3. Venus Williams (USA) — 4125
4. Serena Williams (USA) — 3021
5. Mary Pierce (Fr) — 2658
6. Monica Seles (USA) — 2442
7. Nathalie Tauziat (Fr) — 2088
8. Barbara Schett (Oe) — 2086
9. Julie Halard-Décugis (Fr) — 2030
10. Amélie Mauresmo (Fr) — 1852
22. **Patty Schnyder (Sz)** — 1242
69. **Emmanuelle Gagliardi (Sz)** — 463

Sporttabellen

Rudern
WM in St. Catharines (Kan)

Offene Klasse Männer

Skiff
1. Rob Waddell (Neus)
2. **Xeno Müller (Sz)**
3. Derek Porter (Ka)

Zweier ohne Steuermann
1. Drew Ginn/James Tomkins (Au)
2. Michel Andrieux/Jean-Christophe Rolland (Fr)
3. Oliver Martinow/Ninoslaw Saraga (Kro)

Zweier mit Steuermann
1. USA (Neil/Henry/Stm. Anderson)
2. Deutschland (Diessner/Schnabel/Stm. Erdmann)
3. Argentinien (Ordas/Balunek/Stm. Mouche)

Doppelzweier
1. Luka Spik/Iztok Cop (Sln)
2. Sebastian Mayer/Stefan Röhnert (De)
3. Olaf Tufte/Fredrik Bekken (No)

Vierer ohne Steuermann
1. Grossbritannien (Cracknell/Redgrave/Coode/Pinsent)
2. Australien (G. Stewart/Hanson/Dodwell/J. Stewart)
3. Italien (Molea/Di Rossi/Carbonani/Mornati)

Vierer mit Steuermann
1. USA (Klugh/Murray/Protz/Wetzel/Stm. Mulligan)
2. Grossbritannien (Smith/Dunn/Searle/Singfield/Stm. Potts)
3. Rumänien (Cornea/Mastacan/Robu/Taga/Stm. Raducanu)

Doppelvierer
1. Deutschland (Hajek/Geisler/Volkert/Willms)
2. Ukraine (Marschenko/Zaskalko/Likow/Schaposchnikow)
3. Australien (Hardcastle/Day/Reside/Free)

Achter
1. USA
2. Grossbritannien
3. Russland

Frauen

Skiff
1. Jekaterina Karsten-Chlodotowa (WRuss)
2. Katrin Rutschow (De)
3. Roumania Nejkova (Bul)

Zweier ohne Steuerfrau
1. Emma Robinson/Theresa Luke (Ka)
2. Kathleen Naser/Elke Hipler (De)
3. Rachel Taylor/Kate Slatter (Au)

Doppelzweier
1. Jana Thieme/Kathrin Boron (De)
2. Lin Liu/Xiuyun Zhang (China)
3. Pieta van Dishoeck/Eeke van Nes (Ho)

Vierer ohne Steuerfrau
1. Weissrussland (Snak/Bitschik/Mikulitsch/Tratseuskaja)
2. Deutschland (S. van Daehlen/Scholz/Goldbach/M. van Dahlen)
3. USA (Glick/Wilbur/Urtasun/Field)

Doppelvierer
1. Deutschland (Derlien/Evers/Lutze/Kowalski)
2. Ukraine (Ronzhina/Osutuzhanira/Kramarenko/Mazii)
3. Russland (Samulenkowa/Dorodnowa/Merk/Lewina)

Achter
1. Rumänien
2. USA
3. Kanada

Leichtgewicht Männer

Skiff
1. Karsten Nielsen (DÄ)
2. Michal Vabrousek (Tsch)
3. Gergely Kokas (Un)

Zweier ohne Steuermann
1. Stefano Basalini/Paolo Pittino (It)
2. Garces Yantani/Miguel Christian Cerda (Chile)
3. Neville Maxwell/Anthony O'Connor (Irl)

Doppelzweier
1. Michelangelo Crispi/Leonardo Pettinari (It)
2. Bruce Hick/Haimish Karrash (Au)
3. Ingo Euler/Bernhard Rühling (De)
4. **Michael Gier/Markus Gier (Sz)**

Vierer ohne Steuermann
1. Dänemark (Ebert/Poulsen/Ebbesen/Feddersen)
2. Australien (Richards/Edwards/Balmforth/Burgess)
3. Frankreich (Porchier/Bernard/Hocde/Dorfman)

Doppelvierer
1. Italien (Forlani/Gilardoni/Beccelli/Sancassani)
2. Deutschland (Niemeyer/Brehmer/Schmidt/Mayer)
3. Irland (Monohan/Lindsay-Finn/Towey/Byrne)

Achter
1. USA
2. Grossbritannien
3. Italien

Leichtgewicht Frauen

Skiff
1. Pia Vogel (Sz)
2. Lisa Schlenker (USA)
3. Maria-Julia Garosiain (Arg)

Zweier ohne Steuerfrau
1. Rachel Anderson/Linda Muri (USA)
2. Malindi Myers/Jane Hall (Gb)
3. Jill Lancaster/Nicola Davies (Sim)

Doppelzweier
1. Constanta Burcica/Camelia Macoviciuc (Rum)
2. Christine Collins/Sarah Garner (USA)
3. Virginia Lee/Sally Newmarch (Au)
7. **Kim Plügge/Pamela Weisshaupt (Sz) (1. B-Final)**

Doppelvierer
1. USA (Brock/Den Besten/Cummins/Kiklas)
2. Deutschland (Darmstadt/Kleinz/Morawietz/Brand)
3. Kanada (Benzing/Troc/Duncan/Scott)

Handball

Schweizer Meisterschaft

Finalrunde NLA

1. St. Otmar St. Gallen *	14	10	4	0	373:311	25 (1)
2. TV Suhr *	14	12	1	1	365:303	25 (0)
3. Kadetten Schaffhausen *	14	8	1	5	361:316	19 (2)
4. Pfadi Winterthur *	14	7	2	5	362:328	19 (3)
5. Wacker Thun	14	5	1	8	357:350	11 (0)
6. Grasshoppers	14	3	3	8	297:356	9 (0)
7. Endingen	14	3	1	10	291:347	7 (0)
8. Amicitia Zürich	14	0	3	11	267:362	3 (0)

* für die Playoff-Halbfinals qualifiziert
In Klammern Bonuspunkte aus der Qualifikation

Playoff-Halbfinals

St. Otmar St. Gallen – Pfadi Winterthur	2:1 Siege
	(26:25/26:30/29:25)
Suhr – Kadetten Schaffhausen	2:1 Siege
	(22:25/27:22/28:20)

Final

Suhr – St. Otmar St. Gallen	2:1 Siege
	(20:21/29:23/19:18)

WM in Aegypten

Vorrunde, Gruppe A
1. Spanien * — 5/10
2. Dänemark * — 5/8
3. Tunesien * — 5/5
4. Algerien * — 5/3 (−14)
5. Marokko — 5/3 (−17)
6. Argentinien — 5/1

Vorrunde, Gruppe B
1. Deutschland * — 5/10
2. Aegypten * — 5/8
3. Kuba * — 5/6
4. Brasilien * — 5/4
5. Mazedonien — 5/2
6. Saudi-Arabien — 5/0

Vorrunde, Gruppe C
1. Russland * — 5/10
2. Kroatien * — 5/7
3. Ungarn * — 5/6
4. Norwegen * — 5/5
5. Kuwait — 5/2
6. Nigeria — 5/0

Vorrunde, Gruppe D
1. Schweden * — 5/9
2. Frankreich * — 5/8
3. Jugoslawien * — 5/7
4. Südkorea * — 5/4
5. China — 5/2
6. Australien — 5/0

* für die Achtelfinals qualifiziert

Halbfinals

Schweden – Jugoslawien	23:22 (9:11)
Russland – Spanien	22:21 (11:9)

Final

Schweden – Russland	25:24 (12:14)

weitere Klassierungsspiele

3./ 4. Rang: Jugoslawien – Spanien	27:27 (12:14)
5./ 6. Rang: Deutschland – Frankreich	26:21 (14:10)
7./ 8. Rang: Aegypten – Kuba	35:28 (15:14)